はじめに

　３年余の民主党政権に幕が下り、安倍内閣が誕生し、アベノミクスといわれる経済現象が日本を席巻していますが、国の財政事情は依然として危険水域であり、消費税の増税をもってしても十分ではなく、さらなる税収を必要としています。消費税率の引き上げは低所得者層にとって負担感が重い、いわゆる逆進性の税であるため、中高所得者層や富裕層により一層の負担を求めるべく、相続税等の資産税の課税強化が消費税率の引き上げとセットになっています。所得税・相続税の増税はもともと、前政権の民主党時代から「税と社会保障の一体改革」の中で約束したことでありますが、平成25年度の税制改正で具体化されました。

　まず、相続税の基礎控除が従来の（5,000万円＋1,000万円×法定相続人数）から（3,000万円＋600万円×法定相続人数）となり、標準世帯では平成27年から4,800万円の遺産から相続税がかかるようになり、しかも最高税率は50％から55％と引上げられます。

　このため、地価が高い都会に住む人たちの税負担がかなり重くなるのを予想して、小規模居住用宅地等のいわゆる80％減額対象面積が330㎡へと大幅に拡大されるなどの配慮が行われたほか、高齢者層の持つ資産を若年層へ移転して経済活性化につなげるべく贈与税の緩和措置が随所に見られました。

　次に、相続時精算課税制度ですが、贈与者の年齢制限が65歳から60歳に、しかも受贈者は子だけでなく孫にまで適用されることになり、さらには教育資金の1,500万円一括贈与制度が創設され、すでにその利用者が多く見受けられています。

　また、事業承継税制の一環である非上場株式等に係る相続税・贈与税の納税猶予制度の特例は、条件の厳しさから４年間で549件しか利用しなかった現実を踏まえ、今回の改正で大幅に見直しが行われ、経済産業大臣

の事前確認が不要となるほか、雇用維持の80％基準も大きく改められました。

　贈与税率も資産移転を促進するため、直系尊属からの贈与に関しては緩やかな税率になったほか、子、孫への資産移転の促進等にもかなりの配慮が見受けられます。

　一方、海外を利用した租税回避を防止する観点から、日本国籍を持たない者への課税を強化したほか、5,000万円超の海外資産を所有する者の国外財産調書制度も平成26年3月の申告から実施されます。

　以上のように相続税が課税強化されるなか、贈与税には様々な特例、特典が用意される税制改正になりましたので、これからの相続税対策は被相続人の亡くなったときの税対策よりも、生前にいかに賢く贈与するかのテクニックに移っています。したがって、相続時精算課税制度、非上場株式等に係る相続税・贈与税の納税猶予制度あるいは教育資金の一括贈与制度等、新しくできた、あるいは、改正された特例をフルに活用するとともに、小規模宅地等の特例、マイホーム取得資金等の贈与を活かし、それに加え、海外資産や信託を活用した税対策などを活用すべきです。今やグローバル化した相続税対策なしに有効な生前対策はありえないと言っても過言ではありません。

　本書はこれらの読者の期待に添うべく執筆し、資産家や個人事業者、税理士、公認会計士の実務家の方々に広く読まれ、お役に立てれば筆者としましては望外の喜びとするところです。

　最後になりましたが、清文社の小泉定裕社長をはじめ、編集部の方々には大変お世話になりました。この場をお借りして厚く御礼申し上げます。

　平成25年5月

奥村　眞吾

第I編

平成25年度・相続税・贈与税の改正のポイント

──戦後最大の相続税大増税時代の幕開け！──

1 相続税の基礎控除額40％削減！ 2
2 相続税の最高税率50％から55％へ引上げ！ 5
3 未成年者控除の6万円から10万円への引上げ 8
4 障害者控除の6万円から10万円への引上げ 8
5 相続時精算課税制度の年齢要件の60歳以上へ引下げ、
   受贈者に20歳以上の孫を追加 9
6 贈与税の税率の最高税率は50％を55％へ引上げ、
   直系尊属贈与への税率は一部緩和！ 10
7 教育資金の一部贈与に係る贈与税の非課税措置 16
8 国外に居住する相続人等に対する相続税・贈与税の
   課税の適正化 21
9 小規模宅地等についての相続税の課税価格の計算の
   特例の見直し 23
10 非上場株式等に係る相続税・贈与税の納税猶予制度 27
11 相続財産に係る株式を非上場発行法人に譲渡した場合
   のみなし配当課税の特例の拡充 48
12 特定障害者に対する贈与税の非課税措置の拡充 49

13　延滞税の見直しについて……………………………………… 51
14　その他の相続税関連の改正事項……………………………… 54

第II編

平成25年度改正で相続税実務はどう変わる！

第1章　相続税大増税時代を賢く乗り越える知恵とは

1　50年ぶりの相続税の大増税で税理士事務所は大繁盛か？
………………………………………………………………… 58
2　基礎控除の引下げとその影響………………………………… 64
3　相続税率の最高税率55％へ引上げ…………………………… 68
4　未成年者控除と障害者控除の引上げ………………………… 72

第2章　大増税時代の希望の光は贈与税？

1　贈与税率の税率緩和措置……………………………………… 73
2　相続時精算課税制度の要件緩和措置………………………… 76

第3章　相続時精算課税制度を利用した場合の損得勘定は？

1　相続時精算課税制度の概要…………………………………… 77
2　相続時精算課税制度を活用した具体的事例………………… 81
3　相続時精算課税適用のメリット・デメリット……………… 89
4　相続時精算課税制度の欠陥箇所……………………………… 91

第4章 直系尊属からのマイホーム取得資金贈与の特例を活用しよう！

1 住宅取得資金贈与の特例（平成25年、26年）を活かした非課税制度を活用する……………………………… 100
2 この制度のしくみはこうなっている……………………… 104
3 他の贈与の特例との関係はどうなっている…………… 105
4 手続き規定はこうなっている…………………………… 109

第5章 小規模宅地等の課税価格計算特例を活用しよう！

1 小規模宅地等の特例制度の改正事項…………………… 110
　(1) 小規模宅地等の課税価格の計算特例も見直し……… 110
　(2) 居住用宅地の適用対象面積の見直し………………… 111
　(3) 居住用宅地と事業用宅地等を併用する場合の
　　　限度面積の拡大………………………………………… 112
　(4) 居住用宅地の適用要件の緩和の柔軟化……………… 112
2 小規模宅地等の特例制度の活用のしかた……………… 113
　(1) 小規模宅地等の特例制度の対象範囲………………… 113
　(2) 特定居住用宅地等の特例を活用した相続税対策…… 115
　(3) 特定事業用宅地等の特例を活用した相続税対策
　　　………………………………………………………… 122
　(4) 平成25年度改正前の小規模宅地特例の対象と
　　　なる土地が2種類以上ある場合の調整方法………… 128
　(5) 平成25年度改正後の居住用宅地と事業用宅地
　　　等を併用する場合の限度面積の拡大………………… 129
　(6) 特定同族会社事業用宅地等の特例を活用した相
　　　続税対策………………………………………………… 132

第6章 非上場株式の相続税・贈与税の納税猶予制度を活用しよう！

1　非上場株式の相続税の納税猶予制度の概要……………… 134
2　平成27年1月1日以後の相続税または贈与税が断然有利！…………………………………………………………… 136
　(1)　会社の主な要件………………………………………… 138
　(2)　「経済産業大臣の確認」を受けるための要件……… 140
　(3)　経営承継相続人の要件………………………………… 143
　(4)　先代経営者である被相続人の主な要件……………… 144
　(5)　相続発生後の要件……………………………………… 144
　(6)　非上場株式等に係る相続税の納税猶予額の計算はこうする…………………………………………………… 150
3　民法上の「遺留分制度」の制約への対応策、民法の特例制度………………………………………………………… 158
　(1)　遺留分とは……………………………………………… 158
　(2)　民法の特例……………………………………………… 160
　(3)　自社株の評価方法……………………………………… 162
4　非上場株式等についての贈与税の納税猶予制度の概要…………………………………………………………………… 167
　(1)　この特例を受けるための要件………………………… 167
　(2)　納税が猶予される贈与税などの計算方法…………… 170

第7章 海外を活用した相続税対策への課税強化

1　日本国籍のない制限納税義務者による租税回避事例…… 172
2　改正前の納税義務者……………………………………… 174
3　国外財産調書制度の創設（5,000万円超の海外資産所有者対象）……………………………………………………… 175

(1) 適用対象者 …………………………………… 176
　　(2) 国外財産とは ………………………………… 178
　　(3) 国外財産の評価方法 ………………………… 179
　　(4) 過少申告加算税の特例 ……………………… 181
　　(5) 国外財産調書制度への税務当局の対応 …… 183
　　(6) 外国法人から付与されたストックオプションの
　　　　権利行使等に関する調書制度の創設………………… 185
　　(7) アメリカの不動産、預金について特に注意する点…… 186
　4　日米同時査察調査実施取決めの合意（2012年7月）…… 187
　5　日本とアメリカの「税」情報把握共有化 …………………… 188

これからも使える新相続税対策の活用法

第1章　大増税後にも使える相続税対策

　1　信託を活用した相続税対策とはどんな対策？……………… 190
　2　財団法人を設立してする相続税対策とはどんな対策？
　　　………………………………………………………………… 219
　3　生命保険を活用した相続税対策とはどんな対策？……… 231

第2章　海外を活用した相続税対策とは

　1　海を渡った相続税対策……………………………………… 239
　2　どこの国の法に従って相続するのか（国際私法）……… 244
　3　オーストラリアに移住する方法とは……………………… 248

【凡　例】

本書の文中で用いている主な略語は、次のとおりです。

相法………相続税法
相令………相続税法施行令
所法………所得税法
措法……租税特別措置法
措令……租税特別措置法施行令
平24改措法等附……租税特別措置法等の一部を改正する法律（平24法律第16号）附則
平25改所法等附……所得税法等の一部を改正する法律（平25法律第5号）附則
平25改相令附……相続税法施行令の一部を改正する政令（平25政令第113号）附則
復興財確法……東日本大震災からの復興のための施策を実施するために必要な財源の確保に関する特別措置法（平成23年法律第117号）

経営円滑化法……中小企業における経営の承継の円滑化に関する法律
経営円滑化令……中小企業における経営の承継の円滑化に関する法律施行令
経営円滑化規……中小企業における経営の承継の円滑化に関する法律施行規則
公益認定法……公益社団法人及び公益財団法人の認定等に関する法律
整備法……一般社団法人及び一般財団法人に関する法律及び公益社団法人及び公益財団法人の認定等に関する法律の施行に伴う関係法律の整備等に関する法律
相基通……相続税法基本通達
評基通……財産評価基本通達
措通……租税特別措置法通達

※　文中、例えば「相法19の2①二イ」とあるのは、相続税法第19条の2第1項第2号イの条項を示します。

㊟　本書の内容は、平成25年度所得税法等の一部改正法および平成25年5月1日現在の法令等に基づいています。

第 I 編

平成25年度・相続税・贈与税の改正のポイント
―戦後最大の相続税大贈税時代の幕明け！―

相続税は、格差是正・富の分配の観点から必要な税とされています。相続税の基礎控除は、バブル期の地価急騰による相続財産の価格上昇に対応した負担調整を行うために引き上げられてきました。しかし、平成になってから地価は下落を続けているにもかかわらず、基礎控除の水準は据え置かれてきました。そのため、2011年（平成23年）に亡くなった人のうち相続税の課税対象となったのは4.1％の51,409人にまで減少しました。また過去には、相続税の最高税率の引き下げを含む税率構造の緩和も行われてきた結果、相続税の再分配機能が低下してきていると言えます。

　地価動向を踏まえた基礎控除の水準調整をはじめとする課税ベースの拡大を図るとともに、税率構造について見直しを図ることにより、相続税の再分配機能を回復し、格差の固定化を防止する必要があることから、以下の改正が行われました。

　これらの改正は、大義名分はあるにしても、富裕層を狙い撃ちにしたような大増税となり、かなり大きな改正となった。そこで、これらの改正の内容とその打つべき対策があるのかどうか、そしてあるのならばどんな手あるのかについて以下で述べていくことにします。

1　相続税の基礎控除額 40％削減！

　平成27年1月から、相続税の基礎控除額が従来の（5,000万円＋1,000万円×法定相続人数）から（3,000万円＋600万円×法定相続人数）へ引き下げられます。この引下げにより、今まで殆んど相続税が課税されなかった一般的な中所得層でも相続税が発生することが予想されます。税制調査会資料によりますと、相続税の課税対象者が従来の5万人程度だったのが、7万人台に増えると予想されている。これはあくまでも予想であるが、実際のところは東京都内の山手線内の普通の一戸建てぐらいなら、関西なら少し高級な住宅街にある一戸建てなら課税対象になるとまで言われています。そうなれば、影響を受ける相続人の数は予想を上回るものにな

るものと考えられます。つまり特に都心部においてはその影響は多大であるのです。

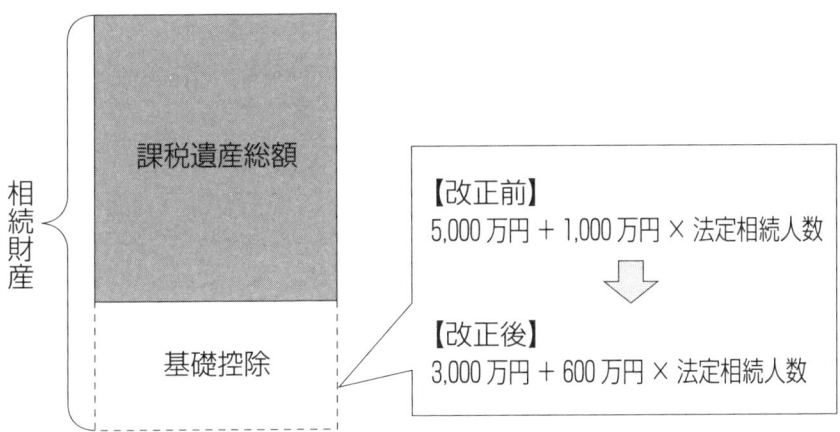

1958年度に現行の相続税制が始まって以来のはじめてとなる今回の大改正。以上のように遺産額から差し引いて税負担を軽減できる基礎控除額が40％削減されました。改正前は基礎控除で定額部分の5,000万円に、法定相続人1人あたり1,000万円を加算した金額が控除できました。それが今回の改正で定額部分が3,000万円、1人あたりの部分が600万円に下げられました。（相法15）

標準世帯で夫が亡くなり、妻と子2人が遺産を相続する場合、改正前は8,000万円（5,000万円＋1,000万円×3人）まで相続税はかかりませんでしたが、今回の改正後では4,800万円（3,000万円＋600万円×3人）までとなり、それ以上なら課税されることになってしまいます。もっとも、従来どおり、妻が相続する場合は配偶者の軽減措置があり、遺産が1億6,000万円までなら相続税はかかりません。また、一人親が亡くなる二次相続の場合は、これまで7,000万円まで相続税はかかりませんでしたが、改正後なら4,200万円超だとかかるようになってしまいました。

＜改正内容＞・基礎控除を40％圧縮！税率構造を6段階から8段階に！

（夫が亡くなり、妻と子2人の場合）

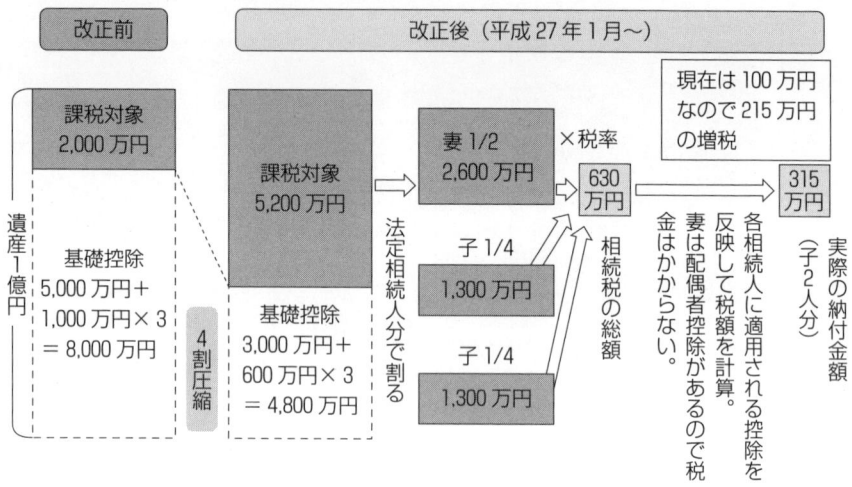

■ 改正で新たに相続税の負担が生じる場合

・相続人が妻（配偶者）と子2人の場合

　〈改正前〉　**8,000万円超**　⇒　〈改正後〉　**4,800万円超**

・相続人が子2人の場合

　〈改正前〉　**7,000万円超**　⇒　〈改正後〉　**4,200万円超**

■ 妻（配偶者）と子2人が相続する場合

遺産の課税価格	改正前の税額	改正後の税額	増税額
7,000万円	0	112.5万円	112.5万円
1億円	100万円	315万円	215万円
3億円	2,300万円	2,860万円	560万円
5億円	5,850万円	6,555万円	705万円
10億円	1億6,650万円	1億7,810万円	1,160万円

2 相続税の最高税率 50％から 55％へ引上げ！

相続税の最高税率が 50％から 55％に引き上げられました。また、税率構造も見直され従来の 6 段階から 8 段階へと 2 段階増えました。（相法 16）

5,000 万円超 1 億円以下の税率は 30％と変わりありませんでしたが、改正後の平成 27 年 1 月からは 2 億以下の金額は 40％、3 億円以下が 45％、6 億円以下が 50％、6 億円超 55％と課税強化されます。

■ 相続税の税率構造

	改正前	改正後	
1,000 万円以下の金額	10％	同左	
3,000 万円 〃	15％	〃	
5,000 万円 〃	20％	〃	
1 億円 〃	30％	〃	
3 億円 〃	40％	2 億円以下の金額	40％
		3 億円 〃	45％
3 億円超の金額	50％	6 億円 〃	50％
		6 億円超の金額	55％

（3 億円以下・6 億円以下・6 億円超の部分）この部分が課税強化された

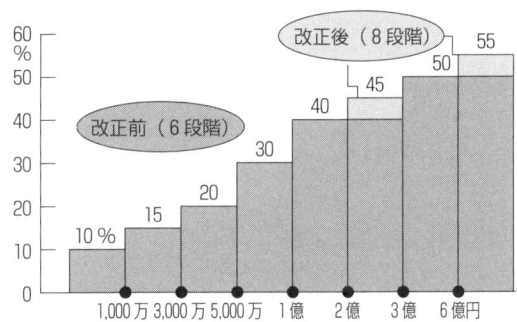

 これらの改正は、平成 27 年 1 月 1 日以後の相続または遺贈により取得する財産に係る相続税について適用されます。（平 25 改所法等附 10）

【相続税の速算表】

改正前（平成26年まで）			改正後（平成27年から）		
法定相続人に応ずる取得金額	税率（％）	控除額（万円）	法定相続人に応ずる取得金額	税率（％）	控除額（万円）
1,000万円以下	10	―	1,000万円以下	10	―
3,000万円以下	15	50	3,000万円以下	15	50
5,000万円以下	20	200	5,000万円以下	20	200
10,000万円以下	30	700	10,000万円以下	30	700
30,000万円以下	40	1,700	20,000万円以下	40	1,700
30,000万円超	50	4,700	30,000万円以下	45	2,700
			60,000万円以下	50	4,200
			60,000万円超	55	7,200

【ことしの相続税改正の影響と対策】

　平成23年に死亡した者のうち、相続税の課税対象となったのは4.1％の約5万1,409人とされ、この改正が実施されますと、課税対象が約6％（7万人）に広がります。財務省の試算によりますと、平年度ベースで2,900億円程度の増税になるものと予測されています。つまり、従来の1.5倍の人が相続税の課税対象となり、そのほとんどの人が都心部に住んでいるのです。これは、もしかすると他の個人所得課税や消費課税などの増税より多く、一番の税収の稼ぎ頭、すなわち一番の増税となるかもしれません。

　その背景には、相続税は1980年代後半のバブル景気で、都市部の地価が異常に高騰したことへの対策として、減税を繰り返してきましたが、その後、バブルがはじけ、地価が下落した後も減税措置がそのまま据え置かれてきたために、その再分配機能が低下してしまったと言われています。そこで、ことしの改正で再分配機能を回復させ、格差の固定化を防止するねらいがあるとされています。（「平成25年度税制改正大綱」参照）。

　上記の相続税の大増税を踏まえ、以下で1億円から50億円までの相続

税額のシミュレーションを行ってみます。次表のとおりとなります。自分の財産の課税価格を当てはめてどれぐらいの増税になるのか確認してみてください。

【相続税大増税後の1億円から50億円までの相続税額のシミュレーション】
(単位；千円)

課税価格	配偶者有り（配偶者の税額軽減措置活用）				配偶者なし			
	改正前		改正後		改正前		改正後	
課税価格	子供1人	子供2人	子供1人	子供2人	子供1人	子供2人	子供1人	子供2人
100,000	0	0	0	0	6,000	3,500	12,200	7,700
150,000	0	0	0	0	20,000	12,000	28,600	18,400
200,000	5,000	3,800	6,680	5,400	39,000	25,000	48,600	33,400
250,000	14,400	11,340	17,710	14,290	59,000	40,000	69,300	49,200
300,000	27,070	21,470	32,290	26,690	79,000	58,000	91,800	69,200
350,000	39,000	31,750	44,600	37,350	99,000	78,000	115,000	89,200
400,000	49,000	40,500	54,600	46,100	123,000	98,000	140,000	109,200
450,000	59,000	49,250	64,800	54,925	148,000	118,000	165,000	129,600
500,000	69,000	58,500	76,050	65,550	173,000	138,000	190,000	152,100
550,000	79,000	68,500	87,300	76,175	198,000	158,000	215,000	174,600
600,000	89,000	78,500	98,550	86,800	223,000	178,000	240,000	197,100
650,000	99,000	88,500	110,000	97,450	248,000	198,000	265,700	220,000
700,000	110,500	99,000	122,500	108,700	273,000	221,000	293,200	245,000
750,000	123,000	110,250	135,000	119,950	298,000	246,000	320,700	270,000
800,000	135,500	121,500	147,500	131,200	323,000	271,000	348,200	295,000
850,000	148,000	132,750	160,000	142,475	348,000	296,000	375,700	320,000
900,000	160,500	144,000	172,500	154,350	373,000	321,000	403,200	345,000
950,000	173,000	155,250	185,000	166,225	398,000	346,000	430,700	370,000
1,000,000	185,500	166,500	197,500	178,100	423,000	371,000	458,200	395,000
2,000,000	435,500	409,500	466,450	434,400	923,000	871,000	1,008,200	932,900
2,500,000	560,500	534,500	603,950	566,300	1,173,000	1,121,000	1,283,200	1,207,900
3,000,000	685,500	659,500	741,450	703,800	1,423,000	1,371,000	1,558,200	1,482,900
3,500,000	810,500	784,500	878,950	841,300	1,673,000	1,621,000	1,833,200	1,757,900
4,000,000	935,500	909,500	1,016,450	978,800	1,923,000	1,871,000	2,108,200	2,032,900
5,000,000	1,185,500	1,159,500	1,291,450	1,253,800	2,423,000	2,371,000	2,658,200	2,582,900

3 未成年者控除の6万円から10万円への引上げ

　相続や遺贈によって財産を取得した者（制限納税義務者に該当する者を除きます。）が法定相続人に該当し、かつ未成年者（満20歳未満の者）であるときは、その未成年者の納付すべき相続税額は、通常どおりに計算した相続税額に相当する金額から、その未成年者が満20歳に達するまでの年数（1年未満の端数は、1年として計算）1年につき6万円の割で計算した金額を控除した金額とされていましたが、この6万円は昭和63年からの額であり、諸般の見直しを踏まえて、今回の改正で10万円に引き上げられました。（相法19の3）

■ 未成年者控除

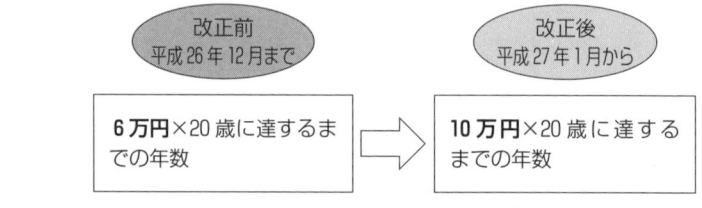

 この改正は、平成27年1月1日以後の相続または遺贈により取得する財産に係る相続税について適用されます。（平25改所法等附10）

4 障害者控除の6万円から10万円への引上げ

　相続または遺贈によって財産を取得した者（非居住無制限納税義務者または制限納税義務者を除く）が法定相続人に該当し、かつ障害者であるときは、その障害者の納付すべき相続税額は、通常どおりに計算した相続税額に相当する金額から、その障害者が85歳に達するまでの年数（1年未満の端数は、1年として計算）1年につき6万円（その者が特別障害者であるときは12万円）の割で計算した金額を控除した金額とされていましたが、改正で、その障害者が85歳に達するまでの1年につき10万円（特

別障害者であるときは 20 万円）に引き上げられました。（相法 19 の 4）

■ 障害者控除

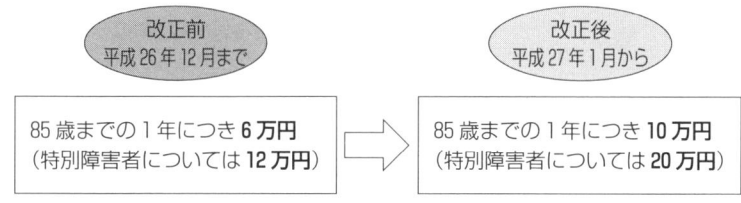

適用期日　この改正は、平成 27 年 1 月 1 日以後の相続または遺贈により取得する財産に係る相続税について適用されます。（平25改所法等附 10）

5　相続時精算課税制度の年齢要件の 60 歳以上へ引下げ、受贈者に 20 歳以上の孫を追加

　相続時精算課税制度とは、65 歳以上の親から 20 歳以上の子への生前贈与で、その際に納めた贈与税を、親が亡くなった際に納める相続税額から控除するというもので、相続時精算課税制度での贈与税の特別控除（非課税枠）は 2,500 万円です。

① **適用対象者**
　・贈与者は満 65 歳以上の親
　・受贈者は満 20 歳以上の子である推定相続人

② **贈与税額＝（贈与を受けた財産の価額－2,500 万円）×20%（一律）**

　今回の改正で、若年世代への資産の早期移転を促進する観点から、相続時精算課税制度について、受贈者に **20 歳以上の孫**を追加するとともに、贈与者の年齢要件を **60 歳以上**に引き下げられます。（相法 21 の 9）

■ 相続時精算課税制度を選択できる場合

イ．受贈者の範囲に、**20 歳以上である孫**（改正前、推定相続人である子のみ）が追加されました。

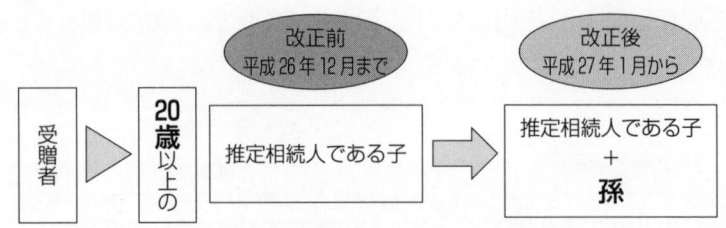

ロ．贈与者の年齢要件が **60歳以上**（改正前65歳以上）に引き下げられます。

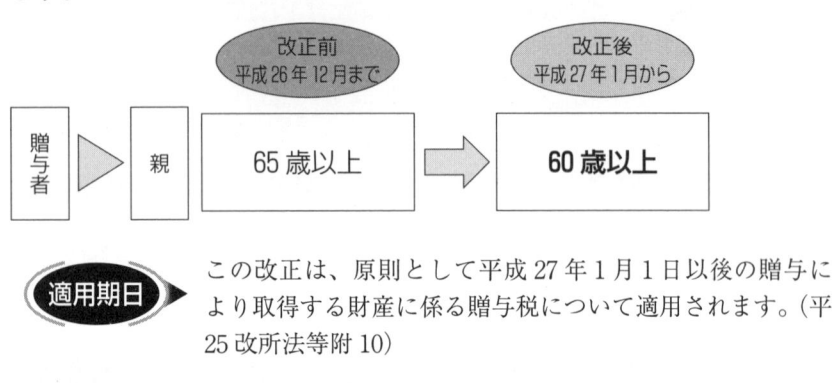

適用期日 この改正は、原則として平成27年1月1日以後の贈与により取得する財産に係る贈与税について適用されます。（平25改所法等附10）

6 贈与税の税率の最高税率は50％を55％へ引上げ、直系尊属贈与への税率は一部緩和！

　若年世代への早期資産移転をより一層推進する観点から、相続税率の見直しと併せて、若年世代を受贈者とする贈与税の税率構造を見直すことになりました。

　相続税率との兼ね合いから、贈与税の最高税率も50％から55％に引き上げられますが、若年層への資産移転を促すため、100億円規模の贈与税減税を実施することになりました。

　20歳以上の者が直系尊属から贈与を受けた場合の税率が緩和され、1,000万円以下の金額に対する税率40％が30％に、1,000万円超の金額50％は1,500万円以下40％、3,000万円以下45％、4,500万円以下50％、4,500万

円超55%と細分化され、一般の贈与税率とは区別されています。
　相続時精算課税制度の対象とならない贈与財産に係る贈与税の税率構造について、次の改正が行われました。（相法21の7、措法70の2の4）

イ．20歳以上の者が直系尊属から贈与を受けた財産に係る贈与税の税率構造（以下「**特例贈与税率表**」といいます。）

【改正前（平成26年12月まで）】　　【改正後（平成27年1月から）】

	税率		税率
200万円以下の金額	10%	同左	
300万円　〃	15%	400万円以下の金額	15%
400万円　〃	20%	600万円　〃	20%
600万円　〃	30%	1,000万円　〃	30%
1,000万円　〃	40%	1,500万円　〃	40%
—		3,000万円　〃	45%
1,000万円超の金額	50%	4,500万円　〃	50%
—		4,500万円超の金額	55%

ロ．上記イ以外の贈与財産に係る贈与税の税率構造（以下「**一般贈与税率表**」といいます。）

【改正前（平成26年12月まで）】　　【改正後（平成27年1月から）】

	税率		税率
200万円以下の金額	10%	同左	
300万円　〃	15%	〃	
400万円　〃	20%	〃	
600万円　〃	30%	〃	
1,000万円　〃	40%	〃	
—		1,500万円以下の金額	45%
1,000万円超の金額	50%	3,000万円　〃	50%
—		3,000万円超の金額	55%

上記イ及びロの改正は、原則として平成27年1月1日以後の贈与により取得する財産に係る贈与税について適用されます。(平25改所法等附10)

上記の贈与税率の改正を踏まえ、1億円から50億円までの贈与税額の新税率と旧税率の比較を行いますと(参考表1)のとおりとなります。また、新旧贈与税率のよる損得の損益分岐を表にしますと(参考表2)のとおりとなります。

(参考表1)　　　　贈与税額の新旧比較表　　　　(単位；万円)

受贈額	改正前	改正後 一般贈与	差額	特例贈与	差額
100	0.0	0.0	0.0	0.0	0.0
200	9.0	9.0	0.0	9.0	0.0
300	19.0	19.0	0.0	19.0	0.0
400	33.5	33.5	0.0	33.5	0.0
500	53.0	53.0	0.0	48.5	－4.5
600	82.0	82.0	0.0	68.0	－14.0
700	112.0	112.0	0.0	88.0	－24.0
800	151.0	151.0	0.0	117.0	－34.0
900	191.0	191.0	0.0	147.0	－44.0
1,000	231.0	231.0	0.0	177.0	－54.0
1,100	271.0	271.0	0.0	207.0	－64.0
1,200	320.0	315.5	－4.5	246.0	－74.0
1,300	370.0	360.5	－9.5	286.0	－84.0
1,400	420.0	405.5	－14.5	326.0	－94.0
1,500	470.0	450.5	－19.5	366.0	－104.0
2,000	720.0	695.0	－25.0	585.5	－134.5
2,500	970.0	945.0	－25.0	810.5	－159.5

3,000	1,220.0	1,195.0	−25.0	1,035.5	−184.5
3,500	1,470.0	1,464.5	−5.5	1,280.0	−190.0
4,000	1,720.0	1,739.5	19.5	1,530.0	−190.0
5,000	2,220.0	2,289.5	69.5	2,049.5	−170.5
6,000	2,720.0	2,839.5	119.5	2,599.5	−120.5
7,000	3,220.0	3,389.5	169.5	3,149.5	−70.5
8,000	3,720.0	3,939.5	219.5	3,699.5	−20.5
9,000	4,220.0	4,489.5	269.5	4,249.5	29.5
10,000	4,720.0	5,039.5	319.5	4,799.5	79.5
20,000	9,720.0	10,539.5	819.5	10,299.5	579.5
30,000	14,720.0	16,039.5	1,319.5	15,799.5	1,079.5
40,000	19,720.0	21,539.5	1,819.5	21,299.5	1,579.5
50,000	24,720.0	27,039.5	2,319.5	26,799.5	2,079.5
60,000	29,720.0	32,539.5	2,819.5	32,299.5	2,579.5
70,000	34,720.0	38,039.5	3,319.5	37,799.5	3,079.5
80,000	39,720.0	43,539.5	3,819.5	43,299.5	3,579.5
90,000	44,720.0	49,039.5	4,319.5	48,799.5	4,079.5
100,000	49,720.0	54,539.5	4,819.5	54,299.5	4,579.5
500,000	249,720.0	274,539.5	24,819.5	274,299.5	24,579.5
1,000,000	499,720.0	549,539.5	49,819.5	549,299.5	49,579.5
5,000,000	2,499,720.0	2,749,539.5	249,819.5	2,749,299.5	249,579.5
10,000,000	4,999,720.0	5,499,539.5	499,819.5	5,499,299.5	499,579.5

注意 本書では、20歳以上の者が直系尊属から贈与を受けた財産に係る贈与税を「特例贈与税」または「特例贈与」といい、特例贈与税以外の贈与財産に係る贈与税を「一般贈与税」または「一般贈与」といいます。また、それらの税率表もそれぞれ「特例贈与税率表」「一般贈与税率表」といいます。

(参考表2)　　　贈与税額の新旧比較表損益分岐点　　　（単位；万円）

受贈額	改正前	一般贈与	差額	特例贈与	差額
100	0.0	0.0	0.0	0.0	0.0
200	9.0	9.0	0.0	9.0	0.0
3,500	1,470.0	1,464.5	−5.5	1,280.0	−190.0
3,510	1,475.0	1,470.0	−5.0	1,285.0	−190.0
3,610	1,525.0	1,525.0	0.0	1,335.0	−190.0
3,700	1,570.0	1,574.5	4.5	1,380.0	−190.0
4,000	1,720.0	1,739.5	19.5	1,530.0	−190.0
4,500	1,970.0	2,014.5	44.5	1,780.0	−190.0
5,000	2,220.0	2,289.5	69.5	2,049.5	−170.5
6,000	2,720.0	2,839.5	119.5	2,599.5	−120.5
7,000	3,220.0	3,389.5	169.5	3,149.5	−70.5
8,000	3,720.0	3,939.5	219.5	3,699.5	−20.5
8,110	3,775.0	4,000.0	225.0	3,760.0	−15.0
8,410	3,925.0	4,165.0	240.0	3,925.0	0.0
9,000	4,220.0	4,489.5	269.5	4,249.5	29.5
100,000	49,720.0	54,539.5	4,819.5	54,299.5	4,579.5
500,000	249,720.0	274,539.5	24,819.5	274,299.5	24,579.5
1,000,000	499,720.0	549,539.5	49,819.5	549,299.5	49,579.5
5,000,000	2,499,720.0	2,749,539.5	249,819.5	2,749,299.5	249,579.5
10,000,000	4,999,720.0	5,499,539.5	499,819.5	5,499,299.5	499,579.5

> **コメント**　受贈額が3,610万円のときには、改正前の税率と改正後の一般贈与税率とが一致します。この金額を境にして、3,610万円を超える場合には増税となります。一方、受贈額が8,410万円のときには、改正前の税率と改正後の特例贈与の場合の税率とが一致しています。この金額を境にして、8,410万円を超える場合には増税となります。そして、その増税額は受贈額が大きくなればなるほど大きく膨れ上がります。すなわち、富裕層に厳しい改正といえます。ただし、直系尊属贈与の場合は8,410万円以下の場合には減税となります。一般贈与の場合も一部、減税となる部分がありますが、3,510万円以下の場合のほんの少しの場合のみです。

＜直系尊属の贈与と一般贈与がある場合の贈与税の計算のしかた＞

　同一年中に直系尊属からの贈与と一般の贈与との両方がある場合に基礎控除の110万円をどのように適用するか、租税特別措置法70条の2の4《直系尊属から贈与を受けた場合の贈与税の税率の特例》の規定に基づき次のように按分に計算することとされました。（速算表等は11ページ参照）。

　計算の方法は、特例贈与財産にかかる税率とあわせ、措置法70条の2の3第3項で規定され、次の㈠と㈡の合計金額を贈与税額とするとされました。（措法70の2の4③）

㈠	基礎控除および配偶者控除後の課税価格について**「特例贈与税率表」**により計算した金額に特例贈与財産の価額がその年中に贈与により取得した財産の価額の合計額（贈与税の課税価格の計算の基礎に算入されるものに限り、配偶者控除後のものとする。㈡において「合計贈与価額」という。）のうちに占める割合を乗じて計算した金額
㈡	基礎控除および配偶者控除後の課税価格について**「一般贈与税率表」**により計算した金額に一般贈与財産の価額（配偶者控除後のものとする。）が合計贈与価額のうちに占める割合を乗じて計算した金額

　特例贈与財産（措法70の2の4）と一般贈与財産（相法21の7）の合計額から、基礎控除と配偶者控除を控除した課税価格について、まず、特例贈与財産にかかる税率で贈与税額を計算、その金額に合計贈与価額（贈

与税の課税価格に算入されるもので、配偶者控除後のもの）に占める特例贈与財産の価額の割合を乗じて税額を算出（措法70の2の4③一）、次に、同じように基礎控除等の控除後の課税価格に、今度は、一般贈与財財産にかかる税率で贈与税額を計算し、合計贈与価額に一般財産の占める割合を乗じて税額を算出（措法70の2の4③二）、③の一号と二号とを合わせた金額が贈与税額となります。

たとえば、直系尊属からの特例贈与財産1,000万円、それ以外の一般贈与財産500万円とすると、次のような計算を行うことになります。

(一)	｛(1,000万円＋500万円)－110万円×40％－190万円＝366万円 366万円×$\dfrac{1,000}{1,000+500}$＝244万円…①
(二)	｛(1,000万円＋500万円)－110万円×45％－175万円＝450万円 450万円×$\dfrac{500}{1,000+500}$＝150万円…②
	①＋②＝244万円＋150万円＝394万円…贈与税額

一号の計算は措置法72条の2の4の特例税率で、二号は相続税法21条の7の本則の税率で計算するもので、上記の例とは逆に、特例贈与財産を500万円、一般贈与財産を1,000万円とすると、税額は増えます。直系尊属からの贈与よりも税額が高い一般贈与の税率で計算される部分が大きくなるからです。

7　教育資金の一部贈与に係る贈与税の非課税措置

祖父母が孫向けの教育費をまとめて渡すとき、子や孫1人当たり1,500万円を上限に贈与税を非課税にする制度を創設することになりました。

子育て支援の一環で、富裕な高齢者から教育費などの負担が重い子育て世代へ資金を移転し、若い夫婦の生活を助けようとします。税法では、孫の入学金や授業料をその都度、祖父母が支払っていても贈与税の課税は行

われませんが、例えば大学4年分の授業料を一括して孫に渡す場合には贈与税がかかります。

今回の改正では、平成25年4月から平成27年12月末までの約3年間、孫1人当たり1,500万円までの教育資金を一括で渡しても贈与税がかからない制度を創設、ただし信託銀行などに特定の口座を設けて管理を委託する信託契約を締結し、使途を教育費に限定します。そして口座は子や孫が30歳に達した日に終了します。

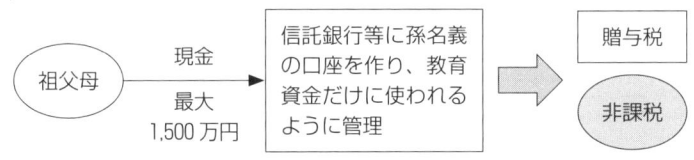

(1) 概　　要

受贈者（30歳未満の者に限ります）の教育資金に充てるためにその直系尊属が金銭等を拠出し、金融機関（信託会社（信託銀行を含みます）、銀行および金融商品取引業者（第一種金融商品取引業を行う者に限ります）をいいます）に信託等をした場合には、信託受益権の価額または拠出された金銭等の額のうち受贈者1人につき1,500万円（学校等以外の者に支払われる金銭については、500万円を限度とします）までの金額に相当する部分の価額については、平成25年4月1日から平成27年12月31日までの間に拠出されるものに限り、贈与税を課さないこととしました。（措法70の2の2①②）

(注) 教育資金とは、文部科学大臣が定める次の金銭をいいます（領収書が必要です）。
(1) 学校等に対して直接支払われる次のような金銭をいいます。
　① 入学金、授業料、入園料、保育料、施設設備費又は入学（園）試験の検定料など
　② 学用品の購入費や修学旅行費や学校給食費など学校等における教育に伴って必要な費用など
　　(注)「学校等」とは、学校教育法で定められた幼稚園、小・中学校、高等学校、大学（院）、専修学校、各種学校、一定の外国の教育施設、認定こども園又は保育所等などをいいます。

(2) 学校等以外に対して直接支払われる次のような金銭で社会通念上相当と認められるものをいいます。
　＜イ　役務提供又は指導を行う者（学習塾や水泳教室など）に直接支払われるもの＞
　③ 教育（学習塾、そろばんなど）に関する役務の提供の対価や施設の使用料など
　④ スポーツ（水泳、野球など）又は文化芸術に関する活動（ピアノ、絵画など）その他教養の向上のための活動に係る指導への対価など
　⑤ ③の役務の提供又は④の指導で使用する物品の購入に要する金銭
　＜ロ　イ以外（物品の販売店など）に支払われるもの＞
　⑥ ②に充てるための金銭であって、学校等が必要と認めたもの
　※教育資金及び学校等の範囲については、文部科学省高等教育局学生・留学生課法規係へお尋ねください。なお、文部科学省ホームページ【www.mext.go.jp】にも教育資金及び学校等の範囲に関する情報が掲載されています。

(2) 申　告

受贈者は、本特例の適用を受けようとする旨等を記載した「教育資金非課税申告書」を金融機関を経由し、受贈者の納税地の所轄税務署長に提出しなければなりません。（措法70の2の2③）

(3) 払出しの確認等

受贈者は、払い出した金銭を教育資金の支払に充当したことを証する書類を金融機関に提出しなければなりません。（措法70の2の2⑦）

金融機関は、提出された書類により払い出された金銭が教育資金に充当されたことを確認し、その確認した金額を記録するとともに、当該書類及び記録を受贈者が30歳に達した日の翌年3月15日後6年を経過する日まで保存しなければなりません。（措法70の2の2⑧）

(4) 終了時

① 受贈者が30歳に達した場合

　イ　調書の提出

　　　金融機関は、本特例の適用を受けて信託等がされた金銭等の合計金額（以下「非課税拠出額」といいます）および契約期間中に教育資金として払い出した金額（上記(3)により記録された金額とします）の合計金額（学校等以外の者に支払われた金銭のうち500万円を超える部

分を除きます。以下「教育資金支出額」といいます）その他の事項を記載した調書を受贈者の納税地の所轄税務署長に提出しなければなりません。
　ロ　残額の扱い
　　　非課税拠出額から教育資金支出額を控除した残額については、受贈者が30歳に達した日に贈与があったものとして贈与税が課税されます。
② **受贈者が死亡した場合**
　イ　調書の提出
　　　金融機関は、受贈者の死亡を把握した場合には、その旨を記載した調書を受贈者の納税地の所轄税務署長に提出しなければなりません。
　ロ　残額の扱い
　　　非課税拠出額から教育資金支出額を控除した残額については、贈与税を課しません。
(5)　**教育資金を一括贈与した贈与者が死亡した場合の課税関係**
① **贈与をした日から教育資金管理契約終了の日までの間に、贈与者が死亡した場合**
　教育資金管理契約開始の日（贈与をした日）から教育資金管理契約終了の日までの間に、贈与者が死亡した場合には、その相続人等（受贈者）への教育資金の一括贈与が、相続開始前3年以内のものであっても、相続財産への加算の対象とされないこととされています。
② **受贈者が30歳に達した日以後3年以内に贈与者が亡くなった場合**
　一方、受贈者が30歳に達した日以後3年以内に贈与者が亡くなった場合には、一括贈与を受けた教育資金のうち、その受贈者が使い残した部分の金額については、「贈与者（被相続人）」から贈与があったものとみなして贈与税が課されます。
　ただし、受贈者が相続時精算課税適用者である場合には、相続時精算課

税による贈与として、その使い残した部分の金額が相続財産に加算され、相続税が課税されます。

(課税の対象となる金額)
贈与を受けた教育資金(非課税拠出金額) − 教育資金支出額 ＝ 使い残した部分の金額

③ 贈与者が死亡後に受贈者が30歳に達した場合

また、贈与者の死亡後に、教育資金の一括贈与を受けた受贈者が30歳に達した場合は、その資金は被相続人からの贈与ではなく、「個人」からの贈与を受けたものとみなすこととしています。そのため、受贈者が相続時精算課税適用者であっても、特定贈与者(被相続人)からの贈与とはならないことから、教育資金の使い残し分については、一般の暦年贈与として課税されることとなります。

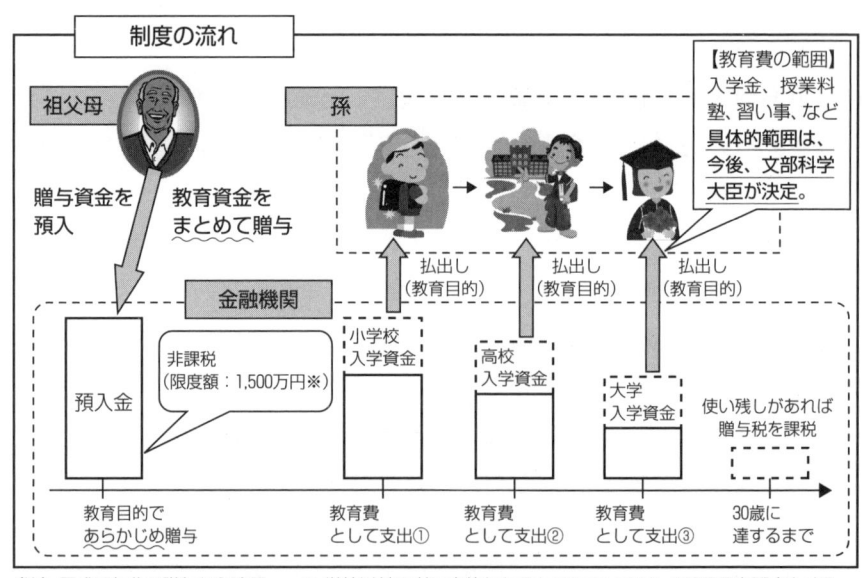

(注) 平成25年分の贈与から適用。　※ 学校以外の者に支払われるものについては、500万円を限度とする。
(財務省資料より)

8 国外に居住する相続人等に対する相続税・贈与税の課税の適正化

相続人等が国外に居住していても日本国籍を有しているときは、例え国外財産を相続や贈与により取得しても、被相続人と相続人、あるいは、贈与者と受贈者、共に日本を離れて5年以上経過していないと日本の相続税や贈与税の課税対象となります。(相法1の3二、1の4二)

■ 相続税・贈与税の納税義務の範囲（現行）

被相続人 贈与者	相続人 受贈者	国内に居住	国外に居住		日本国籍なし
			日本国籍あり		
			5年以内に国内に住所あり	左記以外	
国内に居住		国内財産国外財産ともに課税			国内財産のみに課税
国外に居住	5年以内に国内に住所あり				
	上記以外				

しかし、日本国籍を有していないと、5年基準はなく、国外財産を相続や贈与により取得しても日本の相続税や贈与税は課税されません。

このような理由で、子や孫に外国籍を取得させることにより、国外財産への課税を免れるような租税回避事例がかなり生じていることから、相続税・贈与税の納税義務の範囲について改正が行われたのです。

第Ⅰ編　平成 25 年度・相続税・贈与税の改正のポイント

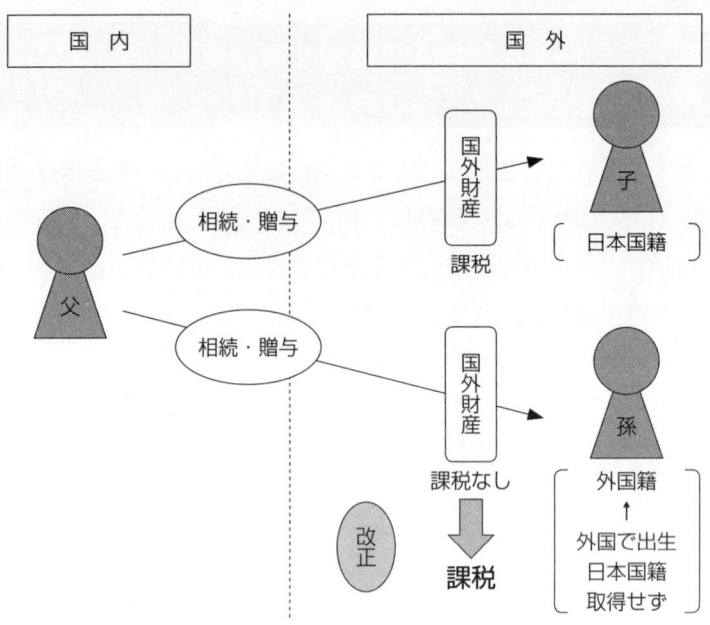

　今回の改正では、日本国内に住所を有しない個人で日本国籍を有しない者が、日本国内に住所を有する者から相続もしくは遺贈または贈与により取得した国外財産が、相続税または贈与税の課税対象に加えられたことです。これにより、海外を利用した租税回避はかなり制限されることになりました。

 この改正は、平成 25 年 4 月 1 日以後に相続もしくは遺贈または贈与により取得する国外財産に係る相続税または贈与税について適用されます。（平 25 改所法等附 11）

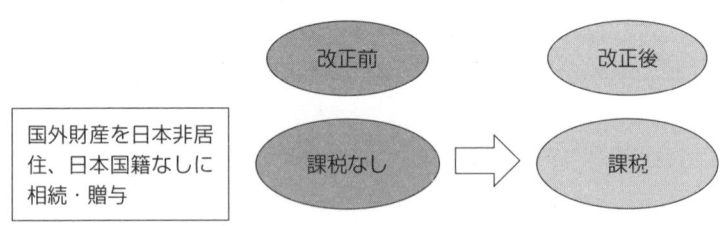

9 小規模宅地等についての相続税の課税価格の計算の特例の見直し

(1) 改正前の「小規模宅地等の課税価格の計算特例」の概要

「小規模宅地等の課税価格の計算の特例」とは、相続または遺贈によって取得した財産のうち相続開始の直前において、被相続人等の事業用または居住用の小規模宅地等がある場合（200㎡～400㎡までの宅地等に限ります）には、通常の課税価格から評価額を50%～80%減額するという制度です。（措法69の4）

① 「小規模宅地等」の範囲

この「小規模宅地等」とは、相続開始直前において、被相続人等（被相続人および被相続人と生計を一にしていた親族をいいます）の事業の用または居住の用に供されていた宅地等で、一定の建物または構築物の敷地の用に供されていた宅地等のうち、合計で200㎡、240㎡あるいは400㎡までの部分の宅地等をいいます。

② 特例の適用対象者

特例の適用対象者は個人であって、相続あるいは遺贈によって取得した財産の中に、この特例の適用対象となる小規模宅地等が含まれている場合の、その小規模宅地等を取得した人です。したがって、その小規模宅地等を取得した人が相続人であるか否かは問いません。

③ 減額割合および特例対象面積

小規模宅地等の減額される割合は、利用形態に応じて、次表のように定められています。

小規模宅地等の相続税の課税価格に算入される価額は、その宅地面積が一定の広さ(200㎡、特定居住用宅地等は240㎡、特定事業用宅地等は400㎡)までの場合は、通常の方法によって計算した評価額から、減額割合を控除して計算します。一定面積を超える場合は、次の計算式で計算します。

■ 改正前の小規模宅地等の相続税の課税価格算入額の計算式

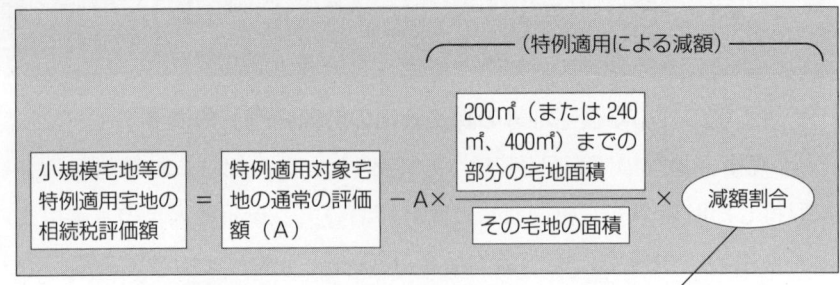

■ 利用形態別の減額割合及び特例対象面積

宅地等		上限面積	軽減割合
事業用	事業継続	400㎡	▲80%
	不動産貸付	200㎡	▲50%
居住用	居住継続	240㎡	▲80%

(2) **居住用宅地の適用対象面積の見直し**

　特定居住用宅地等に係る特例の適用対象面積を330㎡（改正前240㎡）までの部分に拡充されました。（措法69の4②二）

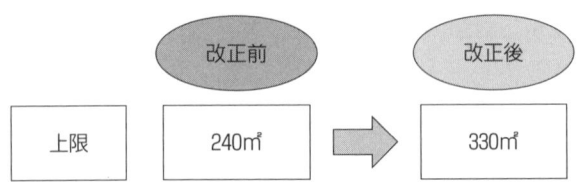

宅地の区分	減額割合	上限面積		H27.1 以降
特定居住用宅地等	80%	240㎡	→	330㎡
特定事業用宅地等	80%	400㎡	→	変わらず
貸付事業用宅地等	50%	200㎡	→	変わらず

(3) 居住用宅地と事業用宅地を併用する場合の限度面積の拡大

改正前では、特定居住用宅地等と特定事業用宅地等が併存する場合、両宅地合計で上限400㎡までしか小規模宅地の特例の適用を受けることができませんでしたが、改正後は、特定居住用宅地等と特定事業用宅地等について、完全併用（それぞれの限度面積（居住用：330㎡（改正後）、事業用：400㎡））できることになりました。（措法69の4②一、二）

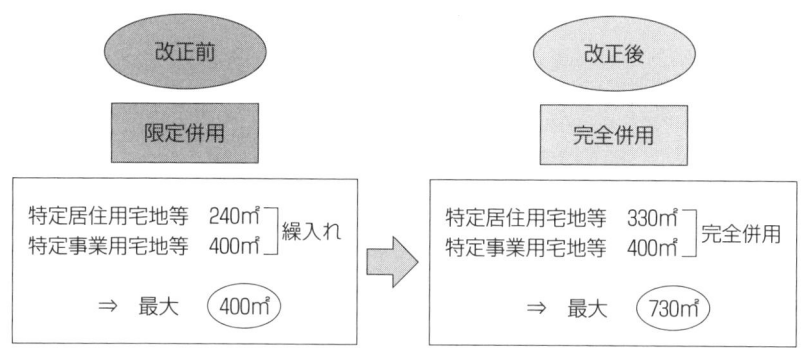

このように平成27年1月1日以降の相続発生から、特例の対象として選択する宅地等の全てが特定事業用宅地等および特定居住用宅地等である場合には、それぞれの適用対象面積まで適用可能となります。

なお、貸付事業用宅地等を選択する場合における適用対象面積の計算については、改正が行われず次のとおり限定併用となります。（措法69の4②三）

$$\text{特定事業用宅地等(㎡)} \times \frac{200}{400} + \text{特定居住用宅地等(㎡)} \times \frac{200}{330} + \text{貸付事業用宅地等(㎡)} \leq 200㎡$$

(4) 居住用宅地の適用要件の緩和の柔軟化
① 二世帯住宅

二世帯住宅について、改正前では、内部に1階2階を往き来する階段があるなど、建物内部で二世帯の居住スペースがつながっていないと、特例

の適用ができなかったところ、構造上の要件が撤廃されました。

改正後は、一棟の二世帯住宅で構造上区分のあるものについて、被相続人およびその親族が各独立部分に居住していた場合には、その親族が相続または遺贈により取得したその敷地の用に供されていた宅地等のうち、被相続人およびその親族が居住していた部分に対応する部分が特例の対象とされることになりました。（措法69の4③二イ）

② **老人ホーム**

被相続人が老人ホームに入居した場合、老人ホームの終身利用権を取得しても、空き家となっていた家屋の敷地については、特定居住用宅地等の特例と認めることになりました。

老人ホームに入所したことにより被相続人の居住の用に供されなくなった家屋の敷地の用に供されていた宅地等は、次の要件が満たされる場合に限り、相続の開始の直前において被相続人の居住の用に供されていたものとして特例が適用されます。（措法69の4③二ロ）

　イ　被相続人に介護が必要なため入所したものであること
　ロ　当該家屋が貸付け等の用途に供されていないこと

上記(2)及び(3)の改正は平成27年1月1日以後に相続または遺贈により取得する財産に係る相続税について適用し、(4)の改正は平成26年1月1日以後に相続または遺贈により取得する財産に係る相続について適用されます。（平25改所法等附85）

10 非上場株式等に係る相続税・贈与税の納税猶予制度

(1) 相続税の納税猶予制度

　相続税の納税猶予特例制度は、相続税の重すぎる負担が理由になるような中小企業の廃業を食い止め、雇用機会の確保と固有技術の承継などが目的とされている制度です。

　つまり、高齢化の多い中小企業者が後継者に事業を承継させる際に、オーナー経営者の非上場株式にかかる相続税や贈与税が大きい障害になっていました。そこで、先代社長から自社の株式を引き継ぐ親族が相続税や贈与税の減免を受けられる「非上場株式等に係る相続税・贈与税の納税猶予制度」が平成21年に創設され、中小企業の世代交代を後押しすることになりました。

　この制度は、親から子ら親族に非上場株式を相続や贈与で移転して経営を引き継いだ場合、5年間にわたって雇用の8割を維持するなど一定の要件を満たせば、贈与税は全額、相続税は8割の納税を猶予する仕組みです。

　しかし経営環境が悪化するなどして一時的にでも雇用が8割を下回れば、その時点で猶予されていた税金を全額納めなければならないため、逆効果となる場合も出てきました。

　このように、この制度の適用を受け続けるのは種々の条件が厳しく、同制度の利用は導入から4年間で549件と少数であることなどから、雇用を5年間平均で8割維持などに要件を緩和し、さらに子や親族以外にも他人が後継者となった場合にも、相続税や贈与税の納税猶予の適用対象に加えることに大幅に改正しました。

第Ⅰ編　平成25年度・相続税・贈与税の改正のポイント

■ 改正前の制度

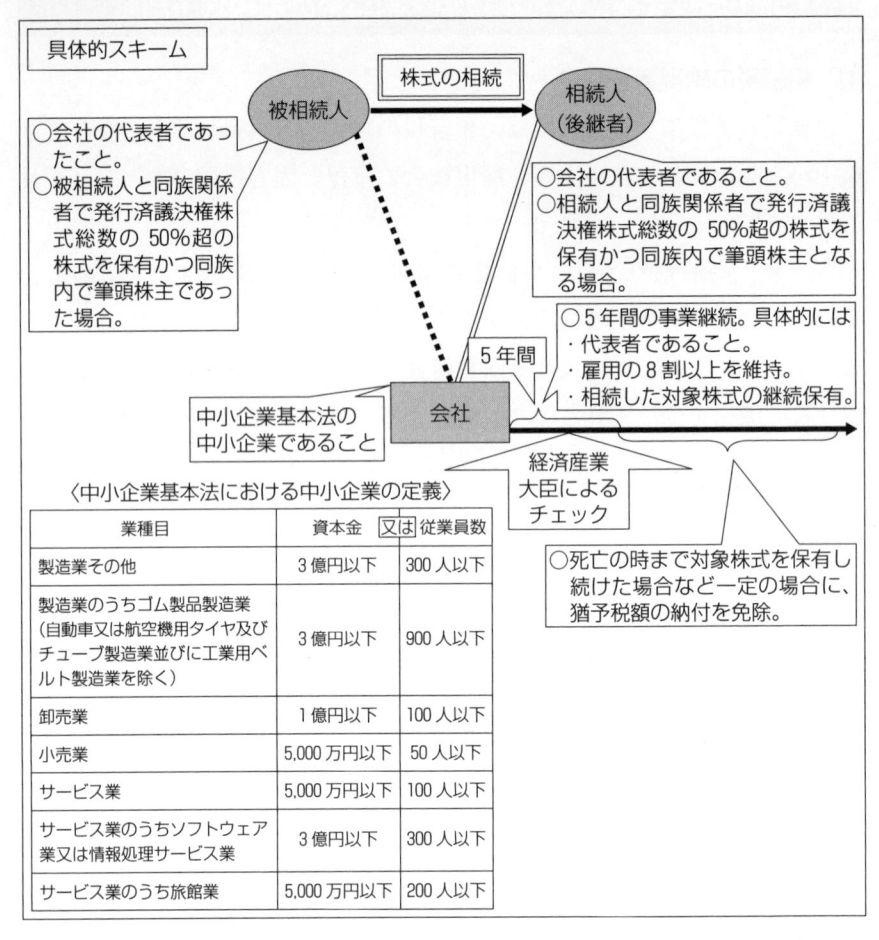

具体的スキーム

○会社の代表者であったこと。
○被相続人と同族関係者で発行済議決権株式総数の50%超の株式を保有かつ同族内で筆頭株主であった場合。

株式の相続
被相続人 → 相続人（後継者）

○会社の代表者であること。
○相続人と同族関係者で発行済議決権株式総数の50%超の株式を保有かつ同族内で筆頭株主となる場合。

5年間

中小企業基本法の中小企業であること

会社

○5年間の事業継続。具体的には
・代表者であること。
・雇用の8割以上を維持。
・相続した対象株式の継続保有。

経済産業大臣によるチェック

○死亡の時まで対象株式を保有し続けた場合など一定の場合に、猶予税額の納付を免除。

〈中小企業基本法における中小企業の定義〉

業種目	資本金	又は	従業員数
製造業その他	3億円以下		300人以下
製造業のうちゴム製品製造業（自動車又は航空機用タイヤ及びチューブ製造業並びに工業用ベルト製造業を除く）	3億円以下		900人以下
卸売業	1億円以下		100人以下
小売業	5,000万円以下		50人以下
サービス業	5,000万円以下		100人以下
サービス業のうちソフトウェア業又は情報処理サービス業	3億円以下		300人以下
サービス業のうち旅館業	5,000万円以下		200人以下

第Ⅰ編 平成25年度・相続税・贈与税の改正のポイント

改正前の相続税の納税猶予制度の概要

○後継者（＝相続人。先代経営者の親族。）が、株式の相続を受けた場合には、当該後継者の相続税の納税猶予（相続前から後継者が既に保有していた株式等を含め議決権完全議決権株式等の発行済議決権株式総数の2/3に達するまでの部分）。

なお、基本的に、適用要件は贈与税の納税猶予におけるものと同様である。

[計画的な承継に係る取組]
○計画的な承継に係る取組（後継者の確定、株式の計画的承継等）に関する経済産業大臣の確認。
　以下の場合には大臣確認は不要
　①施行直後（平成20年10月1日から平成22年3月31日）
　②先代経営者が60歳未満の場合
　③先代経営者が公正証書遺言により取得する株式の合わせて、後継者が発行済議決権株式の過半数を有する場合。

[先代経営者の要件]
○会社の代表者であったこと。
○先代経営者と同族関係者で発行済議決権株式総数の50%超の株式を保有かつ同族内で筆頭株主であったこと。

[後継者の要件]
○会社の代表者であること。
○先代経営者の親族であること。
○先代経営者と同族関係者で発行済議決権株式総数の50%超の株式を保有かつ同族内で筆頭株主となる場合。（1つの会社で適用される者は1人）

※「親族」とは①6親等以内の血族（甥、姪等）、②配偶者、③3親等以内の姻族（娘婿等）である。

[事業継続要件]
○5年間の事業継続。具体的には、
・雇用の8割以上を維持。
厚生年金保険及び健康保険加入者をベース（「パート」等の非正規社員は除く。）
・対象株式の継続保有。
・相続した対象株式の継続保有。
組織再編を行った場合であっても、実質的な事業継続が行われているときには認定を継続

【先代経営者】————株式の相続————【後継者】

【会社】
認定
（認定基準）
先代経営者、後継者及びその会社に係る要件等に該当しているか否か。

経済産業大臣

事業継続期間（5年間）

事業継続チェック

※事業継続期間中は毎年1回、その後は3年毎に税務署長への届出も必要

その後は、対象株式を継続保有していれば、猶予が継続され、次の場合に相続税の猶予税額を免除する。
○経営者が死亡した場合
○会社が破産又は特別清算した場合
○対象株式の時価が猶予税額を下回る中、当該猶予の譲渡を行った場合（ただし、時価を超える猶予税額のみ免除）
○次の後継者に対象株式を一括贈与した場合

[認定対象会社の要件]
○中小企業基本法上の中小企業であること。（特別有限会社、持分会社も対象。）
○非上場会社であること。
○資産管理会社に該当しないこと。等
　・有価証券、不動産、現預金等の合計額が総資産額の70%を占める会社（資産保有型会社）及び「これらの運用収入の合計額が総収入額の75%を占める会社」（事業実態のある会社管理会社の判定においては、この限りでない。）
　※その後の資産管理会社の判定においては、過去5年間に、後継者と同族関係者に支払われた配当等を加える。

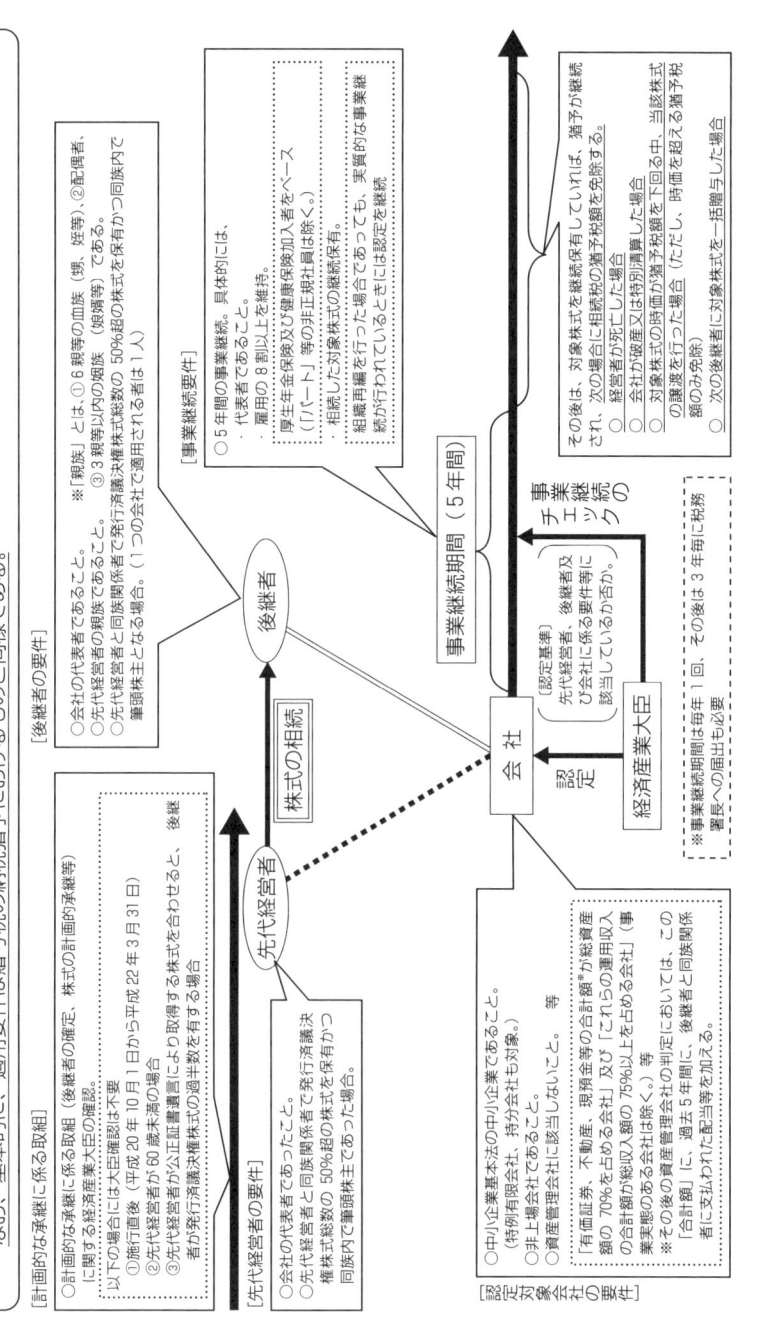

29

第Ⅰ編　平成25年度・相続税・贈与税の改正のポイント

改正前の非上場株式等についての相続税の納税猶予の特例

1　特例の要件や申告手続などの流れ
（平成23年6月30日現在の法令に基づいて作成しています。）

相続開始前
経済産業大臣の確認

相続開始前に「中小企業における経営の承継の円滑化に関する法律」に基づき、会社が計画的な事業承継に係る取組みを行っていることについての「経済産業大臣の確認」（※）を受けてください。

※　「経済産業大臣の確認」は、原則として、次の「経済産業大臣の認定」を受けるための要件となっています。

相続開始

申告期限までの間
経済産業大臣の認定

相続開始後に「中小企業における経営の承継の円滑化に関する法律」に基づき、会社の要件、後継者（相続人等）の要件、先代経営者（被相続人）の要件を満たしていることについての「経済産業大臣の認定」を受けてください。

申告書の作成・提出

相続税の申告期限までに、この特例の適用を受ける旨を記載した相続税の申告書及び一定の書類を税務署へ提出するとともに、納税が猶予される相続税額及び利子税の額に見合う担保を提供する必要があります。

◆　この特例を受けるための要件

1　会社の主な要件
　次の会社のいずれにも該当しないこと。
（1）上場会社
（2）中小企業者に該当しない会社
（3）風俗営業会社
（4）資産管理会社
（5）総収入金額が零の会社、従業員数が零の会社（特例の適用に係る会社の特別関係会社が一定の外国会社に該当する場合には、従業員数が5人未満の会社）

2　後継者である相続人等の主な要件
（1）相続開始から5か月後において会社の代表権を有していること
（2）相続開始の直前において先代経営者（被相続人）の親族であること
（3）相続開始の時において、後継者及び後継者と特別の関係がある者で総議決権数の50％超の議決権数を保有し、かつ、これらの者の中で最も多くの議決権数を保有することとなること

3　先代経営者である被相続人の主な要件
（1）会社の代表権を有していたこと
（2）相続開始直前において、被相続人及び被相続人と特別の関係がある者で総議決権数の50％超の議決権数を保有し、かつ、後継者を除いたこれらの者の中で最も多くの議決権数を保有していたこと

4　担保提供
　納税が猶予される相続税額及び利子税の額に見合う担保を税務署に提供する必要があります。
（注）特例の適用を受ける非上場株式等のすべてを担保として提供した場合には、納税が猶予される相続税額及び利子税の額に見合う担保の提供があったものとみなされます。
　なお、担保の提供方法などについては、税務署にお尋ねください。

◆　相続税の申告期限
　相続開始があったことを知った日（通常は被相続人が死亡した日）の翌日から10か月以内に、所轄税務署（※）に相続税の申告をする必要があります。
※　通常は、被相続人の住所地を所轄する税務署となります。

相続税の申告期限

会社が「**経済産業大臣の確認**」及び「**経済産業大臣の認定**」を受けるための具体的な要件、並びにその手続については、最寄りの**地方経済産業局**にお尋ねください。

なお、「**経済産業大臣の認定**」を受けるためには、相続開始後8か月以内にその申請を行う必要があります。

また、**中小企業庁ホームページ【www.chusho.meti.go.jp】**においても関連する情報をご覧いただけますのでご利用ください。

「**資産管理会社**」とは、有価証券、自ら使用していない不動産、現金・預金等の特定の資産の保有割合が貸借対照表上に計上されている帳簿価額の総額の70％以上の会社やこれらの特定の資産からの運用収入が総収入金額の75％以上の会社など一定の会社をいいます。

「**特別関係会社**」とは、特例の適用に係る会社やその会社の代表権を有する者などが、総議決権数の50％を超える議決権数を保有する会社をいいます。

この特例の対象となる「**後継者**」は、1つの会社につき1人に限ります。

「**議決権数**」には、株主総会において議決権を行使できる事項の全部について制限された株式の数等は含まれません。

30

第Ⅰ編　平成25年度・相続税・贈与税の改正のポイント

申告期限	(30ページからの続き)
納税猶予期間中 **非上場株式等の継続保有**	申告後も引き続き特例の適用を受けた非上場株式等を保有すること等により、納税の猶予が継続されます。 ただし、特例の適用を受けた非上場株式等を譲渡するなど一定の場合には、納税が猶予されている相続税の<u>全部又は一部</u>について利子税と併せて納付する必要があります。

◆ 納税が猶予されている相続税を納付する必要がある主な場合

(1) 下表の「**A**」に該当した場合には、納税が猶予されている相続税の<u>全額</u>と利子税を併せて納付します。

(2) 下表の「**B**」に該当した場合には、納税が猶予されている相続税のうち、譲渡した部分に対応する相続税と利子税を併せて納付します。

（注）譲渡等した部分に対応しない相続税については、引き続き納税が猶予されます。

「**A**」に該当した場合は、猶予された相続税の全額を納付することとなり、この特例の適用は終了します。

主 な 場 合	申告期限後5年以内	申告期限後5年経過後
特例の適用を受けた非上場株式等についてその一部を譲渡等（贈与を含みます。）した場合	A	B
後継者が会社の代表権を有しなくなった場合	A	C（※）
一定の基準日において雇用の8割を維持できなくなった場合	A	C（※）
会社が資産管理会社に該当した場合	A	A

※　「**C**」に該当した場合には、相続税を納付することなく引き続き納税が猶予されます。

納税が猶予されている相続税の全額又は一部と利子税は、左表に掲げる場合となった日から2か月を経過する日（納税猶予期限）までに納付する必要があります。
なお、利子税の額は、相続税の申告期限の翌日から納税猶予期限までの期間（日数）に応じた額となります。

「継続届出書」の提出

引き続きこの特例の適用を受ける旨や会社の経営に関する事項等を記載した「継続届出書」を相続税の申告期限後5年間は毎年、5年経過後は3年ごとに所轄税務署へ提出する必要があります。

「継続届出書」の提出がない場合には、**猶予されている相続税の全額と利子税を納付**する必要があります。
また、経済産業大臣の認定を受けた会社も申告期限後5年間は毎年、経済産業大臣に対し一定の書類を提出する必要があります。

後継者の死亡等 「免除届出書」・「免除申請書」の提出

後継者の死亡等があった場合には、「免除届出書」・「免除申請書」を提出することにより、その死亡等があったときに納税が猶予されている相続税の全部又は一部についてその納付が免除されます。

◆ 納税が猶予されている相続税の納付が免除される主な場合

(1) 後継者が死亡した場合
(2) 申告期限後5年を経過した後に、この特例の適用を受けた非上場株式等を一定の親族に贈与し、その親族が「非上場株式等についての贈与税の納税猶予の特例」（6ページ参照）の適用を受ける場合
(3) 申告期限後5年を経過した後に、この特例の適用を受けた非上場株式等に係る会社について破産手続開始の決定又は特別清算開始の命令があった場合など一定の場合

相続人等が被相続人から過去に一定の「特定受贈同族会社株式等」又は「特定同族株式等」の贈与を受けている場合において、一定の要件を満たすときには、これらの株式等については、この納税猶予の特例を選択することができます（5ページの「3」参照）。

（国税庁ホームページより）

① 相続税の納税猶予制度の概要

　この制度は、経営承継相続人が、非上場会社を経営していた被相続人から相続等によりその会社の株式等を取得し、その会社を経営していく場合には、その経営承継相続人が納付すべき相続税額のうち、相続等により取得した議決権に制限のない議決権株式等（相続開始前から既に保有していた議決権株式等を含めて、その会社の発行済議決権株式の総数等の3分の2に達するまでの部分）に係る課税価格の80％に対応する相続税の納税が猶予されるという制度です。（措法70の7の2）

② 会社の要件

　次のいずれにも該当しない中小企業。（措法70の7の2②、措令40の8の2⑦～⑩）

イ　上場会社（店頭公開を含む）
ロ　性風俗関連特殊営業会社（遊技場などは抵触しない）
ハ　資産管理会社
ニ　総収入がゼロの会社
ホ　従業員数がゼロの会社
ヘ　その中小企業者の特別子会社（その会社およびその代表者とその同族関係者が50％超の議決権を有する場合のその会社）が上場会社等、大会社等または風俗営業会社に該当しない。

＜ハ　資産管理会社＞

　非上場株式等に係る相続税・贈与税の納税猶予制度の適用に当たっての要件のハに資産管理会社に該当しないという条件があります。資産管理会社にはイ．資産保有型会社およびロ．資産運用型会社とがあります。

イ　「資産保有型会社」とは

　中小企業者の直近の事業年度における資産の価額の総額に占める特定資産の価額の合計額の割合が70％以上である会社を「資産保有型会社」といいます。（措法70の7②、措令40の8の2㉔㉕）

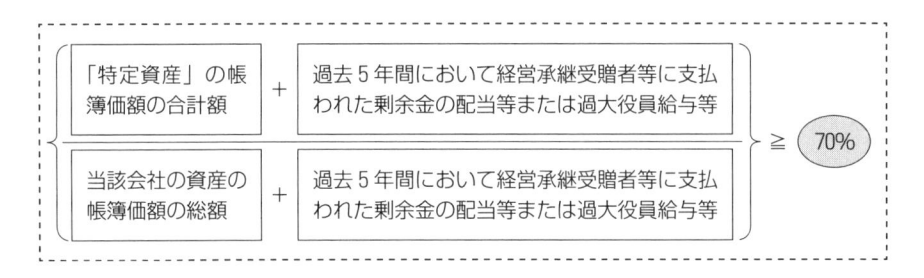

$$\left\{\begin{array}{l}\text{「特定資産」の帳簿価額の合計額} + \text{過去5年間において経営承継受贈者等に支払われた剰余金の配当等または過大役員給与等} \\ \text{当該会社の資産の帳簿価額の総額} + \text{過去5年間において経営承継受贈者等に支払われた剰余金の配当等または過大役員給与等}\end{array}\right\} \geq 70\%$$

ロ 「資産運用型会社」とは

　資産運用型会社とは、総収入金額に占める特定資産の運用収入の合計額の割合が75％以上の会社をいいます。（措令40の8の2㉔㉗）

$$\frac{\text{「特定資産」の運用収入}}{\text{総収入金額（売上高＋営業外利益＋特別利益）}} \geq 75\%$$

ハ 「特定資産」とは

　「特定資産」とは、以下の合計額をいいます。（措規23の10⑬、23の9⑭、経営円滑化規1⑫ニイ～ホ）

イ	有価証券（特別子会社が「資産保有型子会社」または「資産運用型子会社」に該当しない場合には、有価証券から除外）
ロ	現に自ら使用していない不動産
ハ	ゴルフ場等の利用に関する権利
ニ	絵画、彫刻、工芸品その他の動産、貴金属および宝石
ホ	現金および預貯金（経営承継受贈者等に対する貸付金および未収金を含む）
ヘ	一定の外国会社に対する貸付金等

ニ　資産管理会社であっても納税猶予の適用が受けられる場合

　3年以上継続して事業を行っている場合や、常時雇用する従業員が5人以上である場合など事業として実態がある場合には、たとえ形式的に資産

管理会社に該当しても、納税猶予の適用を受けることができます。(措令40の8⑤、措規23の10⑦、23の9⑤、措通70の7-11)

③ 「経済産業大臣の確認」を受けるための要件

　非上場株式等に係る相続税の納税猶予制度の適用を受けるためには、事業承継の計画的な取り組みが行われたことについて、現経営者の相続が開始する前に経済産業大臣の確認を受けていることが要件（46ページ参照）です。この確認を受けるためには後継者（特定後継者）が確定していることや現経営者から支援なく承継できるなど具体的計画が必要です。

イ　特定後継者が存在すること

　その中小企業者に、次に掲げるいずれかの者（2人以上あるときは、そのうちのその中小企業者が定めた1人に限ります。以下、その者を「特定後継者」といいます）が存在することが要件となります。（経営円滑化規15三）

　(イ)　その中小企業者の代表者（代表者であった者を含みます）が死亡または退任した場合における新たな代表者の候補者であって、その代表者から相続もしくは遺贈または贈与によりその代表者が有するその中小企業者の株式等及び事業用資産等を取得することが見込まれるもの。

　(ロ)　その中小企業者の代表者であって、その中小企業者の他の代表者（代表者であった者を含みます）から相続もしくは遺贈または贈与によりその中小企業者の株式等及び事業用資産等を取得することが見込まれるもの。

ロ　特定代表者が存在すること

　経済産業大臣の確認を受けた中小企業の代表者で、次のいずれかに該当するもので、親族に特定後継者がいるもの（特定代表者）が要件となります。（経営円滑化規15四）

　(イ)　その中小企業者の代表者であって、次に掲げるいずれにも該当する

もの。
　a　その代表者が、その代表者に係る同族関係者と合せてその中小企業者の総株主等議決権数の50％を超える議決権の数を有し、かつ、その代表者が有するその中小企業者の株式等に係る議決権の数がいずれのその同族関係者（その中小企業者の特定後継者を除きます）が有するその株式等に係る議決権の数も下回らない者であること。
　b　その代表者が、代表者であるときにおいて、その代表者に係る同族関係者と合せてその中小企業者の総株主等議決権数の50％を超える議決権の数を有し、かつ、その代表者が有するその中小企業者の株式等に係る議決権の数がいずれのその同族関係者が有するその株式等に係る議決権の数も下回らなかったことがある者であること。
㈩　その中小企業者の代表者であった者であって、次に掲げるいずれにも該当するもの。
　a　その代表者であった者が、その代表者であった者に係る同族関係者と合せてその中小企業者の総株主等議決権数の50％を超える議決権の数を有し、かつ、その代表者であった者が有するその中小企業者の株式等に係る議決権の数がいずれのその同族関係者（その中小企業者の特定後継者を除きます）が有するその株式等に係る議決権の数も下回らない者であること。
　b　その代表者であった者が、代表者であった時において、その代表者であった者に係る同族関係者と合せてその中小企業者の総株主等議決権数の50％を超える議決権の数を有し、かつ、その代表者であった者が有していたその中小企業者の株式等に係る議決権の数がいずれのその同族関係者が有していたその株式等に係る議決権の数も下回らなかったことがある者であること。

八　事業承継のための具体的な計画がある

　特定代表者が有するその中小企業者の株式等および事業用資産等につい

て、特定後継者が支障なく取得するための具体的な計画を有していること。(経営円滑化規15五)

しかし、次に掲げるケースでは、計画的な取組みに係る経済産業大臣の確認がなくても、相続開始後に経済産業大臣の認定を受けることができます。

(イ) 先代経営者が60歳未満で死亡した場合
(ロ) 相続人(後継者)が、被相続人の死亡の直前において役員であり、かつ、その時点において有していた議決権株式と公正証書遺言により取得した議決権株式とを合算すると、発行済議決権株式数の過半数である場合。なお、公正証書遺言により取得した議決権株式がなくても、被相続人の死亡の直前に既に発行済議決権株式総数の過半数を有している場合も該当します。

④ **経営承継相続人等の要件**

経営承継相続人等とは、経営円滑化法における経済産業大臣の認定を受けた一定の中小企業の発行済株式等について、同族関係者と合せその過半数を保有し、かつ、その同族関係者の中で筆頭株主である後継者をいい、次に掲げる要件をすべて満たさなければなりません。(措法70の7の2①三)

イ 相続開始の直前において、その相続人の親族であること
ロ その相続開始の日から5月を経過する日において、その認定承継会社の代表権を有していること
ハ 相続開始の時において、その個人およびその個人と特別の関係のあるものの有するその認定承継会社の非上場株式等の議決権数の合計が、その認定承継会社に係る総株主等議決権数の100分の50を超えていること
ニ その個人の有する認定承継会社の議決権数が、同族関係者間のうちいずれの者が有する議決権数をも下回らないこと

ホ　この個人の被相続人の相続開始の時から相続税の申告期限まで相続等により取得した株式等の全部を保有していること
　ヘ　その他、財務省令（措規23の10⑨）で定める要件を満たしていること

⑤　先代経営者である被相続人の主な要件
　次のイとロの要件を満たさなければなりません。（措令40の8の2①）
　イ　会社の代表者であったこと（相続開始直前に代表者でなくてもよい）
　ロ　被相続人と同族関係者で議決権株式等の50％超の株式を保有し、かつ、その同族関係者（経営承継相続人を除きます）の中で筆頭株主であったこと

⑥　相続発生の要件
　非上場株式の相続税の納税猶予の適用を受ける場合は、相続発生前、つまり先代経営者が存命中に、経営円滑化法の規定による経済産業大臣の認定を受けていなくてはなりません。具体的には「経営承継の計画的な取り組みに関する確認」を経済産業大臣から受けていることが要件となります。（46ページの(3)の③参照）
　そして先代経営者に相続が発生すると、株式の発行会社は地方経済産業局を通じて経済産業大臣の認定を受けなければなりません。
イ　経営承継相続人は5か月以内に代表者に
　経営承継相続人は相続開始前に役員に就任し、相続発生後5か月を経過する日までに代表権を有しなければなりません。（措令40の8の2⑫）
ロ　5年間の事業継続要件
　相続税の納税猶予適用後5年間の事業継続が要件。具体的には次の要件を満たさなければなりません。（措法70の7の2②六、③、⑤、措令40の8の2㉘、経営円滑化規1⑥、6①ハトリ）
　(イ)　承継会社の代表者であること。

㋺　雇用の8割以上を維持すること。

厚生年金保険および健康保険加入者をベース（「パート」等の非正規社員は除く）

㋩　相続した対象株式の継続保有をすること。

組織再編を行った場合であっても、実質的な事業継続が行われているときには認定を継続

ただし、特例の適用を受けた非上場株式を譲渡するなど一定の場合には、納税を猶予されている相続税の全部または一部について利子税と併せて納付しなければなりません。

■ 納税が猶予されている相続税を納付する必要がある主な場合

㋑　下表の「A」に該当した場合には、納税が猶予されている相続税の全額と利子税を併せて納付します。

㋺　下表の「B」に該当した場合には、納税が猶予されている相続税のうち、譲渡等した部分に対応する相続税と利子税を併せて納付します。

㊟　譲渡等した部分に対応しない相続税については、引き続き納税が猶予されます。

主な場合	申告期限後5年以内	申告期限後5年経過後
特例の適用を受けた非上場株式等についてその一部を譲渡等（贈与を含みます）した場合	A	B
後継者が会社の代表でなくなった場合	A	C（※）
一定の基準日において雇用の8割を維持できなくなった場合	A	C（※）
会社が資産管理会社に該当した場合	A	A

※「C」に該当した場合には、相続税を納付することなく引き続き納税が猶予されます。

ハ　年1回の報告義務

納税猶予適用後5年間は毎年1回、会社は地方経済産業局に報告書を、経営承継法人は税務署長に継続届出書を提出しなければなりません。（措

法70の7の2⑩、措令40の8の2㊶、措規23の10㉒～㉔）

二　担保の提供

　納税が猶予される相続税額および利子税の額に見合う担保を税務署長に提供しなければなりません。（措法70の7の2①、措令40の8の2⑤、措規23の10③）

ホ　猶予税額の免除、納付

　その経営承継相続人が特例適用株式等を死亡の時まで保有し続けた場合は、猶予税額の納付が免除されます。（措法70の7の2⑯）

(2) 贈与税の納税猶予制度

① **会社の主な要件**（措法70の7②一、措令40の8⑤～⑨）

「非上場株式等についての相続税の納税猶予制度の特例」における会社の要件と同じです。

② **後継者である受贈者の主な要件**（措法70の7②三、措令40の8①）

　贈与の時において、

　イ　会社の代表者であること。

　ロ　先代経営者（贈与者）の親族であること。

　ハ　20歳以上であること。

　ニ　役員等の就任から3年以上経過していること。

　ホ　後継者および後継者と同族関係等のある者で総議決権数の50％超の議決権数を保有し、かつ、これらの者の中で最も多くの議決権数を保有することとなること。

③ **先代経営者である贈与者の主な要件**（措法70の7①、措令40の8①）

　イ　会社の代表者であったこと。

　ロ　贈与の時までに会社の役員を退任すること。株式については、経営承継相続人が既に保有している株式と合計して2／3以上の株式を保有していれば、一部の株式の保有を続けることができる。

　ハ　贈与直前において、贈与者および贈与者と同族関係等のある者で総

議決権数の50％超の議決権数を保有し、かつ、後継者を除いたこれらの者の中で最も多くの議決権数を保有していたこと。

④ **贈与対象株式数の要件**（措法70の7①、措令40の8②、措通70の7-2）

■ 贈与特例の対象となる非上場株式等の数

保有株式等の区分	贈与税の課税特例の対象となる株式数の限度
①A＋B＜C×2／3	先代経営者が贈与直前に保有する非上場株式等の数（A） ㊟ この場合、後継者は、限度数（A）のすべての株式の贈与を受ける必要があります。したがって、贈与後においては、先代経営者が保有する非上場株式等の数は0株となります。
②A＋B≧C×2／3	発行済株式等の総数の3分の2から後継者が贈与前から保有する非上場株式等の数を控除した数（C×2／3－B） ㊟ この場合、上記算式（C×2／3－B）で計算した限度数以上の数の非上場株式等を先代経営者から贈与により取得する必要があります。

A：先代経営者（贈与者）が贈与直前に保有する非上場株式等の数
B：後継者（受贈者）が贈与前から保有する非上場株式等の数
C：贈与直前の非上場株式等の発行会社に係る発行済株式等の総数

⑤ **担保提供**（措法70の7①）

納税が猶予される贈与税額及び利子税の額に見合う担保を税務署に提供する必要があります。

㊟ 特例の適用を受ける非上場株式等のすべてを担保として提供した場合には、納税が猶予される贈与税額及び利子税の額に見合う担保の提供があったものとみなされます。

⑥ **納税猶予期間中**（措法70の7④⑥㉓）

申告後も引き続き特例の適用を受けた非上場株式等を保存すること等により、納税猶予が継続されます。

ただし、特定の適用を受けた非上場株式等を譲渡するなど一定の場合に

は、納税が猶予されている贈与税の全部または一部について利子税と併せて納付する必要があります。

イ　納税が猶予されている贈与税を納付する必要がある主な場合

「非上場株式等についての相続税の納税猶予の特例」における主な場合と同じです。

引き続きこの特例を受ける旨や会社の経営に関する事項等を記載した「継続届出書」を贈与税の申告期限後の5年間は毎年、5年経過後は3年毎に所轄税務署へ提出する必要があります。（措法70の7⑩、措令40の8㉟）

先代経営者（贈与者）の死亡があった場合には、「免除届出書」または「免除申請書」を提出することにより、その死亡等のあったときにおいて納税が猶予されている贈与税の全部または一部についてその納付が免除されます。（措法70の7⑯、措令40の8㊱）

ロ　猶予されている贈与税の納付が免除される主な場合（措法70の7⑯⑰、措規23の9㉗～㉙）

(イ)　先代経営者（贈与者）が死亡した場合の取扱い

贈与税の納税猶予の特例の適用を受けた非上場株式等は、相続または遺贈により取得したものとみなして、贈与時の価額により他の相続財産と合算して相続税を計算します。

なお、その際「経済産業大臣の確認」を受け、一定の要件を満たす場合には、そのみなされた非上場株式等（一定の部分に限ります）について、相続税の納税猶予の特例の適用を受けることができます。

(ロ)　贈与税の申告期限前に贈与者（先代経営者）が死亡した場合

特例対象贈与に係る贈与者がその特例対象贈与に係る贈与税の申告期限前に、かつ受贈者が申告書を提出する前に死亡した場合は、その死亡が(イ)贈与年の12月31日までか、あるいは、(ロ)翌年1月1日以降であるかによって取扱いが異なります。さらには、(イ)贈与年に死亡した場合は(a)贈与

者の相続等によって財産を取得したときと、(b)贈与者の相続等によって財産を取得しなかったときに分けられます。
 (ハ) 贈与者が特例対象贈与をした年中に死亡した場合
  (a) 受贈者が贈与者の死亡に係る相続等により財産を取得したとき
    この場合、この認定贈与承継会社の株式については贈与税の対象とならないので、贈与税の納税猶予制度の適用はできません。
    ただし、贈与された株式等は相続等により取得したことになるので、相続税の納税猶予制度の適用を受けることができます。
  (b) 受贈者が贈与者の死亡に係る相続等により財産を取得しなかったとき
    この場合は、贈与税の納税猶予制度の適用を受ける旨の申告書を提出したときは適用可能となります。
    また、適用要件のうちの担保提供は不要で、贈与税の免除については申告書提出時に免除の効果が発生します。
    なお、受贈者が相続時精算課税適用者であり、贈与税の納税猶予制度の適用を受けないときは、相続税の納税猶予制度の適用を受けることができます。
  (c) 贈与者が特例対象贈与をした翌年に死亡した場合
    前記(ハ)の(b)の取り扱いを準用します。
 (ニ) 受贈者が贈与税の申告期限前に死亡した場合
  この場合、受贈者の相続人が贈与税の納税猶予制度の適用を受ける旨の申告書を提出すれば適用が可能です。そして、適用要件のうちの担保提供は不要で、贈与税の免除につては、申告書提出時に免除の効果が発生します。

第Ⅰ編　平成25年度・相続税・贈与税の改正のポイント

非上場株式等に係る贈与税の納税猶予制度の要約 （改正前）

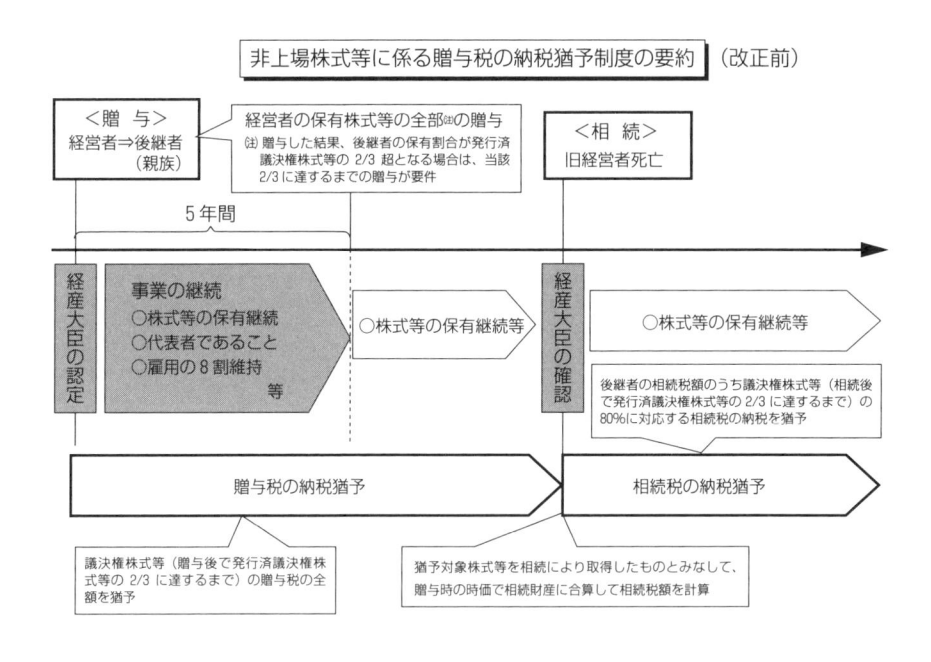

```
＜贈　与＞           経営者の保有株式等の全部の贈与
経営者⇒後継者      （注）贈与した結果、後継者の保有割合が発行済    ＜相　続＞
　　（親族）            議決権株式等の2/3超となる場合は、当該      旧経営者死亡
                       2/3に達するまでの贈与が要件

        ←―― 5年間 ――→

経産           事業の継続                                  経産
大臣           ○株式等の保有継続                           大臣
の             ○代表者であること    ○株式等の保有継続      の      ○株式等の保有継続等
認             ○雇用の8割維持                               確
定                        等                                認
                                                                 後継者の相続税額のうち議決権株式等（相続後
                                                                 で発行済議決権株式等の2/3に達するまで）の
                                                                 80％に対応する相続税の納税を猶予

         贈与税の納税猶予                                      相続税の納税猶予

議決権株式等（贈与後で発行済議決権株        猶予対象株式等を相続により取得したものとみなして、
式等の2/3に達するまで）の贈与税の全        贈与時の時価で相続財産に合算して相続税額を計算
額を猶予
```

(3) 平成25年度税制改正の要点とポイント

① 要件の緩和～より多くの中小企業が活用できるように～

　イ　雇用確保要件の緩和（毎年の景気変動に配慮）

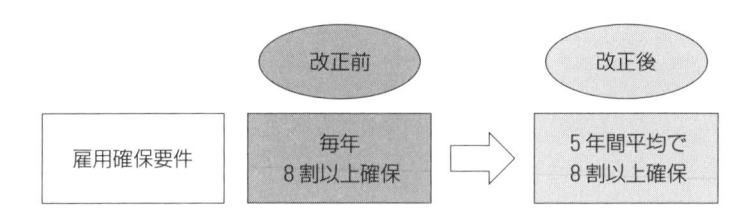

```
                    改正前              改正後
雇用確保要件      毎年          ⇒    5年間平均で
                 8割以上確保          8割以上確保
```

　納税猶予の取消事由に係る雇用確保要件について、経済産業大臣の認定の有効期限（5年間）における常時使用従業員数の平均が、相続開始時または贈与時における常時使用従業員数の80％を下回ることとなった場合に緩和されました。（措法70の7の2③二、措令40の8の2㉘）

43

□ 後継者の親族間承継要件の廃止（優秀な番頭さんも後継者に）

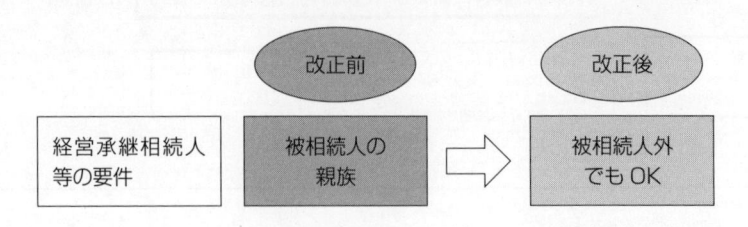

経営承継相続人等の要件	改正前		改正後
	被相続人の親族	⇒	被相続人外でもOK

　親族以外の後継者への相続または贈与であっても、相続税・贈与税の納税猶予の適用対象となります。改正では、経営承継相続人等の要件のうち、非上場会社を経営していた被相続人の親族であることとする要件を撤廃することになりました。（措法70の7②三イ、70の7の2②三イ）

　八　先代経営者の役員退任要件［贈与税］の緩和（先代経営者の知見も活用）

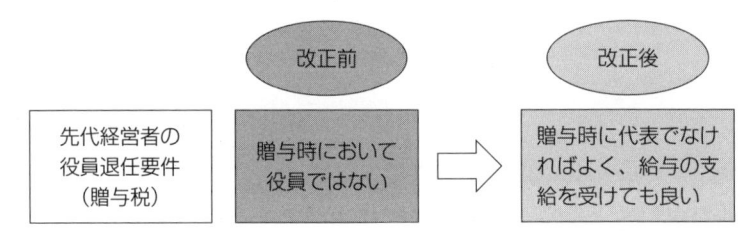

先代経営者の役員退任要件（贈与税）	改正前		改正後
	贈与時において役員ではない	⇒	贈与時に代表でなければよく、給与の支給を受けても良い

　贈与税の納税猶予における贈与者の要件のうち、贈与時において認定会社の役員でないこととする要件について、贈与時において当該会社の代表権を有していないことに改正します。（措令40の8①三）

　つまり、先代経営者（贈与者）は、贈与時に代表者を退任すれば、贈与後に引き続き役員であっても贈与税の納税猶予の適用対象者となります。

　そして、役員である贈与者が、認定会社から給与の支給等を受けた場合であっても、贈与税の納税猶予の取消事由に該当しないこととされました。

② 負担の軽減～安心して制度を利用できるために～

イ　利子税の負担軽減（利子税への不安を軽減）

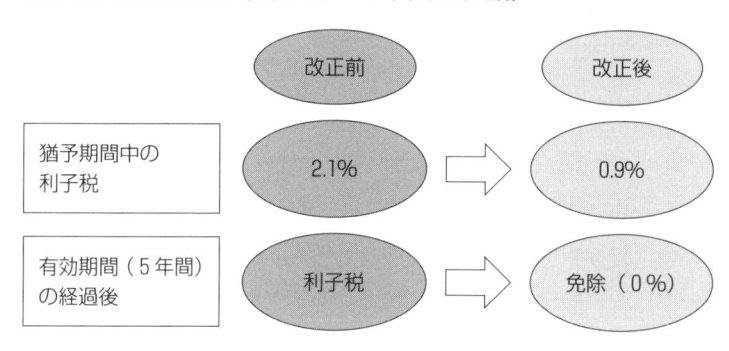

	改正前	改正後
猶予期間中の利子税	2.1%	0.9%
有効期間（5年間）の経過後	利子税	免除（0％）

　経済産業大臣の認定の有効期限（5年間）の経過後に納税猶予税額の全部または一部を納付する場合については、当該期間中の利子税が免除されます。（措法70の7の2㉘㉙、措法93②⑤）

(注)　納税猶予税額の全部または一部を納付する場合の利子税は、「延滞税等の見直し」により、納税猶予期間中の利子税の割合が年0.9％※（改正前　年2.1％）に引き下げられます。※特例基準割合が2％の場合

ロ　猶予税額の再計算の特例の創設（猶予税額の一部免除）（事業の再出発に配慮）

　民事再生計画の認可決定等があった場合には、その時点における株式等の価額に基づき納税猶予税額を再計算し（税額を一部免除し）、当該再計算後の納税猶予税額について、納税猶予を継続する特例を創設します。（措法70の7の2㉒～㉖）

ハ　猶予税額の計算方法の見直し（猶予される税額がより多くなるように）

　納税猶予税額の計算において、被相続人の債務および葬式費用を相続税の課税価格から控除する場合には、非上場株式等以外の財産の価額から控除することになりました。これにより先代経営者の個人債務・葬式費用を相続税額の計算に反映することで税額が減少することになりま

す。(措令40の8の2⑭、相法13)

③ **手続の簡素化～手間暇を少なくし、使い勝手の良い制度へ～**

　イ　事前確認制度の廃止（突然、経営者が亡くなった場合にも制度活用が可能に）…平成25年4月1日以後廃止

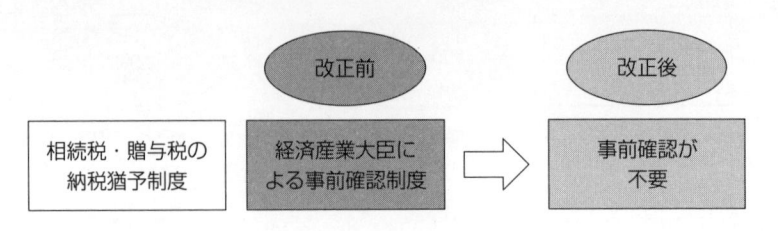

```
[相続税・贈与税の    [経済産業大臣に      ⇒    [事前確認が
 納税猶予制度]        よる事前確認制度]          不要]
         (改正前)              (改正後)
```

　経済産業大臣による事前確認制度を廃止することになります。（経営円滑化規16②③）

　ロ　提出書類の簡素化（減量）（経産局と税務署の資料の重複を排除）

　相続税等の申告書、継続届出書等に係る添付書類のうち、一定のものについては、提出をしなくともよいことになりました。（措法70の7の2⑯、70の7⑯）

　ハ　その他の使い勝手を向上させるための措置

　　(イ)　株券不発行会社への適用拡大（株券を発行しなくても制度活用が可能に）

　　　株券不発行会社について、一定の要件を満たす場合には、株券の発行をしなくても、相続税・贈与税の納税猶予の適用を認めることになり、株券を発行しなくても、担保提供を可能としました。

　　(ロ)　猶予税額に対する延納・物納の適用（手元資金がない場合に配慮）（措法70の7の2⑭十二）

　　　雇用確保要件が満たされないために経済産業大臣の認定が取り消された場合において、納税猶予税額を納付しなければならないときは、延納または物納の適用を選択することができることとされました。

④ その他（適正化措置）

イ　資産管理会社の要件の見直し

　資産管理会社（資産保有型会社・資産運用型会社）に該当する場合にあっても、事業実態があると認められる会社（次のいずれにも該当する会社）は資産管理会社に該当しないとみなすことになっています。（経営円滑化規6②）

> ・常時使用する従業員が5人以上いること
> ・常時使用する従業員が勤務している事務所、店舗、工場等を所有しまたは賃借していること
> ・3年以上継続して、商品販売等（商品の販売、資産の貸付けまたは役務の提供等）を行っていること等

　適用対象となる資産保有会社・資産運用型会社の要件について、次のとおり所要の見直しを行います。

(イ)　常時使用従業員数が5人以上であることとする要件は、経営承継相続人等と生計を一にする親族以外の従業員数で判断します。

(ロ)　商品の販売・貸付け等を行っていることとする要件について、経営承継相続人等の同族関係者等に対する貸付けを除外します。

ロ　総収入金額の計算方法

　納税猶予制度の対象外となる法人に、「総収入金額がゼロの会社」というのがありますが、納税猶予の取消事由である「総収入金額がゼロとなった場合」について、総収入金額の範囲から営業外収益および特別利益を除外することになりました。

ハ　資産管理会社に該当する場合で上場株式等を保有する場合

　資産保有型会社は、総資産価額に占める「特定資産」の価額の合計額の占める割合が70％以上である会社、資産運用型会社は、総収入金額に占める「特定資産」の運用収入が75％以上である会社をいいます。

　資産保有型会社・資産運用型会社に該当する認定会社等を通じて上場

株式等（1銘柄につき、発行済株式等の総数等の100分の3以上）を保有する場合には、納税猶予税額の計算上、当該上場株式等相当額を算入しないことになりました。（措法70の7②二、四、70の7の2②二、四、経営円滑化法15、同規則16②③）

適用期日 上記の改正は、所要の経過措置を講じたうえ平成27年1月1日以後に相続もしくは遺贈または贈与により取得する財産に係る相続税または贈与税について適用されます。③のイの事前確認制度の廃止は平成25年4月1日から適用されます。(平25改所法等附86①⑥⑦)

11 相続財産に係る株式を非上場発行法人に譲渡した場合のみなし配当課税の特例の拡充

相続または遺贈により財産を取得した個人で相続税額があるものが、非上場株式である自己株式を、相続税の申告期限の翌日から3年以内に、その株式の発行会社に譲渡した場合、譲渡価額のうち株式発行会社の資本等の金額を超える部分の金額については、みなし配当課税を行わないこととし、当該金額について、株式等の譲渡所得に係る収入金額とみなして、譲渡所得課税を行います。（措法9の7）

改正では、このみなし配当課税の特例の適用対象者の範囲に、相続税法等において相続または遺贈により非上場株式を取得したものとみなされる個人を加えることになりました。（措法9の7①）

具体的には、以下に掲げる場合などが該当します。

① 相続財産法人からの分与財産、民法第958条の3条《特別縁故者への分与》1項の規定によって相続財産の全部または一部を与えられた場合
② 信託の効力発生、受益者等の変更、信託の終了などの場合
③ 受益者連続型信託により取得する場合
④ 一定の受益者等の存しない信託となった場合に受託者が受け入れる信託財産

⑤ 一定の受益者の存しない信託の受益者が存することとなった場合

上記の改正は平成27年1月1日以後に開始する相続または遺贈により非上場株式を取得したものとみなされる個人について適用されます。（平25改所法等附31）

12 特定障害者に対する贈与税の非課税措置の拡充

(1) 特別障害者に対する贈与には贈与税のかからない特典が

　国内に居住する特別障害者が特別障害者扶養信託契約に基づいて信託受益権を贈与により取得した場合には、その信託の際に「障害者非課税信託申告書」を信託会社の営業所を経由して特別障害者の納税地の所轄税務署長に提出することにより、信託受益権の価額（信託財産の価額）のうち、6,000万円までの金額に相当する部分については贈与税がかかりません。（相法21の4）

　つまり、金銭、有価証券、金銭債権や賃貸不動産などの財産を信託銀行に信託して、その財産から生じる収益を特別障害者の生活費や療養費に充てる、いわゆる「特別障害者扶養信託契約」を結び、その信託から交付金を受け取る権利（信託受益権）を特別障害者に贈与した場合には、その信託財産のうち6,000万円までについては贈与税がかからないのです。

　「心身障害者扶養共済制度」に基づく給付金の受給権についても、同様

に贈与税は非課税となります。

(2) **適用対象となる特別障害者**

この制度の適用対象となる特別障害者とは以下の者をいいます。

ただし、制限納税義務者および非居住無制限納税義務者については、この非課税制度の適用はありません。

① 精神上の障害により事理を弁識する能力を欠く常況にある者または児童相談所等の精神保健指定医の判定により重度の知的障害者とされた者
② 精神障害者保健福祉手帳に障害等級が1級である者として記載されている者
③ 身体障害者手帳に身体上の障害の程度が1級または2級である者として記載されている者など

(3) **特別障害者扶養信託契約の要件**

① 当該特別障害者扶養信託契約に基づく信託は、当該契約の締結の際における当該信託の受益者である特別障害者の死亡後6月を経過する日に終了することとされていること。
② 当該特別障害者扶養信託契約に、当該契約に基づく信託は、取消しまたは解除をすることができず、かつ、当該信託の期間および当該契約に係る同号の受益者は変更することができない旨の定めがあること。

ただし、当該契約に係る①の特別障害者の死亡後、当該特別障害者の債務で当該契約において当該信託に係る信託財産から弁済すべきこととされているものおよび当該特別障害者の遺贈で当該信託財産に係るものの弁済が終了した後において、当該特別障害者からの相続もしくは遺贈により当該信託に係る信託受益権を取得した者または当該信託の受託者により行われる解除は除かれます。

③ 当該特別障害者扶養信託契約に基づく①の特別障害者に係る信託財産の交付に係る金銭（収益の分配を含む。）の支払は、当該特別障害者の生活または療養の需要に応じるため、定期に、かつ、その実際の必要に

応じて適切に、行われることとされていること。
④ 当該特別障害者扶養信託契約に基づき信託された財産の運用は、安定した収益の確保を目的として適正に行うこととされているものであること。
⑤ 当該特別障害者扶養信託契約に、当該契約に基づく信託に係る信託受益権については、その譲渡に係る契約を締結し、またはこれを担保に供することができない旨の定めがあること。

平成25年度改正

平成25年度税制改正で、特別障害者扶養信託契約に係る贈与税の非課税措置について、以下の措置が講じられました。また、本制度の名称も「特定障害者扶養信託契約」と改められました。

① **適用対象者の拡大**

本制度の適用対象者に次の者が加えられました。

> 児童相談所、知的障害者更生相談所、精神保健福祉センター又は精神保健指定医の判定により中軽度の知的障害者とされた者及び精神障害者保健福祉手帳に障害等級が2級又は3級である者として記載されている精神障害者

この新しい適用となる者に係る非課税限度額は3,000万円とされます。

② **特定障害者扶養信託契約の終了時期**

特定障害者扶養信託契約の終了時期が、特別障害者または上記の者の死亡の日（改正前；特別障害者の死亡後6月を経過する日）とされました。

適用時期 ▶ これらの改正は、平成25年4月1日以後にされる特定障害者扶養信託契約に基づく信託について適用されます。（平25改所法等附14）

13　延滞税の見直しについて

長い間、高止まりしていた延滞税や利子税、改正では国内銀行の貸出約定金利（新規・短期）の前々年10月～前年9月における平均に、1％を加算した割合（特例基準割合）が7.3％に満たない場合には、延滞税等の

割合は以下のとおりとなります。（措法93、94）

ただし、平成26年1月1日以後の期間に対応する延滞税等について適用することになります。（平25改所法等附90）

	内容	本則	改正前の特例（公定歩合＋4％）		改正後(平成26年1月以後)の特例（14.6％については、特例の創設）	【参考】貸出特定平均金利の年平均が1％の場合
延滞税	法定納期限を徒過し履行遅滞となった納税者に課されるもの	14.6％	―	創設 →	（特例基準割合）貸出約定平均金利＋1％ ＋7.3％（早期納付を促す）	9.3％
2か月以内等	納期限後2か月以内等については、早期納付を促す観点から低い利率	7.3％	（公定歩合＋4％）4.3％		（特例基準割合）貸出約定平均金利＋1％ ＋1％（早期納付を促す）	3.0％
納税の猶予等	事業廃止等による猶予等の場合には、納税者の納付能力の減退といった状態に配慮し、軽減（災害・病気等の場合には、全額免除）	2分の1免除（7.3％）	4.3％		（特例基準割合）貸出約定平均金利＋1％	2.0％
利子税（主なもの）	所得税法・相続税法の規定による延納等、一定の手続を踏んだ納税者に課されるもの	7.3％	4.3％		（特例基準割合）貸出約定平均金利＋1％ （注）相続税・贈与税の7.3％以外の利子税については、次の計算式で算定 利子税の割合（本則）× $\frac{特定基準割合}{7.3％}$	2.0％
還付加算金	国から納税者への還付金等に付される利息	7.3％	4.3％		（特例基準割合）貸出約定平均金利＋1％	2.0％

(注) 保険年金に係る特別還付金の延滞金および加算金についても同様の見直しが行われます。

延滞税等について、当分の間の措置として、次の措置を講ずることになります。

① 延滞税の場合は、各年の特例基準割合が年7.3％に満たない場合には、その年中においては、次に掲げる延滞税の区分に応じ、それぞれ次に定める割合とします。（措法94）

　イ　年14.6％の割合の延滞税

　　当該特例基準割合に年7.3％を加算した割合

ロ　年7.3％の割合の延滞税

　　当該特例基準割合に年1％を加算した割合（当該加算した割合が年7.3％を超える場合には、年7.3％の割合）

　　また、納税の猶予等の適用を受けた場合（延滞税の全額が免除される場合を除きます）の延滞税については、当該納税の猶予等をした期間に対応する延滞税の額のうち、当該延滞税の割合が特例基準割合であるとした場合における延滞税の額を超える部分の金額を免除します。

(注)　「特例基準割合」とは、各年の前々年の10月から前年の9月までの各月における銀行の新規の短期貸出約定平均金利の合計を12で除して得た割合として各年の前年の12月15日までに財務大臣が告示する割合に、年1％の割合を加算した割合をいいます。

② 利子税の場合は、各年の特例基準割合（相続税及び贈与税の延納に係る利子税については、各分納期間の開始の日の属する年の特例基準割合）が年7.3％に満たない場合には、その年中（相続税及び贈与税の延納に係る利子税については、各分納期間）においては、次に掲げる利子税の区分に応じ、それぞれ次に定める割合とします。（措法93）

イ　ロに掲げる利子税以外の利子税

　　当該特例基準割合

ロ　相続税及び贈与税に係る利子税（その割合が年7.3％のものを除く）

　　これらの利子税の割合に、当該特例基準割合が年7.3％に占める割合を乗じて得た割合

③ 還付加算金の割合は、各年の特例基準割合が年7.3％に満たない場合には、その年中においては、当該特例基準割合とします。

④ 特別還付金の支給制度に係る延滞金及び加算金の割合について、上記①及び③と同様とします。

⑤ その他所要の措置を講じます。

【適用期日】　上記改正は、平成26年1月1日以後の期間に対応する利子税または還付加算金について適用されます。（平25改所法等附90）

14 その他の相続税関連の改正事項

相続税の物納制度について、管理処分不適格財産の範囲が拡大されました。

(1) 物納不適格財産

管理処分不適格財産については、相続税法基本通達にその取扱いが明示されていますが、それはあくまでも例示にすぎずその取扱いが不明確なところがありました。そこで、平成18年度の税制改正では、管理処分不適格要件に該当しなければ物納可能であることを明確化しました。(相法41、相令18)

なお、物納不適格財産には次のようなものがあります。

1　国が完全な所有権を取得できない財産
　抵当権付の不動産、所有権の帰属が係争中の財産など
2　境界が特定できない財産、借地契約の効力の及ぶ範囲が特定できない財産等
　境界線が明確でない土地（ただし、山林は原則として測量不要）、借地権の及ぶ範囲が不明確な貸地など
3　通常、他の財産と一体で管理処分される財産で、単独で処分することが不適当なもの
　共有財産、稼動工場の一部など
4　物納財産に債務が付随することにより負担が国に移転することとなる財産
　敷金等の債務を国が負担しなければならなくなる貸地、貸家等
5　争訟事件となる蓋然性が高い財産
　越境している建物、契約内容が貸主に著しく不利な貸地など
6　法令等により譲渡にあたり特定の手続が求められる財産で、その手続が行われないもの証券取引法上の所要の手続が取られていない株式、定款に譲渡制限がある株式など
---

(2) 管理処分不適格財産の範囲の拡大

平成25年度税制改正では、さらに以下の財産が、管理処分不適格財産の範囲に加えられました。(相法41、相令18)

① 地上権、賃借権その他の権利が設定されている不動産で、その権利を有する者が次に掲げる者であるもの
　イ　暴力団員その他一定の者（以下「暴力団員等」という。）
　ロ　暴力団員等が役員となっている法人
　ハ　暴力団員等が事業活動を支配する者
② 暴力団員等が役員となっている法人又は暴力団員等が事業活動を支配する法人が発行した株式

適用期日　この改正は、平成25年4月1日以後に相続又は遺贈により取得した財産に係る相続税について適用されます。（平25改相令附3）

管理処分不適格財産の種類	管理処分不適格財産の範囲（※）	
	改正前	改正後
不動産	① 境界が明らかでない土地 ② 担保権が設定されていることその他これに準ずる事情がある不動産 ③ 権利の帰属について争いがある不動産 ④ 二以上の者の共有に属する不動産 ⑤ 耐用年数（所得税法の規定に基づいて定められている耐用年数をいいます。）を経過している建物（通常の使用ができるものを除きます。） ⑥ その他の一定の不動産	①～⑥までに掲げる土地等 ⑦ 地上権、賃借権その他の権利が設定されている不動産で、その権利を有する者が次に掲げる者であるもの イ　暴力団員その他一定の者（以下「暴力団員等」という。） ロ　暴力団員等が役員となっている法人 ハ　暴力団員等が事業活動を支配する者
株式	① 譲渡制限株式 ② 質権その他の担保権の目的となっているもの ③ 権利の帰属について争いがあるもの ④ その他一定の株式	①～④までに掲げる株式 ⑤ 暴力団員等が役員となっている法人または暴力団員等が事業活動を支配する法人が発行した株式

第 II 編

平成25年度改正で相続税実務はどう変わる！

第1章 相続税大増税時代を賢く乗り越える知恵とは？

1　50年ぶりの相続税の大増税で税理士事務所は大繁盛か？

　平成25年度の税制改正で、相続税は格差是正・富の分配の観点から、相続税の再分配機能を回復し、格差の固定化を防止するためという大義名分の下、約50年ぶりに大改正大増税が行われました。

　今回の税制改正より以前の「平成23年度税制改正大綱」では、以下のような記述がありました。

『3．資産課税

(1)　相続税

　基本的な考え方

　相続税は格差是正・富の再分配の観点から、重要な税です。相続税の基礎控除は、バブル期の地価急騰による相続財産の価格上昇に対応した負担調整を行うために引き上げられてきました。しかしながら、その後、地価は下落を続けているにもかかわらず、基礎控除の水準は据え置かれてきました。そのため、相続税は、亡くなられた方の数に対する課税件数の割合が4パーセント程度に低下しており、最高税率の引下げを含む税率構造の緩和も行われてきた結果、相続税の再分配機能が低下しています。

　地価動向等を踏まえた基礎控除の水準調整をはじめとする課税ベースの拡大を図るとともに、税率構造について見直しを図ることにより、相続税の再分配機能を回復し、格差の固定化を防止する必要があります。』

　要するに今回の大改正は、長い間、その機能を果たしていなかった相続税の再分配機能を回復させ、格差の拡大を防ぎたいというものです。しか

し、その影響を、悪く言えばそのトバッチリをまともに受けたのが、「富裕層」といわれる高額所得者の方々ということになりました。赤字国債の付けや今回の復興債の財源を富裕層の資産課税から少しでも賄おうということなのです。しかも相続税の基礎控除引下げ等から富裕層はいうに及ばず、中間層まで、つまり一般大衆全体にわたるまで、相続税の負担が大きくのしかかるようになりました。

　ともかく、このまま、これらの大改正を黙って見ていても仕方ありません。今度は、私たち納税者や税理士等が、力を合わせて、相続税対策を考えないと、相続税を払う金がないとか、せっかく子孫等のために溜め込んだ財産の殆んどを国に啓上してしまうことにもなりかねません。相続税の最高税率が55％とういことは、富裕層の相続財産を相続人や家族が取得するよりも、国が持って行く方が多いということにもなりかねません。

　いよいよ平成27年1月からその大増税時代がはじまります。待ったなしの状況です。どうすれば、少しでも多くの財産を子孫のために残してやれるのか、相続税をどう払えば一番ベターなのかを、あらゆる対策を講じながら、以下に掲載していきたいと思います。なお、これらの政策は一モデルですので、資産家や納税者の資産の量、質、割合、資産家の個別事情や状況などは千差万別であり、それらの条件によっては、全然異なったものにもなりかねませんので、一つのヒントとして捉えて、これをどう、それぞれの納税者に提案していくのかは、個々人の責任で工夫を加えていただきたいと思います。

【参考資料】平成23年分の相続税の申告の状況について（平成24年12月）

平成23年中（平成23年1月1日～平成23年12月31日）に亡くなった人から、相続や遺贈などにより財産を取得した人に係る申告事績の概要は次のとおりです。

1 被相続人数
　被相続人数（死亡者数）は約125万人（前年約120万人）、このうち相続税の課税対象となった被相続人数は約5万1千人（前年約5万人）で、課税割合は4.1％（前年4.2％）となっており、前年より0.1ポイント低下しました。

2 課税価格
　課税価格は10兆7,299億円（前年10兆4,580億円）で、被相続人1人当たりでは2億872万円（前年2億962万円）となっています。

3 税額
　税額は1兆2,520億円（前年1兆1,754億円）で、被相続人1人当たりでは2,435万円（前年2,356万円）となっています。

4 相続財産の金額の構成比
　相続財産の金額の構成比は、土地46.0％（前年48.3％）、現金・預貯金等24.2％（前年23.3％）、有価証券13.0％（前年12.1％）の順となっています。

（別表） 相続税の申告事績

年分 項目		平成22年分	平成23年分	対前年比
①	被相続人数（死亡者数）	人 1,197,012	人 1,253,066	％ 104.7
②	相続税の申告書（相続税額があるもの）の提出に係る被相続人数	人 49,891	人 51,409	％ 103.0
③	課税割合（②／①）	％ 4.2	％ 4.1	ポイント －0.1
④	相続税の納税者である相続人数	人 122,740	人 125,152	％ 102.0
⑤	課税価格	億円 104,580	億円 107,299	％ 102.6
⑥	税額	億円 11,754	億円 12,520	％ 106.5

⑦	被相続人 1人当たり	課税価格 (⑤／②)	万円 20,962	万円 20,872	% 99.6
⑧		税額 (⑥／②)	万円 2,356	万円 2,435	% 103.4

(注)1　平成23年分は平成24年10月31日までに提出された相続税額のある「申告書（修正申告書を除く。）」データ（速報値）に基づいて作成している。
　　2　平成22年分は、平成23年10月31日までに提出された「申告書（修正申告書を除く。）」及び震災特例法により申告期限が延長され平成24年1月11日までに提出された「申告書（修正申告書を除く。）」を集計している。
　　3　「課税価格」は、相続財産価額から、被相続人の債務・葬式費用を控除し、相続開始前3年以内の被相続人から相続人等への生前贈与財産価額及び相続時精算課税適用財産価額を加えたものである。
　　4　「被相続人数（死亡者数）」は、厚生労働省統計情報部「人口動態統計」による。

（付表１）　被相続人数の推移

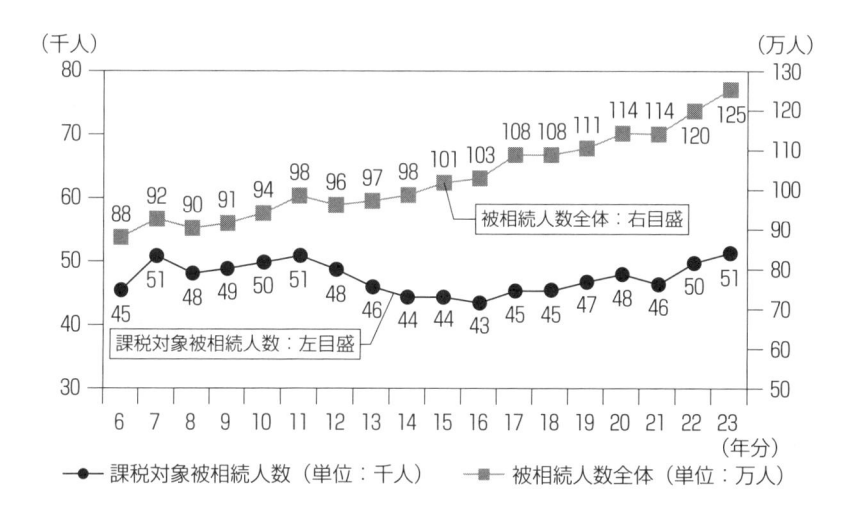

被相続人数全体：右目盛
課税対象被相続人数：左目盛

年分	6	7	8	9	10	11	12	13	14	15	16	17	18	19	20	21	22	23
課税対象被相続人数（千人）	45	51	48	49	50	51	48	46	44	44	43	45	45	47	48	46	50	51
被相続人数全体（万人）	88	92	90	91	94	98	96	97	98	101	103	108	108	111	114	114	120	125

（付表2） 課税割合の推移

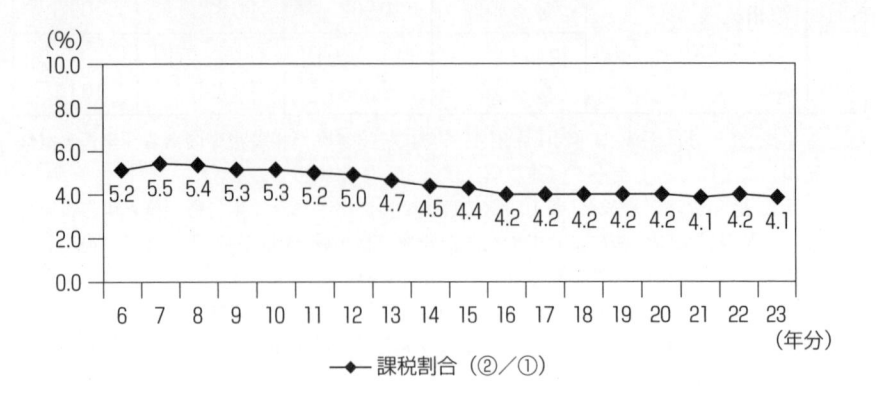

年分	6	7	8	9	10	11	12	13	14	15	16	17	18	19	20	21	22	23
課税割合(%)	5.2	5.5	5.4	5.3	5.3	5.2	5.0	4.7	4.5	4.4	4.2	4.2	4.2	4.2	4.2	4.1	4.2	4.1

→ 課税割合（②／①）

（付表3） 相続税の課税価格及び税額の推移

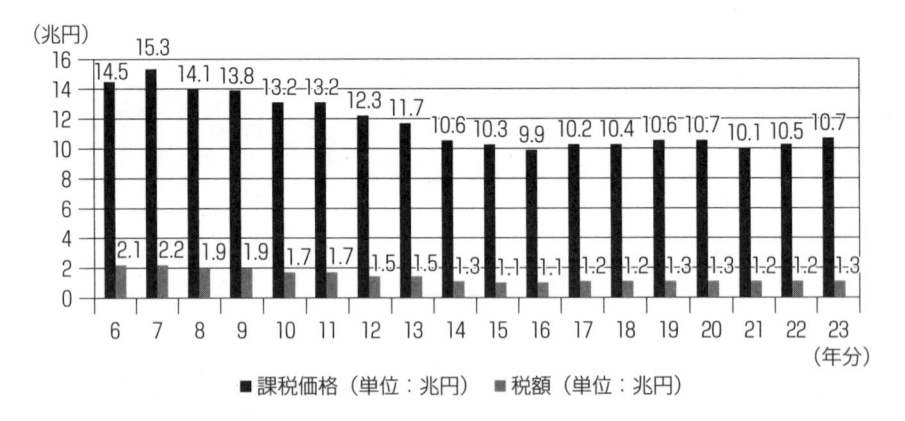

年分	6	7	8	9	10	11	12	13	14	15	16	17	18	19	20	21	22	23
課税価格（兆円）	14.5	15.3	14.1	13.8	13.2	13.2	12.3	11.7	10.6	10.3	9.9	10.2	10.4	10.6	10.7	10.1	10.5	10.7
税額（兆円）	2.1	2.2	1.9	1.9	1.7	1.7	1.5	1.5	1.3	1.1	1.1	1.2	1.2	1.3	1.3	1.2	1.2	1.3

■ 課税価格（単位：兆円） ■ 税額（単位：兆円）

(注) 「課税価格」は、相続財産価額から、被相続人の債務・葬式費用を控除し、相続開始前3年以内の被相続人から相続人等への生前贈与財産価額および相続時精算課税適用財産価額を加えたものである。

（付表4） 相続財産の金額の推移

項目 年分	土地	家屋	有価証券	現金・預貯金等	その他	合計
	億円	億円	億円	億円	億円	億円
平成6年	112,547	8,159	13,199	15,002	9,937	158,845
7	117,303	9,009	13,799	17,718	11,108	168,937
8	105,768	6,411	13,696	18,053	10,977	154,906
9	101,778	6,068	14,310	18,949	11,351	152,457
10	98,244	6,402	10,748	19,527	11,276	146,196
11	94,233	6,816	12,699	21,275	13,695	148,718
12	89,083	6,107	12,113	21,226	14,283	142,812
13	78,448	6,117	13,418	20,712	14,149	132,844
14	71,321	6,244	10,210	20,246	13,570	121,591
15	66,315	5,736	10,664	21,391	13,899	118,004
16	58,298	5,932	12,496	21,770	10,992	109,488
17	56,843	6,336	15,049	23,114	11,542	112,884
18	54,491	5,750	17,966	23,488	12,280	113,974
19	55,847	6,184	18,486	23,971	12,459	116,948
20	58,497	6,385	15,681	25,363	12,091	118,017
21	54,938	6,059	13,307	24,682	11,606	110,593
22	55,332	6,591	13,889	26,670	12,071	114,555
23	53,781	6,716	15,209	28,333	12,806	116,845

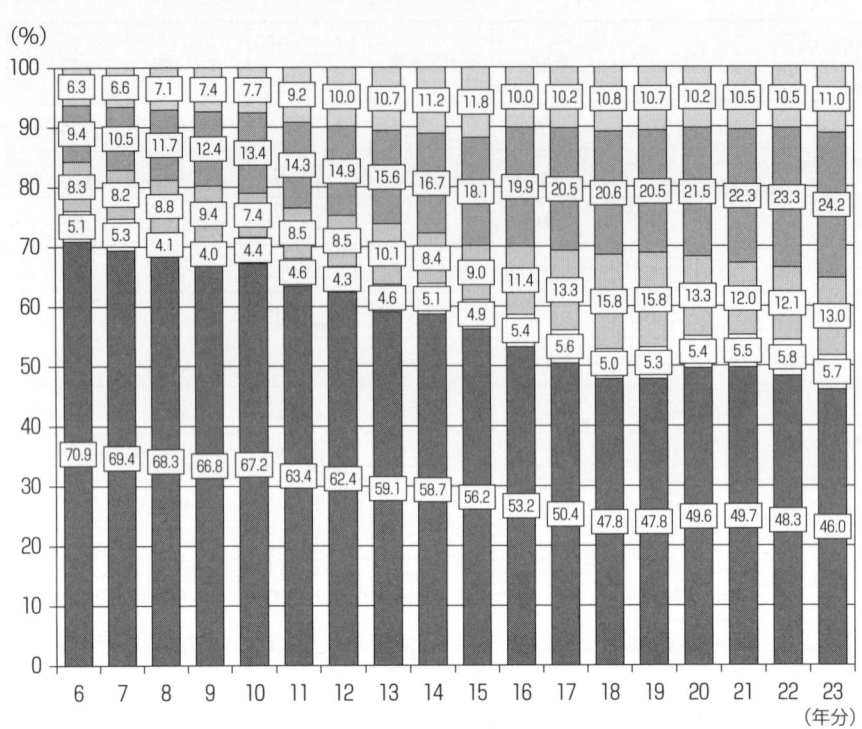

（付表５） 相続財産の金額の構成比の推移

年分	土地	家屋	有価証券	現金・預貯金等	その他
6	70.9	5.1	8.3	9.4	6.3
7	69.4	5.3	8.2	10.5	6.6
8	68.3	4.1	8.8	11.7	7.1
9	66.8	4.0	9.4	12.4	7.4
10	67.2	4.4	7.4	13.4	7.7
11	63.4	4.6	8.5	14.3	9.2
12	62.4	4.3	8.5	14.9	10.0
13	59.1	4.6	10.1	15.6	10.7
14	58.7	5.1	8.4	16.7	11.2
15	56.2	4.9	9.0	18.1	11.8
16	53.2	5.4	11.4	19.9	10.0
17	50.4	5.6	13.3	20.5	10.2
18	47.8	5.0	15.8	20.6	10.8
19	47.8	5.3	15.8	20.5	10.7
20	49.6	5.4	13.3	21.5	10.2
21	49.7	5.5	12.0	22.3	10.5
22	48.3	5.8	12.1	23.3	10.5
23	46.0	5.7	13.0	24.2	11.0

2　基礎控除の引下げとその影響

　まず、注目すべきは、基礎控除の引下げであります。平成27年１月１日以後の相続等分から、今回の税制改正で、「3,000万円＋600万円×法定相続人の数」に引き下げられます。この基礎控除額は、昭和50年代からバブル崩壊までは、地価上昇に伴い相続税負担を軽減するため徐々に大きく引き上げられて今日に到りました。

　そして、66ページの【参考図１】のように、昭和58年の地価公示価格指数を100としたところ、その当時の基礎控除は「2,000万円＋400万円×法定相続人の数」であったところ、昭和63年には同指数は230となり

基礎控除は「4,000万円＋800万円×法定相続人の数」となり、平成4年にさらに引上げられ、その指数は302まで上昇し、平成6年には現在まで続いてきた「5,000万円＋1,000万円×法定相続人の数」になりました。しかし、バブルは崩壊し、その後失われた10年、そして長引くデフレ経済、さらにリーマンショックによる金融危機と続き、地価公示価格指数も73までに下がったのにも関わらず、基礎控除はそのままに据え置かれてきました。そこで資産再分配機能を重視する意味からも、昭和50年の地価と物価を100として現在の指数の157で調整を加え、ことしの税制改正後の基礎控除を昭和50年の基礎控除の1.5倍にしたわけであります。

この引下げにより、平成23年で4.1％の課税割合が、この相続税の大改正による影響は、平成24年分ベースですと、納税者は、約7万人（課税割合約6％程度）に増えることになります。こうなりますと、東京都心部やその他の三大都市圏など地価の高い地域では、持ち家と退職金などやある程度の預貯金などがある方は、殆んど、この基礎控除額を超えてしまうという事態になりかねません。（67ページの【参考図2】参照）

となれば、税理士にとりましては、大変ありがたい話といいますか、追い風が吹くかも知れません。平成23年9月末の税理士数（67ページの【参考表2】参照）は　約7万人ですので、納税者が約7万人としますと、大改正以前では、2人に1人しか相続事案が舞い込まなかった事務所にも最低1件は舞い込む計算になります。特に、3大都市圏で税理士事務所を開業されている税理士の皆様には複数の相続事案が出てくる可能性があります。

そうなれば、今までは、自分や自分の税理士事務所には関係ないで済ましてきた相続税・贈与税などの資産関連税制もしっかりと勉強しないといけないことになります。いままでは、確定申告や決算時期を過ぎれば一安心で、すこし遊ぶ時間がありましたが、これからはそういうわけには行かなくなるかもしれません。

【参考表1】相続税の基礎控除の引下げだけによる相続税額への影響（税率引上げを加味した表は69ページの【参考表3】参照）

相続税の課税価格	改正前 5,000万円＋1,000万円×法定相続人	改正後 3,000万円＋600万円×法定相続人	改正後増税差額
5,000万円	0円	10万円	10万円
1億円	100万円	315万円	215万円
3億円	2,300万円	2,860万円	560万円
10億円	1億6,650万円	1億7,370万円	720万円
20億円	4億950万円	4億1,750万円	800万円

(注) 相続人は配偶者と子2人であり、法定相続分により相続したものとして、相続税額を計算しています。

【参考図1】改正前の地価公示価格指数と基礎控除の関係推移表（昭和58年〜平成22年）

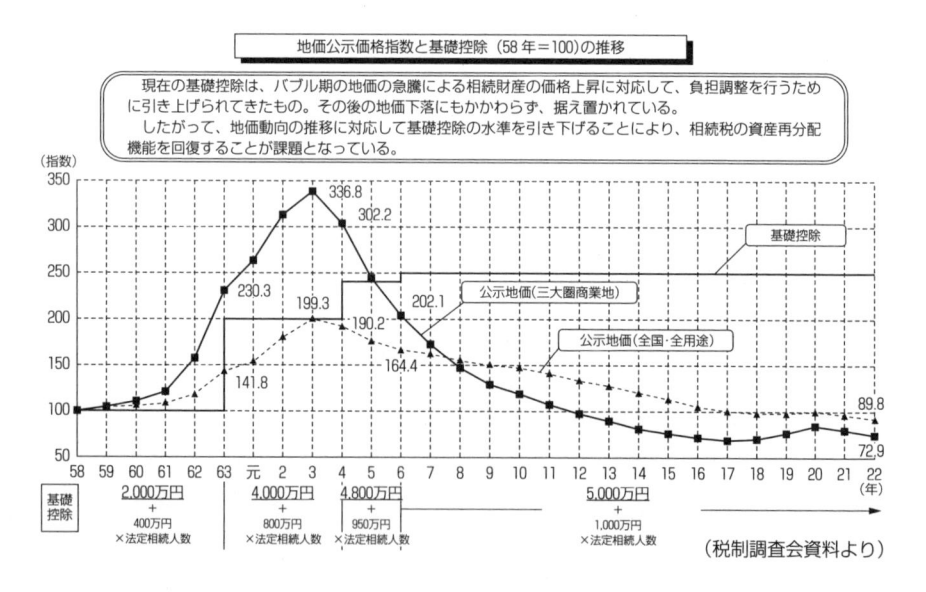

地価公示価格指数と基礎控除（58年＝100）の推移

現在の基礎控除は、バブル期の地価の急騰による相続財産の価格上昇に対応して、負担調整を行うために引き上げられてきたもの。その後の地価下落にもかかわらず、据え置かれている。
したがって、地価動向の推移に対応して基礎控除の水準を引き下げることにより、相続税の資産再分配機能を回復することが課題となっている。

（税制調査会資料より）

第1章　相続税大増税時代を賢く乗り越える知恵とは？

【参考図2】相続税収と課税割合と負担割合の推移表（昭和58年～平成22年）

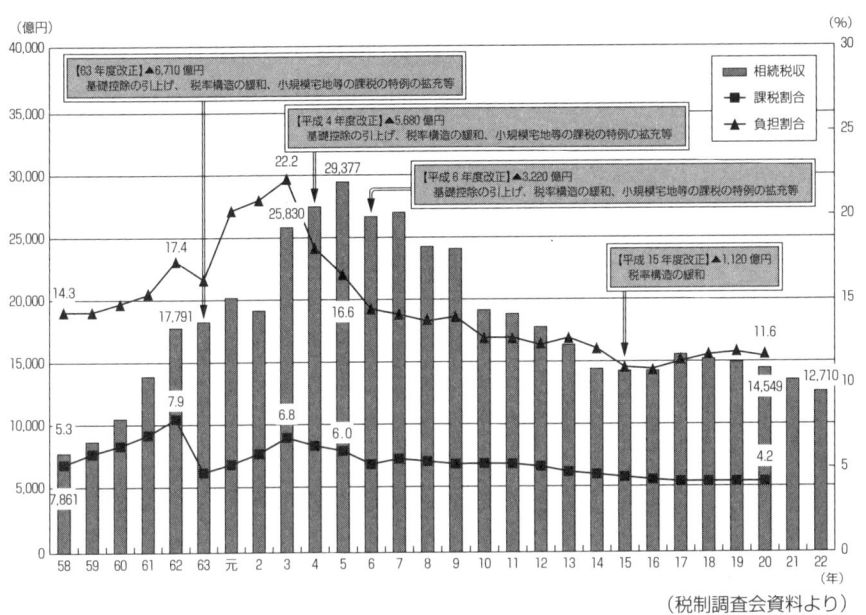

グラフの注釈：
- 【63年度改正】▲6,710億円　基礎控除の引上げ、税率構造の緩和、小規模宅地等の課税の特例の拡充等
- 【平成4年度改正】▲5,680億円　基礎控除の引上げ、税率構造の緩和、小規模宅地等の課税の特例の拡充等
- 【平成6年度改正】▲3,220億円　基礎控除の引上げ、税率構造の緩和、小規模宅地等の課税の特例の拡充等
- 【平成15年度改正】▲1,120億円　税率構造の緩和

凡例：相続税収、課税割合、負担割合

主要数値：
- 昭和58年：7,861億円、負担割合14.3%、課税割合5.3%
- 昭和62年：17.4%、7.9%
- 昭和63年：17,791億円
- 平成3年：25,830億円、22.2%、6.8%
- 平成5年：29,377億円
- 平成6年：16.6%、6.0%
- 平成20年：14,549億円、11.6%、4.2%
- 平成22年：12,710億円

（税制調査会資料より）

【参考表2】税理士登録者・税理士法人届出数（平成25年1月末日現在）

会名	登録者数	税理士法人届出数（主たる事務所）	税理士法人届出数（従たる事務所）
東京	21,020	803	231
東京地方	4,694	155	71
千葉県	2,413	62	39
関東信越	7,207	281	130
近畿	13,936	399	168
北海道	1,923	102	66
東北	2,599	77	52

名古屋	4,291	183	77
東海	4,263	148	85
北陸	1,355	70	32
中国	2,971	79	40
四国	1,550	49	31
九州北部	3,005	96	59
南九州	1,978	53	28
沖縄	362	13	10
計	73,567	2,570	1,119

3 相続税率の最高税率55％へ引上げ───資産の半分以上は税金？

　相続税率についても大きく見直され、最高税率が50％から55％へ引き上げれられました。また、税率構造も従来の6段階から8段階へと改正されました。(【参考図3】参照) 1億円超3億円以下の税率が従来の40％の一段階から、1億円超2億円以下の40％と2億円超3億円以下の45％の2段階に細分され、3億円から6億円までは50％、6億円超は55％に引き上げられました。

　これは昭和63年以来数回に亘って緩和され続けてきた改正前の税率が、やはり前述の基礎控除と同じく、資産再分配機能を低下させていることが大きな改正理由です。

　この改正により、富裕層の遺産取得を中心に高負担を求めるという意味で、資産6億円超の相続人はプラス5％の増税となりました。また、税率構造の見直しにより遺産取得財産が2億円超3億円以下のクラスの相続人もプラス5％の増税となりました。それ以外の相続人については、今回の税率構造の見直しによる影響については、原則的に殆んどありません。

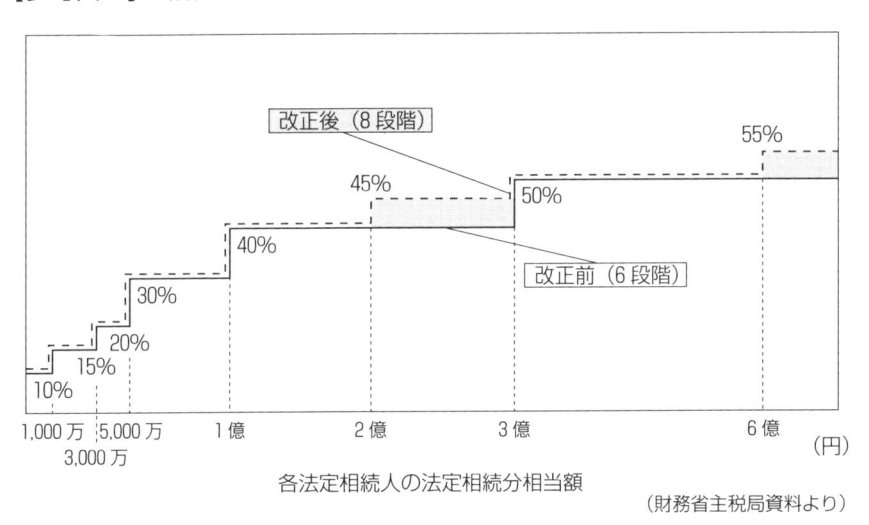

第1章　相続税大増税時代を賢く乗り越える知恵とは？

【参考図3】　相続税率構造の見直し

各法定相続人の法定相続分相当額

（財務省主税局資料より）

【参考表3】改正後の相続税の基礎控除の引下げと税率構造の見直しによる相続税額への影響

相続税の課税価格	改正前 5,000万円+1,000万円×3	改正後 3,000万円+600万円×3	改正後増税差額
5,000万円	0円	10万円	10万円
1億円	100万円	315万円	215万円
3億円	2,300万円	2,860万円	560万円
10億円	1億6,650万円	**1億7,810万円**	**1,160万円**
20億円	4億950万円	**4億3,440万円**	**2,490万円**

(注)　相続人は配偶者と子2人であり、法定相続分により相続したものとして、相続税額を計算しています。　網掛けの太字部分が基礎控除と税率見直しのどちらも影響が出ている部分です。

基礎控除の引下げだけでも【参考表１】のとおり大増税となりますが、これに税率構造の改正を加味しますと、【参考表３】のとおり、さらに大増税となります。また、これらの表の計算はすべて配偶者軽減を利用したものであり、利用しなかった場合にはさらに税額が大きく増えることになります。特に遺産が３億円以下の場合の負担率の重税感は顕著なものがあります。そして、２次相続の場合はさらに要注意となります。これらの影響をまともに受ける納税者には、きめ細かい配慮が必要となります。以下の【参考表４】で２次相続した場合の試算表を掲げます。高額遺産取得者になればなるほど、税額そのもののアップ割合は低くなっているようですが、大幅増税には違いありません。高額遺産取得者はもちろん、そうでない納税者も実際は以前よりかなり増税となりますので、相続税額の試算表等を個別に作成し、個人個人の状況や資産保有割合などを元にして、しっかりとした相続対策を行う必要があります。

　例えば、資産割合に占める財産が土地建物等であれば、小規模宅地特例などを活用したりして、その評価額を下げる対策が必要でしょう。また、後で述べますように、生前贈与、相続時精算課税制度を利用した贈与などを効率的に使う必要もあるでしょう。あらゆる手法を駆使して、少しでも納税者の負担を軽減してあげるのが税理士の腕の見せ所といえましょう。

第1章　相続税大増税時代を賢く乗り越える知恵とは？

【参考表4】　2次相続をした場合の改正後の相続税額への影響

相続税の課税価格	改正前 5,000万円+1,000万円×2	改正後 3,000万円+600万円×2	改正後増税差額
5,000万円	0円	80万円	80万円
1億円	350万円	770万円	420万円
3億円	5,800万円	6,920万円	1,120万円
10億円	3億7,100万円	3億9,500万円	2,400万円
20億円	8億7,100万円	9億3,290万円	6,190万円

(注)　相続人は子2人であり、【参考表3】で配偶者が1次相続したものをそのまま2次相続したものとして、法定相続分に基づいて相続税額を計算しています。

【参考表5】　1次相続と2次相続を通算した場合の改正後の相続税額の合計額

相続税の課税価格	改正前 5,000万円+1,000万円×2	改正後 3,000万円+600万円×2	改正後増税差額
5,000万円	0円	90万円	90万円
1億円	450万円	1,085万円	635万円
3億円	8,100万円	9,780万円	1,680万円
10億円	5億3,750万円	**5億7,310万円**	**3,560万円**
20億円	12億8,050万円	**13億6,730万円**	**8,680万円**

(注)　相続人は配偶者と子2人であり、法定相続分により相続したものとして、相続税額を計算しています。

4 未成年者控除と障害者控除の引上げ

2つ目は、相続税額から一定額を差し引く未成年者控除・障害者控除についての改正です。これらの控除額も前回改正時の昭和63年当時から長年にわたって据え置かれたままでした。今回、物価動向や今般の相続税の基礎控除等の見直しを踏まえ、未成年者控除については20歳までの1年につき10万円（改正前：20歳までの1年につき6万円）に、障害者控除については85歳までの1年につき10万円（改正前：85歳までの1年につき6万円）、特別障害者については1年につき20万円（改正前：特別障害者については1年につき12万円）に引き上げられることになりました。（相法19の3、19の4）

適用期日 これらの改正は、平成27年1月1日以後の相続または遺贈により取得する財産に係る相続税について適用されます。（平25改所法等附10、12、13）

【参考表6】未成年者控除・障害者控除の引上げ

	改正前	改正後
未成年者控除	6万円×20歳に達するまでの年数	10万円×20歳に達するまでの年数
障害者控除	6万円（特別障害者：12万円）×85歳に達するまでの年数	10万円（特別障害者：20万円）×85歳に達するまでの年数

ところで、今回の大改正の殆んどが、増税となるものや要件が厳しくなるものばかりですが、実は、これらの未成年者控除・障害者控除改正だけは、少し減税となる改正です。

そこで、この改正に関しては、見落としのないように、しっかりと控除を行うように注意しましょう。

第2章 大増税時代の希望の光は贈与税？

1 贈与税率の税率緩和措置

　最近の資産課税については、大きく2つの流れがあり、その一つは相続税の基礎控除の引下げを始め相続税率の最高税率が50％から55％へ引上げや税率構造も従来の6段階から8段階へと改正などにみられるように、「課税範囲の拡大と強化」です。そして、二つ目は「高齢者から若年世代への財産の早期移転の促進」です。

　贈与税は、相続税の回避を防止するという意味で、相続税を補完する役割を果たしていますが、過去累次の相続税・贈与税改正においては、こうした「相続税の回避防止」の観点から、相続税に比べ贈与税の税率構造は相対的に厳しいものとされてきました。改正前では相続税は3億円超の相続財産取得から50％ですが贈与税は1,000万円超から50％となります。加えて、近年、被相続人のみならず相続人自身の高齢化が進んでいることとも相まって、若年世代への資産移転が進みにくい状況となっています。

　そこで、今回の税制改正では、上記の二つ目の流れを達成するため、子や孫などが受贈者となる場合の贈与税の税率構造の緩和が行われました。また、相続時精算課税制度についてはその対象に孫が追加されて範囲が拡大されました。これらの改正により、高齢者の保有資産の若年世代への早期移転が促され、消費拡大や経済活性化が図られることが目論まれています。

　具体的には相続税と反対に贈与税の税率は大きく緩和されました。特に「20歳以上の者が受ける直系尊属からの贈与」については、さらに大きく緩和されました。このため、従来の一つのみであった「贈与税の税率表」

が2つになりました。一つは従来どおりの「贈与税の税率表」(「一般贈与税率表」)です。もう一つは、「20歳以上の者が受ける直系尊属からの贈与を受ける場合の税率表」(「特例贈与税率表」)です。

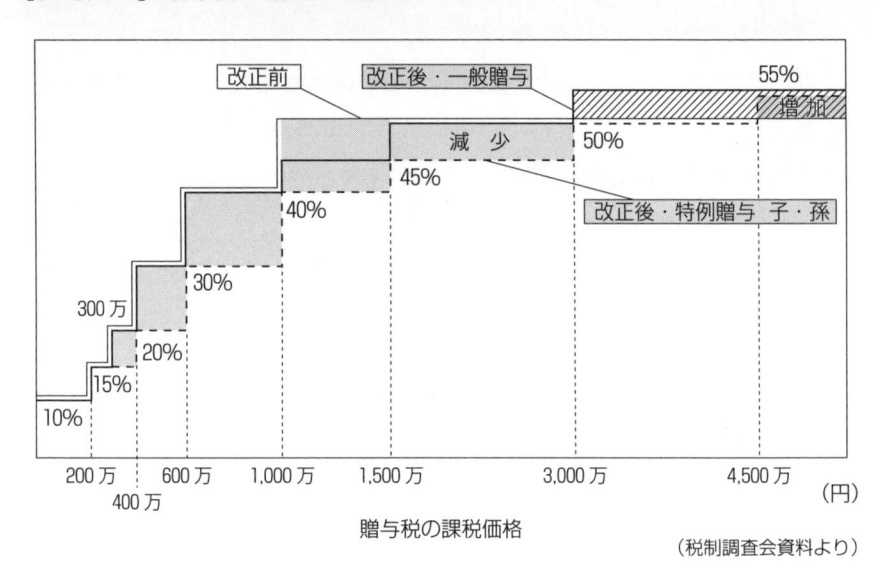

【参考図4】贈与税率構造の見直し

（税制調査会資料より）

今回の改正で、贈与税の税率構造について、①相続時精算課税制度の対象とならない贈与財産に係る贈与税の税率構造の見直しと、②20歳以上の者が直系尊属から贈与により取得した相続時精算課税制度の対象とならない贈与財産に係る贈与税の税率構造の緩和の二つの改正が行われました。これらの改正は平成27年1月1日以後の贈与分から適用されます。（相法21の7、措法70の2の3、平25改所法等附10）

【参考表7】 贈与税率表の新旧比較

課税対象金額	【改正前】改正前(平成26年12月まで) 税率	控除額	【改正後】改正後(平成27年1月から) 一般贈与 税率	控除額	特例贈与 税率	控除額
200万円以下	10%	—	10%	—	10%	—
300万円以下	15%	10	15%	10	15%	10万円
400万円以下	20%	25	20%	25		
600万円以下	30%	65	30%	65	20%	30万円
1,000万円以下	40%	125	40%	125	30%	90万円
1,500万円以下	50%	225	45%	175	40%	190万円
3,000万円以下			50%	250	45%	265万円
4,500万円以下			55%	400	50%	415万円
4,500万円超					55%	640万円

(注) 上表中「特例贈与」は、改正後の20歳以上の者が直系尊属から贈与を受けた財産に係る贈与税の税率表を表し、「一般贈与」はそれ以外の贈与財産に係る贈与税の税率表のことを言います。(以下同様です。)

適用期日 この改正は、原則として平成27年1月1日以後の贈与により取得する財産に係る贈与税について適用されます。(平25改所法等附10)

2　相続時精算課税制度の要件緩和措置

　高齢者から若年者へ早期財産の移転を図るために、相続時精算課税制度の適用要件について、受贈者の範囲に、20歳以上である孫（改正前：推定相続人のみ）が追加され、贈与者の年齢要件が60歳以上（改正前：65歳以上）に引き下げられました。（相法21の9、措法72の2の5）

　この改正は、原則として平成27年1月1日以後の贈与により取得する財産に係る贈与税について適用されます。（平25改所法等附10）

　この改正で、どこまで相続時精算課税制度の適用者が増えるかは未知数ですが、受贈者の範囲が孫まで拡大されたことは、一代飛ばしで相続財産を贈与できるメリットがあるのかの検討は必要となります。

　ただし、相続税の精算を行う時に、果たして相続税の2割加算がされるのかどうかによっても、メリット、デメリットを考えないといけません。

　次の項目で、このテーマについては、詳しく見ていきましょう。

■ 相続時精算課税制度の改正前と改正後との比較

	区分	改正前	改正後
贈与時	贈与者の年齢	65才以上の父又は母から	60才以上の父又は母又は祖父母から
	受贈者の年齢	20才以上の子 ※養子又は代襲相続人を含みます。	20才以上の子又は孫 ※養子又は代襲相続人を含みます。
	選　択	父母等又は祖父母ごとに選択できる。 ※一度選択すれば相続時まで継続。	
	基礎控除	特別控除：2,500万円（累積）※複数年にわたり控除可能。	
	贈与税率	20％（一律）	
	相続時	相続時精算課税適用後の贈与財産を贈与時の時価で合算	
	精　算	相続税額から適用後納付した贈与税額を控除（還付あり）	
	申告要否	特別控除額以下でも申告必要。	
	適用手続	最初の贈与を受けた年の翌年2月1日〜3月15日までの間に届出書を提出	
相続時	生前贈与・加算の取扱い	すべての受贈者に対する贈与について相続財産に加算される。	
	受贈者が先に死亡した場合	原則として当該相続時精算課税適用者が有していた納税に係る権利又は義務を相続人が承継する。	
	贈与税額控除	控除しきれない贈与税相当額については還付される。	
	情報開示制度	すべての贈与について情報開示の対象となる。	

第3章 相続時精算課税制度を利用した場合の損得勘定は？

1 相続時精算課税制度の概要

　生前贈与と遺産相続に別々に課税するという従来の暦年型の課税制度もあり、精算課税制度と暦年型制度のどちらを使うかは納税者選択によることになっています。ところが、今回の贈与税率の緩和等により、この選択の基準がどう変わったのかを見ていき、今後の相続税対策にどう活かせられるのかを検討してみたいと思います。

【今回の改正による改正事項の見取り図】

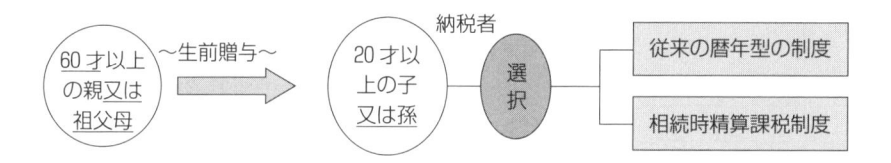

　従来の暦年型の課税制度に代えて、相続時精算課税制度を選択すると、生前贈与に係る贈与税率は非課税枠を超える部分について上記の贈与税率（最高55％）の適用はなく一律20％とされます。しかも、非課税枠を2,500万円まで利用できますので、贈与財産が2,500万円に達するまでは何度でも使えますので、従来の制度を適用する場合より多くのケースで税負担が軽くなります。

　ただ、暦年型の贈与税制度の基礎控除（年間110万円）は税務署への申請が必要とされませんが、相続時精算課税制度を利用する場合は税務署に届け出なければなりません。また、いったん届出をし新制度の適用を受けると暦年型の制度に戻ることはできません。

《贈与税の税額速算表》

課税対象金額	改正前(平成26年12月まで) 税率	改正前 控除額	改正後(平成27年1月から) 一般贈与 税率	一般贈与 控除額	特例贈与 税率	特例贈与 控除額
200万円以下	10%	—	10%	—	10%	—
300万円以下	15%	10	15%	10	15%	10
400万円以下	20%	25	20%	25	15%	10
600万円以下	30%	65	30%	65	20%	30
1,000万円以下	40%	125	40%	125	30%	90
1,500万円以下	50%	225	45%	175	40%	190
3,000万円以下	50%	225	50%	250	45%	265
4,500万円以下	50%	225	55%	400	50%	415
4,500万円超	50%	225	55%	400	55%	640

　この制度は親が亡くなった時点で相続税と贈与税の課税を精算するしくみのため、相続時点では、親からの遺産に過去に親から贈与を受けた資産も累計合算して相続税額を算出します。相続税の基礎控除（改正後は「3,000万円＋600万円×法定相続人数」）の計算には変わりはありません。この制度の非課税枠を使って贈与を受けた財産も、相続時点ではまとめて相続税の課税対象とする代わりに、相続税額から過去に納めた贈与税額を差し引いて相続税額を納めます。この際、過去に納税した贈与税額の方が大きい場合には、その差額は還付されます。（相法21の9、33の2）

　生前贈与について、受贈者（子又は孫）の選択により、従来の暦年課税方式の贈与税制度に代えて、贈与時に贈与財産に対する贈与税を支払い、その後の相続時にその贈与財産と相続財産とを合計した価額を基に計算し

た相続税額から、既に支払ったその贈与税を控除することにより贈与税・相続税を通じた納税をすることができます。これが、相続時精算課税制度です。（下図参照）

【相続時精算課税の見取り図】

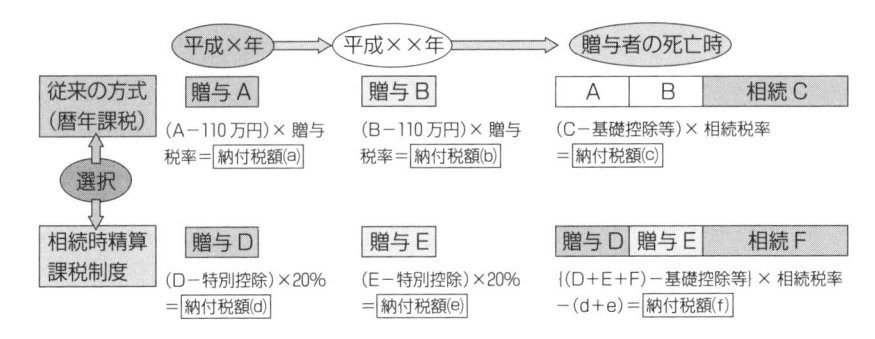

```
              平成×年      →    平成××年    →    贈与者の死亡時

従来の方式    贈与A              贈与B              A   B   相続C
（暦年課税）  (A－110万円)×贈与   (B－110万円)×贈与   (C－基礎控除等)×相続税率
              税率＝納付税額(a)   税率＝納付税額(b)   ＝納付税額(c)
  ↕
  選択

相続時精算    贈与D              贈与E              贈与D 贈与E 相続F
課税制度      (D－特別控除)×20％  (E－特別控除)×20％  {(D+E+F)－基礎控除等}×相続税率
              ＝納付税額(d)       ＝納付税額(e)       －(d+e)＝納付税額(f)
```

(1) 適用対象者

平成27年1月1日以降の贈与分から適用

相続時精算課税制度の適用対象となる贈与者は贈与年の1月1日において60才以上の親（または祖父母）で、受贈者は贈与者の推定相続人（代襲相続人を含みます。）である贈与年の1月1日において20才以上の子（又は孫）です。（相法21の9①、措法70の2の5）

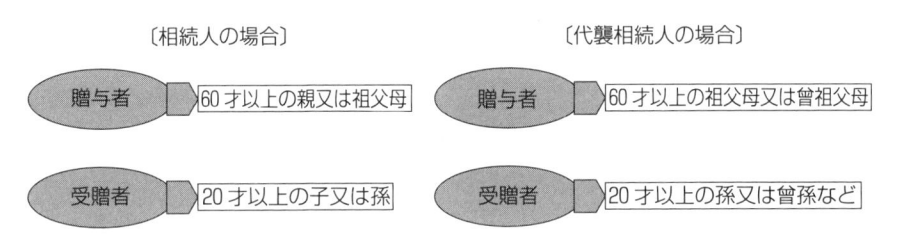

〔相続人の場合〕

贈与者 — 60才以上の親又は祖父母

受贈者 — 20才以上の子又は孫

〔代襲相続人の場合〕

贈与者 — 60才以上の祖父母又は曾祖父母

受贈者 — 20才以上の孫又は曾孫など

代襲相続は子が親より先に死亡した場合に、孫が相続人になること。代襲相続人になれるのは孫や曾孫など被相続人の直系卑属。

若年世代への資産の早期移転を促進する観点から、平成25年度税制改正で相続時精算課税制度について、受贈者に20才以上の孫（改正前、20才以上の子のみ）を追加するとともに、贈与者の年齢要件を60才以上

(改正前、65才以上)に引き下げる改正が行われました。

これによって、世代飛ばしの生前贈与が可能になります。

なお、平成26年12月31日までに贈与した場合は改正前の規定が適用されます。

(2) 適用手続

この制度の選択を行おうとする受贈者は、その選択に係る最初の贈与を受けた年の翌年2月1日から3月15日までの間に所轄税務署長に、その旨の届出書(すなわち、相続時精算課税選択届出書)を贈与税の申告書に添付することにより行います。(相法28①)

この選択は、受贈者である兄弟姉妹(代襲相続人を含みます。)がそれぞれ、贈与者である父、母(または祖父、祖母)ごとに選択できます。また、最初の贈与の際にいったん届出書を提出してしまいますと、相続時まで相続時精算課税制度は継続して適用されることになります。(相法21の10)

(3) 適用対象財産等

ところで、この制度の対象となる贈与財産等は、その種類、金額、贈与回数については、一切制限が設けられていません。つまり、どんな種類の財産でもよいし、贈与金額には制限はなく、また、贈与回数も何回でも構わないことになっています。そういう意味では、従来型の贈与税の暦年課税制度よりは使い勝手がかなりよい制度ということもできます。

■ 従来型の暦年課税制度と相続時精算課税制度との比較

区　分	従来型の暦年課税制度	相続時精算課税制度
贈与者の年齢	問わない	60才以上の父母又は祖父母
受贈者の年齢	問わない	20才以上の子又は孫
選　択	不要	必要(父母・祖父母ごとに選択)一度選択すれば相続時まで継続
基礎控除	基礎控除:年間110万円	特別控除:2,500万円(累積)

贈 与 税 率	10%～55%（原則8段階）	20%（一律）
相 続 時	相続開始前3年以内の贈与財産のみ加算	相続時精算課税適用後の贈与財産を贈与時の時価で合算
精 算	相続税額から上記の3年以内の贈与税額を控除（還付はなし）	相続税額から適用後納付した贈与税額を控除（還付あり）

2　相続時精算課税制度を活用した具体的事例

イ　賃貸住宅を建てて相続税を軽減する方法は本当に効果があるか

　親が自分の敷地に賃貸住宅を立てる方法は、定番とも言える相続税対策ですが、このやり方が本当に効果があるのかを検証してみましょう。

▼ 設例

> 親（オーナー）は、相続税の節税対策を提案され、更地（相続税評価額2億円）の上に建築価額1億円で賃貸住宅を建てました。（平成27年以後の例）

この設例に基づいて、相続税評価額を計算しますと、次のようになります。

① 建物（賃貸住宅）の相続税評価額

　　（建築価額）　　　　　　　　　　　　（固定資産税評価額）
　　1億円　　×　　60%　　＝　6,000万円
　（固定資産税評価額）　（借家権割合）（賃貸割合）　（相続税評価額）
　　6,000万円　×　（1　－　30%　×　100%）　＝　4,200万円

② 土地（貸家建付地）の相続税評価額

　（更地としての相続税評価額）（借地権割合）（借家権割合）（賃貸割合）　（貸家建付地の相続税評価額）
　　2億円　×　（1　－　60%　×30%　×100%）　＝　1億6,400万円

③ 合計相続税評価額（①＋②）　4,200万円＋1億6,400万円＝2億600万円

```
┌─────────┐      ┌─────────┐      ┌─────────┐
│ 預金1億円 │      │ 賃貸建物 │      │ 4,200万円│
│         │  ⇒   │  1億円   │  ⇒   │         │
├─────────┤      ├─────────┤      ├─────────┤
│ 敷地2億円 │      │ 敷地2億円 │      │1億6,400万円│
└─────────┘      └─────────┘      └─────────┘
```

このようにして新たに建てた賃貸住宅で親（オーナー）が賃貸事業を経営した場合で、まもなく親が亡くなって相続が発生した場合には、合計3億円の相続税評価額の資産が2億600万円と3分の2に減少し、約1億円の評価差額が生じることになり、節税に役立つことになります。

　しかし、この方法は、いわゆる「アパートを建てて相続税対策」のテキストですが、この算式の相続税対策が最も効を奏するのは、アパートを建ててから、まもなく親の相続が発生した場合だけです。

　もし、この賃貸住宅の収益状況が良く、親（オーナー）が10年も20年も長生きした場合はどうなるのでしょうか。もちろん長生きすることはよいことでハッピーなのですが、相続税対策からは問題です。オーナーに収益が蓄積され、相続税の評価の減少分を埋めても、あまりある預貯金がプラスされてしまうことになります。また、毎年の所得税・住民税も大変で、累進課税の最高税率が適用されることになってしまうことにもなりかねません。

□　相続時精算課税制度を適用した賃貸住宅建設による相続税対策

　それでは、親が自分の敷地に賃貸住宅を建設した後、すみやかに相続時精算課税制度を使って生前贈与を実行した場合はどうでしょうか。なお、親が60才以上で子が20才以上という前提にします。

　相続時精算課税制度を使って生前贈与するのは建物だけで、敷地は親名義のままとします。

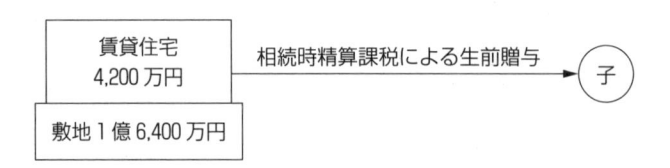

```
┌──────────────┐
│   賃貸住宅    │   相続時精算課税による生前贈与
│  4,200万円   │ ──────────────────→ （子）
├──────────────┤
│ 敷地1億6,400万円 │
└──────────────┘
```

八　相続時精算課税制度を選択した子が納める贈与税額の計算

　　（建築価額）　　　　　　　　（固定資産税評価額）
　　　1億円　　×　　60％　　＝　6,000万円

$$
\underset{\text{(固定資産税評価額)}}{6,000\text{万円}} \times (1 - \underset{\text{(借家権割合)}}{0.3} \times \underset{\text{(賃貸割合)}}{100\%}) = \underset{\text{(相続税評価額)}}{4,200\text{万円}}
$$

$$
\underset{\text{(相続税評価額)}}{4,200\text{万円}} - \underset{\text{(特別控除)}}{2,500\text{万円}} = \underset{\text{(課税贈与財産額)}}{1,700\text{万円}}
$$

$$
\underset{\text{(課税贈与財産額)}}{1,700\text{万円}} \times \underset{\text{(相続時精算課税制度の贈与税率)}}{20\%} = \underset{\text{(納める贈与税額)}}{\underline{340\text{万円}}}
$$

二　相続時精算課税制度を選択しなかった子が納める贈与税額の計算

　上記のハより相続税評価額が4,200万円ですので、以下のとおりとなります。

$$
\underset{\text{(課税贈与財産額)}}{(4,200\text{万円}-110\text{万円})} \times \underset{\text{(直系尊属贈与による贈与税率と控除額)}}{50\% - 415\text{万円}} = \underset{\text{(納める贈与税額)}}{\underline{1,630\text{万円}}}
$$

　上記計算式のように親が1億円で建てた賃貸住宅を、子がわずか340万円の贈与税を納めるだけで子の所有となります。その後、親との間で子が地代を払わない、あるいは土地の固定資産税額程度を支払うという土地の使用貸借契約書を結びます。**設例**では建物のみの贈与になっていますが、その敷地の贈与も可能ですが、ここ何年かは日本では、ある一部の地域を除いて地価の動向が不透明ですので、控えておいた方がいいかも知れません。といいますのは、地価が下落傾向の場合には、相続発生の際に、贈与をした時点の時価で相続財産に取り込まれてしまい、生前贈与をするより相続を行った方が相続税評価額が低くなることがあるからです。もちろんアベノミクスの影響で地価も上昇すればその逆の選択となります。

　ところで、今回の改正により緩和された「直系尊属からの贈与による贈与税率」を適用した場合の計算例は上記二のとおり、贈与税額が1,630万円で相続時精算課税制度を選択した場合の贈与税額の340万円と1,290万円の差額となります。相続時精算課税制度を選択した場合のデメリットもありますので、「直系尊属からの贈与による贈与税率」を適用した場合の方が、後々うまくいく場合もあります。そのため、今回の改正が行われた平成27年以後の対策としてはこれらの点をよく検討をする必要があります。

なお、生前贈与を行った場合には、次に掲げる相続対策のメリットもあります。

① 賃貸建物の贈与以降、賃貸収入は全て子のものになり、親への蓄積を止めることができる。
② 子が収入を貯めることによって、相続税の納税資金の確保ができる。
③ 親の死後、この賃貸住宅の取得をめぐって遺産分割でもめることはない。

ただし、相続時精算課税制度を利用して賃貸住宅を生前贈与する場合には、次の点に注意しなければなりません。

注意点

① **建物完成後すぐに贈与しない**

あくまでも親の名義で建て登記完了後、入居者が入居し、あきらかに賃貸経営事業を開始してから建物贈与にしないと、建物資金の贈与とみなされる恐れがあります。

② **負担付贈与にしない**

イ　建物建設資金は借入金で賄わないこと

設例では自己資金で建設を行うということで問題はありませんが、全額あるいは一部を借入金によっている場合には、建物贈与時にその借入金まで子に贈与しないということです。

負担付贈与があった場合には、贈与された財産の評価額から、負担額を差し引いた価額に相当する財産の贈与があったものとして取り扱われます。

設例では、不動産等を負担付贈与により取得した場合には、その財産は相続税評価額の4,200万円によらず、その取得時における通常の取引価額（時価）によって評価することとされています。このように建築してまもなく贈与したものであれば、その建築価額の1億円が通常の取引価額ということになります。

以上のことから、建築資金が一部借入金によっているなら、借入金はあくまでも親の債務として残すこと、また、建物などに担保が付されているなら担保の付け替えも必要でしょう。

□　敷金、保証金の扱い

入居者から預っている敷金、保証金の問題があります。預金、保証金は解約の時には返さなければなりませんから、家主からすれば債務です。これを子に建物を贈与する際、引き継がせると負担付贈与になる恐れがありますが、敷金などの返還債務に相当する現金の贈与を親が子に同時に行っている場合には、一般的にその敷金などの返還債務を継承させる意図が当事者双方にないということで実質的な負担はないとする見解が国税当局から出されています（平成16.1.20付）。

●資産課税課情報第1号（平成16年1月20日・国税庁課税部資産課税課）

敷金とは、不動産の賃借人が、賃料その他の債務を担保するために契約成立の際、あらかじめ賃貸人に交付する金銭（権利金と異なり、賃貸借契約が終了すれば賃借人に債務の未払いがない限り返還される。）であり、その法的性格は、停止条件付返還債務である（判例・通説）とされている。

また、賃貸中の建物の所有権の移転があった場合には、旧所有者に差し入れた敷金が現存する限り、たとえ新旧所有者間に敷金の引継ぎがなくても、賃貸中の建物の新所有者は当然に敷金を引き継ぐ（判例・通説）とされている。

ところで、本件問いのように、旧所有者（父親）が賃借人に対して敷金返還義務を負っている状態で、新所有者（長男）に対し賃貸アパートを贈与した場合には、法形式上は、負担付贈与に該当するが、当該敷金返還債務に相当する現金の贈与を同時に行っている場合には、一般的に当該敷金返還債務を承継させ（す）る意図が贈与者・受贈者間においてなく、実質的な負担はないと認定することができる。

したがって、本件問いについては、実質的に負担付贈与に当たらないと解するのが相当であることから、負担付贈与通達の適用はない。

(注)　なお、本件問いについては、実質的に負担付贈与に該当しないことから、譲渡の対価がないため譲渡所得課税は生じない。

第Ⅱ編 平成25年度改正で相続税実務はどう変わる！

【事例】相続時精算課税を適用する場合

> 私は、父から宅地の贈与を受けました。
> 平成25年1月1日において、父は65歳以上、私は20歳以上ですので、相続時精算課税を選択して申告します。

第3章 相続時精算課税制度を利用した場合の損得勘定は？

○ 新たに相続時精算課税の適用を受ける場合には、申告書第一表、第二表に加えて、「相続時精算課税選択届出書」(88ページ参照)の提出が必要となります。

平成25年分贈与税の申告書（相続時精算課税の計算明細書）

受贈者の氏名　関西　京子

提出用

次の特例の適用を受ける場合には、□の中にレ印を記入してください。
☑ 私は、租税特別措置法第70条の3第1項の規定による**相続時精算課税選択の特例**の適用を受けます。

（単位は円）

相続時精算課税分

特定贈与者の住所・氏名（フリガナ）申告者との続柄・生年月日	左の特定贈与者から取得した財産の明細		財産を取得した年月日	
	種類 細目 利用区分・銘柄等	数量 単価 固定資産税評価額 倍数	財産の価額	

住所　大阪市〇〇△丁目△番△号
　　　　土地　宅地　自用地　86.50㎡　300,000　平成25年08月28日
　　　　大阪市〇〇△丁目×番
　　　　　　　　　　　　　　　　　　　　　　　　　　25,950,000
フリガナ　カンサイ　ゴロウ
氏名　関西　五郎　　　　　　　　　　　　　　　　　平成　年　月　日

続柄　父
生年月日　3　21年03月16日　　　　　　　　　　　　平成　年　月　日
（明治1, 大正2, 昭和3, 平成4）

財産の価額の合計額（課税価格）	⑰	25,950,000
過去の年分の申告において控除した特別控除額の合計額（最高2,500万円）	⑱	
特別控除額の残額（2,500万円−⑱）	⑲	25,000,000
特別控除額（⑰の金額と⑲の金額のいずれか低い金額）	⑳	25,000,000
翌年以降に繰り越される特別控除額（2,500万円−⑱−⑳）	㉑	
⑳の控除後の課税価格（⑰−⑳）【1,000円未満切捨て】	㉒	950,000
㉒に対する税額（㉒×20％）	㉓	190,000
外国税額の控除額（外国にある財産の贈与を受けた場合で、外国の贈与税を課せられたときに記入します。）	㉔	
差引税額（㉓−㉔）	㉕	190,000

上記の特定贈与者からの贈与により取得した財産に係る過去の相続時精算課税分の贈与税の申告状況

申告した税務署名	控除を受けた年分	受贈者の住所及び氏名（相続時精算課税選択届出書に記載した住所・氏名と異なる場合にのみ記入します。）
署	平成　年分	
署	平成　年分	
署	平成　年分	
署	平成　年分	

(注) 上記の欄に記入しきれないときは、適宜の用紙に記載し提出してください。

◎ 上記に記載された特定贈与者からの贈与について初めて相続時精算課税の適用を受ける場合には、申告書第一表及び第二表と一緒に「相続時精算課税選択届出書」を必ず提出してください。なお、同じ特定贈与者から翌年以降財産の贈与を受けた場合には、「相続時精算課税選択届出書」を改めて提出する必要はありません。

※税務署整理欄
整理番号　□□□□□　名簿　□□□　届出番号　□□□□□−□□□□□
財産細目コード　□□□□　確認　□

※印欄には記入しないでください。

（資5-10-2-1-A4統一）（平24.10）

「相続時精算課税選択の特例」(77ページ参照)の適用を受けない場合には記入する必要はありません。

記入もれが多い箇所ですので注意してください。

第二表（平成22年分以降用）（第二表は、必要な添付書類とともに申告書第一表と一緒に提出してください）

事例2

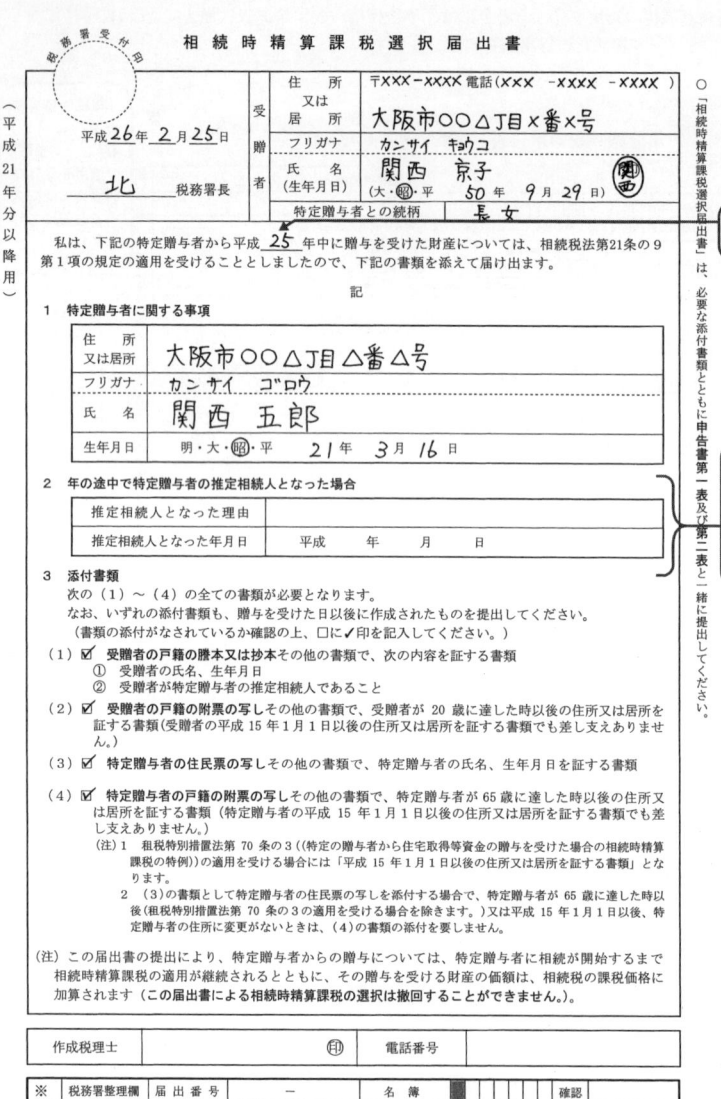

相続時精算課税選択届出書

（平成21年分以降用）

税務署受付印　平成26年2月25日　北 税務署長

受贈者
- 住所又は居所：〒XXX-XXXX 電話（XXX-XXXX-XXXX）大阪市○○△丁目×番×号
- フリガナ：カンサイ キョウコ
- 氏名（生年月日）：関西 京子　（大・昭・平 50年 9月 29日）㊞
- 特定贈与者との続柄：長女

○「相続時精算課税選択届出書」は、必要な添付書類とともに申告書第一表及び第二表と一緒に提出してください。

「25」と記入してください。

私は、下記の特定贈与者から平成 25 年中に贈与を受けた財産については、相続税法第21条の9第1項の規定の適用を受けることとしましたので、下記の書類を添えて届け出ます。

記

1 特定贈与者に関する事項

住所又は居所	大阪市○○△丁目△番△号
フリガナ	カンサイ ゴロウ
氏名	関西 五郎
生年月日	明・大・昭・平 21年 3月 16日

2 年の途中で特定贈与者の推定相続人となった場合

推定相続人となった理由	
推定相続人となった年月日	平成　年　月　日

平成25年中に特定贈与者の推定相続人となった場合以外は記入する必要はありません。

3 添付書類

次の（1）～（4）の全ての書類が必要となります。
なお、いずれの添付書類も、贈与を受けた日以後に作成されたものを提出してください。
（書類の添付がなされているか確認の上、□に✓印を記入してください。）

(1) ☑ **受贈者の戸籍の謄本又は抄本**その他の書類で、次の内容を証する書類
　① 受贈者の氏名、生年月日
　② 受贈者が特定贈与者の推定相続人であること

(2) ☑ **受贈者の戸籍の附票の写し**その他の書類で、受贈者が20歳に達した時以後の住所又は居所を証する書類（受贈者の平成15年1月1日以後の住所又は居所を証する書類でも差し支えありません。）

(3) ☑ **特定贈与者の住民票の写し**その他の書類で、特定贈与者の氏名、生年月日を証する書類

(4) ☑ **特定贈与者の戸籍の附票の写し**その他の書類で、特定贈与者が65歳に達した時以後の住所又は居所を証する書類（特定贈与者の平成15年1月1日以後の住所又は居所を証する書類でも差し支えありません。）

　（注）1 租税特別措置法第70条の3（（特定の贈与者から住宅取得等資金の贈与を受けた場合の相続時精算課税の特例））の適用を受ける場合には「平成15年1月1日以後の住所又は居所を証する書類」となります。
　　　 2 (3)の書類として特定贈与者の住民票の写しを添付する場合で、特定贈与者が65歳に達した時以後（租税特別措置法第70条の3の適用を受ける場合を除きます。）又は平成15年1月1日以後、特定贈与者の住所に変更がないときは、(4)の書類の添付を要しません。

（注）この届出書の提出により、特定贈与者からの贈与については、特定贈与者に相続が開始するまで相続時精算課税の適用が継続されるとともに、その贈与を受ける財産の価額は、相続税の課税価格に加算されます（この届出書による相続時精算課税の選択は撤回することができません。）。

作成税理士	㊞	電話番号	

※	税務署整理欄	届出番号	－	名簿				確認	

※印欄には記入しないでください。

（資5-42-A4統一）（平24.10）

3 相続時精算課税適用のメリット・デメリット

イ　メリット

① 将来値上りする財産を贈与した場合

相続時精算課税制度は、生前贈与した時点の時価が相続税を精算する際にとり込まれます。したがって、贈与時点より相続時点の方が値上りした場合でも贈与時点の時価で相続税が計算できます。（83ページのニ参照）

② オーナー会社の持株贈与による移譲

贈与税が高いので親の持株が相続時まで譲れず、そのため高齢オーナーに代わって実質経営者であるにもかかわらず、保有株式なきオーナー経営者である場合が多くあります。ところが、相続時精算課税制度を利用すれば、20％の生前贈与の概算払いだけで、社会的にも実質オーナー経営者としての地位を高めることができ、配当の受取りも親ではなく子に入るようにできます。

③ 収益物件を生前贈与することによって親の財産形成を阻止できる

収益が期待できる財産を、いつまでも親の元に存置しておくと、親の財産がそれだけ増大し、親の所得税・地方税も累進課税で負担がふくらんでしまいます。それを生前に子に移転しておけば、親に蓄積される財産が子に行きますので相続税対策になります。

④ 相続税があまり心配でない人も利用できる

相続時精算課税制度では、従来の暦年型贈与の110万円に比べてはるかに多い2,500万円という非課税枠を使うことによって、子が多くの住宅ローンを負担することなくマイホームを取得することができ、ゆとりある生活がエンジョイできます。

⑤ 遺産分割で紛争が生じないようにできる

遺言書を書くという以外に、死後の自分表示ができなかったのに比

べ、20％の相続税の前払いをすることによって、親が生きている間に、親の意思で子に財産分割ができます。

ロ デメリット

① 生前贈与した財産が値下がりしたとき

贈与時の時価が高い自社株、仮に評価が5億円の株式を1億円の贈与税を払って子に贈与したとします。しかし何年後かに贈与者である親が亡くなった時点では、世の中も変わり、その会社は債務超過となってしまい明日でも倒産しかねない状況で、株価評価がゼロになっている場合でも、相続財産に合算する自社株は5億円です。会社がなくなってしまっても相続財産に5億円プラスされ、納税資金にも問題が生じることになります。

② 生前に財産を贈与してほしいと要求される

従来は贈与税負担が大きいので、子が親に生前もっとくれと要求することが少なかったのですが、贈与税20％となると、生前に親から10億円の贈与を受ける場合でもそのうち2億円を現金で受け取っておけば納税資金にでき、納税の心配もせず気軽に贈与が受けられますので、子からの贈与の催促が増えます。そのため不肖の子供を持つ親にとって悩みが増えるかもしれません。

さらには、兄弟姉妹間で生前贈与の分どり合戦が繰り広げられる恐れがあり、親の死後、相続財産でモメたのが、生前でモメるようになる危険性があります。

③ 基礎控除（毎年110万円）を放棄することになる

従来の贈与税は受贈者1人1年間に110万円の基礎控除があります。相続時精算課税制度は2,500万円の特別控除がありますが、相続時には生前贈与分の財産は贈与時の時価で相続財産に合算されます。しかし生前に受けた2,500万円の特別控除はなくなり、「3,000万円＋600万円×法定相続人数」（平成26年12月31日以前は「5,000万円＋1,000万円×法定相続人数」）

の相続税の基礎控除だけとなります。

　ところが、従来の贈与税を適用すると、相続発生前3年以内の贈与は別にして毎年110万円の基礎控除を有効に使い切ることになります。

　暦年の贈与税の税率は直系尊属贈与も一般贈与も10％～55％（平成26年12月31日以前は「50％」）の累進税率ですが、基礎控除後200万円の贈与額までの税率はどちらも10％です。例えば、310万円の贈与をした場合

　　310万円－110万円＝200万円　　　200万円×10％＝20万円

となり310万円の贈与で20万円の贈与税となります。後に子や孫を合わせて年間10人に計3,100万円の贈与をすると200万円の贈与税となり、それを10年間続けると3億1,000万円贈与しても贈与税額は累計で2,000万円だけということになります。税率に換算すると6％強で済むことになり、相続時は合算されません。つまり毎年1人110万円の基礎控除もバカにならないということです。

④ 相続時精算課税制度下の贈与財産は物納できない

　従来の贈与税の制度では、相続開始前3年以内の贈与財産は相続財産に加算されますが、物納の申請は可能です。また、その財産により取得した財産も物納の対象となります。

　しかし、相続時精算課税制度で生前贈与した財産は贈与時の時価で相続財産に合算されますが、物納対象とはなりません。（相法41②）

⑤ 小規模宅地等の特例が適用できない

　相続時精算課税制度を選択した小規模宅地等については、相続時において小規模宅地等の課税価格の特例が受けられません。（措通69の4－1）

4　相続時精算課税制度の欠陥箇所

イ　民法の「遺留分」との関係

《例示》法定相続人が、妻と子2人の場合で、全財産を特定の子1人に相続時精算課税制度を活用して生前贈与してしまった場合の問題

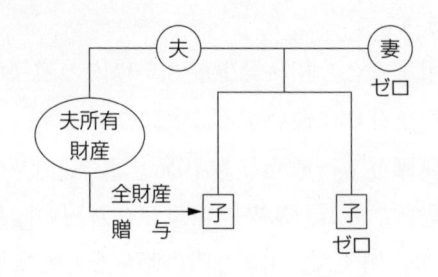

```
        ┌─── 夫 ─────── 妻
        │              ゼロ
   夫所有│      │
    財産 │      │
        │全財産 │
        └── 子  子
          贈与  ゼロ
```

　相続税法上、相続財産は、相続発生時の被相続人の所有する財産だけではなく、相続発生前3年以内の被相続人からの贈与財産も相続財産に加算されます。（相法19①）さらには民法上は相続財産ではない生命保険金や死亡退職金なども「みなし相続財産」として相続財産として課税対象となります。（相法3①）

　一方、民法896条では「相続人は、相続開始の時から被相続人の財産に属した一切の権利義務を承継する。ただし、被相続人の一身に専属したものはこの限りでない」と規定され、相続による承継の対象となるものは相続財産としています。さらには民法903条では「共同相続人中に、被相続人から贈与を受け、又は婚姻若しくは養子縁組のため若しくは生計の資本として贈与を受けた者があるときは、被相続人が相続開始の時において有した財産の価額にその贈与の額を加えたものを相続財産とみなし、……算定した相続分の中からその遺贈又は贈与の価額を控除した残額を以てその者の相続分とする。」という。いわゆる「特別受益」に関する規定があり、生前贈与分について「婚姻、養子縁組のため」「生計の資本」としての贈与があれば、何年前からという期間制限がなく、すべてそれらを相続財産とみなして、相続発生時だけの相続財産だけでなく、それら生前贈与財産を加算しなければなりません。

　相続時精算課税制度による生前贈与についても「特別受益」に該当する財産があるのは当然あり、「特別受益」の評価は相続開始時の評価とされています。ちなみに相続時精算課税制度適用の生前贈与は贈与時の時価を

いうとされていますので、贈与時の時価を相続財産に取り込むことになります。つまり、相続時精算課税のもとでは相続発生時にはすでに消滅や無価値になっているものでも贈与時の時価で評価されてしまうところに悲劇が生じて来ます。

民法904条では「受贈者の行為によって、その目的である財産が滅失し、又はその価額の増減があったときであっても、相続開始の時においてなお原状のままであるものとみなしてこれを定める」こととされていて、例えば生前贈与された全品を全部使ってしまって相続開始時になくなっていても、使っていなかったものとして全額相続開始時に存在しているものとして計算することになっています。

しかし、「受贈者の行為」によらない場合など、例えば地震によって受贈した建物が滅失したような場合には、生前贈与を受けた建物の価額は相続財産に合算しなくてもよいなど相続時精算課税制度とは若干異るところがあります。

設例のように相続時精算課税制度を利用して、1人の子に親が生前贈与する全財産は「特別受益」の対象となり、遺留分が基礎となる相続財産に算入されることになります。

したがって、設例の相続時精算課税制度を使った生前贈与は完全に、遺留分を侵害しているので、遺留分減殺請求の対象となります。

相続時精算課税制度の適用で生前贈与をする際には、このような点にも充分な配慮がなされないと逆の効果が出る恐れがあります。

□ 贈与者（親）より先に受贈者（子）が死亡した場合

人の命はわかりません。

親より先に子が死亡したような場合、つまり特定贈与者（親）の死亡以前にその相続時精算課税適用者（子）が死亡した場合には、その子の相続人（包括受贈者（次ページの表（注1）参照も含まれます。）が、その死亡した子が相続時精算課税制度の適用を受けていた納税の権利または義務

を承継することになります。ただし、その死亡した子の相続人に特定贈与者（親）がいる場合には、その親は、その納税に係る権利または義務は承継しません。

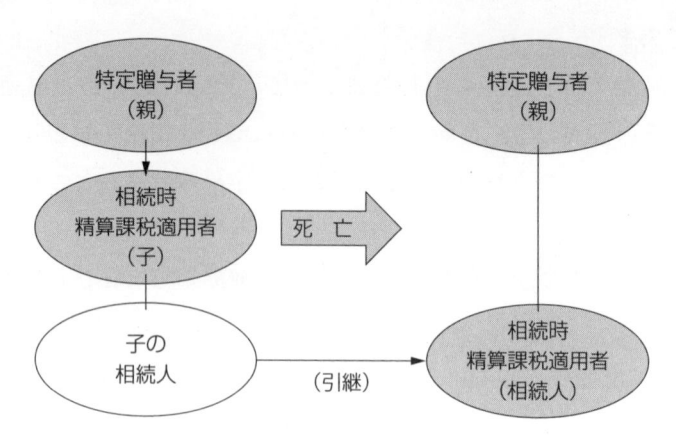

```
  特定贈与者                    特定贈与者
   （親）                        （親）
     ↓
  相続時
  精算課税適用者    死　亡  ⇒
   （子）
     ↓                         相続時
                               精算課税適用者
   子の        ──(引継)──→    （相続人）
   相続人
```

また、その死亡した子の相続人が限定承認（下の図表（注2）参照）をした時は、相続によって取得した財産（その死亡した子からの遺贈または贈与により取得した財産を含みます。）に限ってのみ、納税に係る権利又は義務を承継することになります。

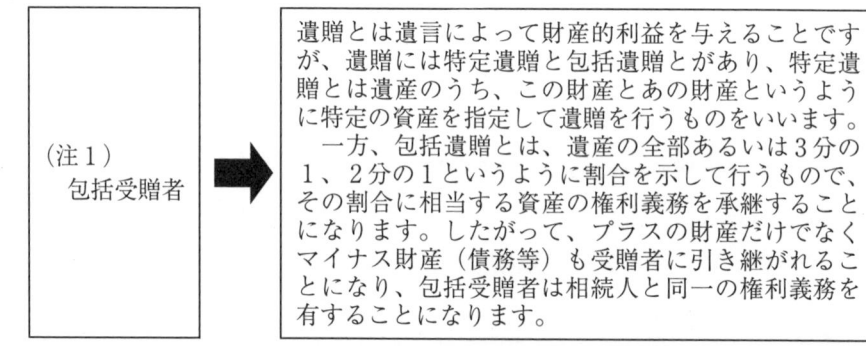

（注1） 包括受贈者 ⇒	遺贈とは遺言によって財産的利益を与えることですが、遺贈には特定遺贈と包括遺贈とがあり、特定遺贈とは遺産のうち、この財産とあの財産というように特定の資産を指定して遺贈を行うものをいいます。 　一方、包括遺贈とは、遺産の全部あるいは3分の1、2分の1というように割合を示して行うもので、その割合に相当する資産の権利義務を承継することになります。したがって、プラスの財産だけでなくマイナス財産（債務等）も受贈者に引き継がれることになり、包括受贈者は相続人と同一の権利義務を有することになります。
（注2） 限定承認 ⇒	相続が発生しても法定相続人は必ず相続しなければならないという義務はありません。負債の方が大きい場合は、相続の放棄または限定承認という方法があります。限定承認は被相続人の債務の支払を取得した相続財産の限度内で行うことを条件として相続する方法です。

相続人が限定承認をしようとするときには、相続開始後3か月以内に家庭裁判所に申述しなければなりません。共同相続の場合、相続人全員が共同して行わなければなりません。

　相続時精算課税適用者が特定贈与者より先に死亡し、その死亡した子の代襲相続人である孫が限定承認をした時は、その相続により取得した財産の限度においてのみ権利または義務を承継します。

　精算課税適用者が生前贈与を受けた財産を費消したり、評価が激減した場合には相続開始時にはその贈与を受けた財産はほとんど無く、相続税を納める相続財産が無い場合も想定されます。そのような場合に、特定贈与者より先に死亡した場合に、その死亡した子の子、つまり孫は、相続時精算課税制度の適用を受けていた親の納税に係る権利義務を承継することになり、代襲相続人である孫が限定承認をしたときは、その相続により取得した財産（精算課税適用者からの贈与による財産を含む）の限度において財産債務を承継しますが、注意しなければならないのは、相続時精算課税の適用を受けた相続人だけでなく、全相続人共同で限定承認を家庭裁判所に申述しなければならないことであり、共同相続人のうち一人でも反対すると成り立たなくなりますので、こうしたことも考慮して相続時精算課税制度の選択をする必要がある。

八　被相続人が債務超過のとき

　相続時精算課税適用の特定贈与者である被相続人には、財産は一切なく債務のみの場合には、相続人は相続放棄を行うことになる。相続放棄は相続が開始された日から3か月以内に家庭裁判所に申述しなければなりませんが、限定承認と異なるのは、共同相続人全員で行わなくても単独で相続の放棄を行えることです。相続の放棄が行われると、放棄を行った相続人の相続分が他の相続人に配分されることになります。

　相続時精算課税の適用を受けた相続人が相続放棄を行っても、生前贈与で取得した財産（現在価値は無くても）を贈与時の時価で相続によって取

得したものとみなされ、相続税の負担を背負わされることになります。

つまり、相続時精算課税制度を選択した受贈者は相続の放棄をした場合でも、相続税の納税義務が生じます。問題なのは、その受贈者が相続税の納付ができない場合は、他の共同相続人に相続税の連帯納税義務が生じてしまうことです。

二　物納・延納の問題

① **物納ができない**

物納は延納をもってしても相続税が納められない場合などに限って認められています。（相法38、41）

物納に充てることのできる財産は、相続税の納税義務者の課税価格計算の基礎となった財産またはその財産により取得した財産のみとなっています。

つまり相続時精算課税制度を適用して生前贈与で取得した財産は除かれています。（相法41②）

▼ 設例

親1人、子1人（法定相続人は1人とする）で財産は自社株4億円と現金1億円のみであったとします。

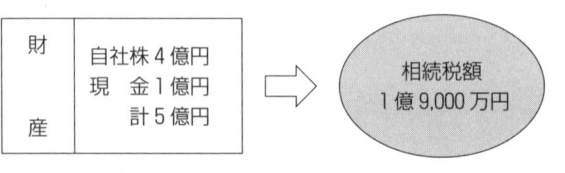

| 財産 | 自社株4億円
現　金1億円
　　　計5億円 | ⇒ | 相続税額
1億9,000万円 |

1. そこで相続時精算課税制度を適用して自社株4億円と、贈与税納付に必要なため現金1億円、合計5億円（全財産）を子に贈与した

　　　　　　　　（特別控除）　　　　（税率）　　（贈与税額）
　（　5億円　－　2,500万円　）　×　20％　＝　9,500万円

2. 親の財産がゼロの状況で親が亡くなった場合の相続税額の計算（平成27年1月1日以後の相続による例）

5億円 －（3,000万円 ＋ 600万円 × 1人）＝ 4億6,400万円
(相続税額)

4億6,400万円 × 50% － 4,200万円 ＝ 1億9,000万円
(贈与税額)

1億9,000万円 － 9,500万円 ＝ 9,500万円

　相続財産5億円で、それにかかる相続税額は、1億9,000万円、相続時精算課税制度を適用して贈与した時に支払った贈与税額9,500万円を差し引き、最終の納税は9,500万円となります。この時点で相続人は物納する物を相続取得していないため、延納か金銭納付しか道はありません。金銭納付にしても生前贈与の1億円はすでに贈与税の支払に消えていますので、延納しか道は残されていません。しかし延納にしても通常受けることができる延納よりもきわめて厳しい支払条件が求められます。

　仮に、相続時精算課税制度を適用する生前贈与をせずに、そのままの状態で相続が開始したとしますと相続財産は自社株4億円と現金1億円の計5億円で、それに係る相続税額は1億9,000万円、とりあえず現金1億円で税額を納付し、残りの9,000万円については物納するかどうかの検討ができます。4億円の自社株の23%程度の税額ですから可能です。あるいは、金庫株として発行会社に売却することもできます。

　このように、極端な例ですが、相続時精算課税制度を適用する場合には、納税資金の問題をよく考えなければなりません。

② 物納を考える

　相続税は、相続開始後10か月以内に金銭で納付することが原則です。ただし、一括して相続税が払えないときは延納か物納による納付も条件付きですが認められています。

　具体的な延納期間や延納利子税の割合は以下のように定められています。

不動産等の割合	区分	延納期間	延納利子税割合	特例割合 H25年まで 基準割引率 0.3%	※改正 H26年〜 貸出金利 1%
75%以上	不動産等にかかる延納税額	20年	3.6%	2.1%	0.9%
	その他の財産にかかる延納税額	10年	5.4%	3.1%	1.4%
50%以上 75%未満	不動産等にかかる延納税額	15年	3.6%	2.1%	0.9%
	その他の財産にかかる延納税額	10年	5.4%	3.1%	1.4%
50%未満	不動産等にかかる延納税額	5年	4.8%	2.8%	1.3%
	その他の財産にかかる延納税額	5年	6.0%	3.5%	1.6%
贈与税の延納税額		5年	6.6%	3.8%	1.8%

※平成25年度税制改正後の利子税割合（平成26年1月1日以後の期間に対応する利子税について適用されます。）（平成25改所法等附90）

　上記の区分で不動産等というのは①不動産、②不動産の上に存する権利、③立木、④事業用の減価償却資産、⑤同族会社の株式の合計をいいます。つまり、換金性の小さい財産を相続すると金銭で納付するのはかなりむずかしいところから、延納期間や利子税に配慮しているものと思われます。

　この延納期間20年、利子税2.1％の有利な延納条件を適用するには、不動産等の割合が基準になりますが、それらの相続財産に占める割合はあくまでも「相続または遺贈により取得した財産」の中の割合の問題であり、生前贈与された相続時精算課税制度の適用を受けた財産は、相続税の課税価格に加算されるものではありますが、相続により取得した財産ではない

ため、有利な延納条件にあてはまりません。

　前例で、同族会社株式4億円は、相続で取得すれば延納期間20年利子税2.1％ですが、相続時精算課税制度を適用し、全てを生前贈与しているため、相続時には、相続取得する財産はありません。したがって、延納期間は最長で5年、利子税は3.5％（平成26年1月1日以後の期間分から1.6％）となります。5年分割の年割賦償還になるので、第1回目の支払いは、納付税額9,500万円÷5年＝1,900万円と9,500万円×3.5％＝333万円の利子税を合計して2,233万円ということになります。

(注)　上記の例は平成25年末までの期間に対応する利子税の割合で計算しています。平成26年1月1日以後の期間に対応する場合には以下のとおりです。
＜第1回目の支払＞
　9,500万円×1.6％＝152万円……利子税
　1,900万円＋152万円＝2,052万円

第4章 直系尊属からのマイホーム取得資金贈与の特例を活用しよう！

　親からマイホームの購入資金を贈与された場合には、平成25年中だと最高1,200万円、平成26年中だと最高1,000万円まで贈与税はかかりません。「通常の贈与税」の非課税枠が110万円というのに比較すると住宅取得を計画している親子にとって大きなプレゼントです。

　このマイホーム取得のための資金贈与は、20歳以上の子が、父母、祖父母などの直系尊属から住宅取得資金の贈与を受け、その取得した金銭でマイホームを新築、取得または増改築をした場合には、その贈与を受けた金額のうち、平成25年中は1,200万円、平成26年中は1,000万円まで贈与税を課税しないとする制度です。ただし、住宅取得資金をもらう子の年間所得は2,000万円という制限があります。

　また、これらの非課税制度は、「通常の贈与税」適用者でも「相続時精算課税制度」適用者でも利用できます。

　親から住宅取得資金をもらう際にかかる贈与税の非課税枠の特例制度は、景気浮揚をもくろみ、かつ高齢者から子や孫への資産移転を促し住宅建設の拡大を図るねらいで設けられたものです。

1　住宅取得資金贈与の特例（平成25年、26年）を活かした非課税制度を活用する

　住宅取得等資金贈与の特例は、景気浮揚と高齢者の資産を活用して子や孫へと資産の移転を促すとともに、需要不足気味の住宅建設の拡大を図ることを狙いとして、次の二つの特例が設けられています。

第4章　直系尊属からのマイホーム取得資金贈与の特例を活用しよう！

> ① 直系尊属から住宅取得等資金の贈与を受けた場合の贈与税の非課税措置
> ② 特定の贈与者から住宅取得等資金の贈与を受けた場合の相続時精算課税の特例措置

　この二つの特例のあらましは以下のとおりです。

(1)　直系尊属から住宅取得等資金の贈与を受けた場合の贈与税の非課税措置の拡充

　住宅取得等資金贈与の特例は、20歳以上の子（その年の1月1日現在）が、その直系尊属（父母、祖父母、養父母等）から住宅取得等資金の贈与（贈与者の死亡により効力を生じる贈与を除きます）を受けて、その取得した金銭で自己の居住の用に供するための住宅を新築、取得または増改築等をした場合には、その贈与を受けた金額のうち平成25年中は最高1,200万円（平成26年中は最高1,000万円）までの金額については、贈与税が課税されません。（措法70の2①）

　ただし、この制度は、受贈者の合計所得金額が2,000万円以下でなければ適用できないことになっています。

　平成24年の改正で、住宅取得等資金贈与の特例の非課税限度額については、当該贈与により取得した住宅用家屋が、①省エネルギー性・耐震性を備えているのか、あるいは②そうではないのかによって非課税限度額が異なり、さらに贈与を受けた年が平成24年、平成25年、平成26年かによっても異なることになりました。（措法70の2②六）

① 省エネ等住宅の場合

(a)	平成24年中に住宅取得等資金の贈与を受けた者……1,500万円
(b)	平成25年中に住宅取得等資金の贈与を受けた者……1,200万円
(c)	平成26年中に住宅取得等資金の贈与を受けた者……1,000万円

　(注)　東日本大震災の被災者については、非課税限度額は1,500万円とされます。

② 上記①以外の住宅用家屋の場合

(a)	平成24年中に住宅取得等資金の贈与を受けた者……1,000万円
(b)	平成25年中に住宅取得等資金の贈与を受けた者…… 700万円
(c)	平成26年中に住宅取得等資金の贈与を受けた者…… 500万円

(注) 東日本大震災の被災者については、非課税限度額は1,000万円とされます。

■ 住宅取得等資金贈与の特例の「適用対象住宅」の範囲（措令40の4の2）

適用対象区分	適用要件
① 住宅	① 新築または建築後経過年数が20年以内（一定の耐火建築物である場合は、25年以内）の家屋または一定の耐震構造基準に適合する既存住宅 ② 床面積（区分所有である場合は、区分所有部分の床面積）が50㎡以上240㎡以下（東日本大震災の被災者は上限なし）であること ③ その他所要の要件を満たす場合
② 増築・改築・大規模修繕・大規模の模様替え	① 増改築の工事費用が100万円以上であること ② 増改築後の床面積が50㎡以上240㎡以下（東日本大震災の被災者は上限なし）であること ③ その他所要の要件を満たす場合
③ 敷地	住宅の新築等に先行して取得する土地

■ 「省エネ等住宅」とは

　省エネ等基準（省エネルギー対策等級4相当であること、耐震等級（構造躯体の倒壊等防止）2以上であることまたは免震建築物であることをいいます。）に適合する住宅用の家屋であることにつき、次のいずれかの証明書などを贈与税の申告書に添付することにより証明がされたものをいいます。（措法70の2②六イ、措令40の4の2⑥、平24国交省告示389号）

証明書などの種類（注3）	証明対象の家屋
住宅性能証明書	① 新築をした住宅用の家屋 ② 建築後使用されたことのない住宅用の家屋 ③ 建築後使用されたことのある住宅用の家屋（注1） ④ 増改築等をした住宅用の家屋（注2）
建設住宅性能評価書の写し	

長期優良住宅認定通知書の写しおよび住宅用家屋証明書（またはその写し）または認定長期優良住宅建築証明書など	① 新築をした住宅用の家屋 ② 建築後使用されたことのない住宅用の家屋

(注) 1 建築後使用されたことのある住宅用の家屋の場合は、その取得の日前2年以内または取得の日以降にその証明のための家屋の調査が終了したまたは評価されたものに限ります。
2 住宅用の家屋の増改築等をした場合に、省エネ等基準に適合させるための工事であることについての証明がされた「増改築等工事証明書」を、「住宅性能証明書」または「建設住宅性能評価書の写し」に代えることができます。
3 上記の証明書などの発行につきましては、国土交通省または地方整備局にお尋ねください。

(2) 特定の贈与者から住宅取得等資金の贈与を受けた場合の相続時精算課税制度の特例

平成26年12月31日までに、20歳以上の子（その年の1月1日現在）が、親からの資金の贈与を受けて自己の居住の用に供するため一定の家屋の新築または取得あるいは増改築等を行った場合には、その住宅取得等資金の贈与について相続時精算課税制度の特例が適用でき、特別控除額の2,500万円の非課税枠が設けられています。しかも住宅取得等資金贈与に係る相続時精算課税制度は、贈与者である親が年齢65歳以上とする制約もありません。（措法70の3）

相続時精算課税制度	平成25年、平成26年	
	一般の場合	住宅取得等資金贈与の場合
非課税枠	2,500万円	2,500万円
制限年齢　贈与者	65歳以上の親	年齢制限なし
制限年齢　受贈者	20歳以上の子	20歳以上の子
適用期間	恒久措置	H26年12月31日まで

2　この制度のしくみはこうなっている

　平成 24 年 1 月 1 日から平成 26 年 12 月 31 日までの間に、その年 1 月 1 日において 20 歳以上である者が、自己の居住の用に供する一定の家屋の新築もしくは取得または自己の居住の用に供する家屋の一定の増改築（これらとともにするこれらの家屋の敷地の用に供されている土地または土地の上に存する権利の取得を含む。）のための資金をその直系尊属からの贈与により取得した場合には、当該期間を通じて平成 25 年中だと最高 1,200 万円、平成 26 年中だと最高 1,000 万円（平成 24 年中の場合は 1,500 万円）まで贈与税が非課税とされます。（措法 70 の 2）

＜制度の概要とそのポイント＞

①	贈与期間	平成 24 年 1 月 1 日から平成 26 年 12 月 31 日までの間の贈与
②	贈与者	従来制度としてある相続時精算課税における住宅取得等資金の贈与の特例は、特定贈与者は両親のみとなっていましたが、今回の特例の贈与者は直系尊属であることが要件とされていますので、祖父母又は曾祖父母等からの贈与も可能となります。
③	受贈者	その年 1 月 1 日に 20 歳以上である者
④	受贈者に所得要件	合計所得金額が 2,000 万円以下
④	住宅の取得時期等	原則として、贈与を受けた年の翌年 3 月 15 日までに住宅を取得し、かつ、その住宅に居住すること。
⑤	非課税の金額	①　省エネルギー性・耐震性を備えた良質な住宅用家屋の場合 　(a)　平成 24 年中に住宅取得等資金の贈与を受けた者……1,500 万円 　(b)　平成 25 年中に住宅取得等資金の贈与を受けた者……1,200 万円 　(c)　平成 26 年中に住宅取得等資金の贈与を受けた者……1,000 万円 ②　上記①以外の住宅用家屋の場合 　(a)　平成 24 年中に住宅取得等資金の贈与を受けた者……1,000 万円 　(b)　平成 25 年中に住宅取得等資金の贈与を受けた者……　700 万円 　(c)　平成 26 年中に住宅取得等資金の贈与を受けた者……　500 万円 ※それぞれの金額は、受贈者一人について最高限度額となる金額です。 ※東日本大震災の被災者については、①は 1500 万円、②は 1,000 万円とされます。

⑥	対象となる用途	自己の居住の用に供する一定の家屋の新築もしくは取得、自己の居住用家屋に対する一定の増改築（工事費用の額が100万円以上であるもの）
⑦	生前贈与加算の取扱い	この非課税措置は、課税価格から控除するとされていることから、暦年贈与による贈与であっても相続開始前3年以内の贈与に係る生前贈与加算の対象とはなりません。 また、相続時精算課税を選択している者においてもこの非課税金額に相当する部分は相続財産の価額に加算する必要はありません。

＜対象となる住宅等＞

住宅取得等資金贈与の適用は住宅の新築だけではなく、次のように新築物件の購入や既存住宅の取得や増改築についても対象となります。

①	住宅用家屋の新築もしくは建築後使用されたことのない住宅用家屋の取得
②	上記①とともにするその敷地の用に供されている土地もしくは土地の上に存する権利の取得のために資金を充ててその住宅用家屋の新築をした場合または建築後使用されたことのない住宅用家屋の取得をした場合
③	既存住宅用家屋の取得または既存住宅用家屋の取得とともにするその敷地の用に供されている土地もしくは土地の上に存する権利の取得のために資金を充ててその既存住宅用家屋の取得をした場合
④	居住の用に供している住宅用の家屋について行う増改築またはその家屋についての増改築とともにするその敷地の用に供されることとなる土地もしくは土地の上に存する権利の取得の対価に充ててその住宅用の家屋について増改築をした場合

3 他の贈与の特例との関係はどうなっている

A 省エネ住宅を平成25年中に取得した場合

	改正前	改正後
暦年贈与の場合	基礎控除 110万円	基礎控除 110万円＋非課税枠1,200万円＝1,310万円
相続時精算課税の場合	特別控除 2,500万円	特別控除 2,500万円＋非課税枠1,200万円＝3,700万円

105

B　省エネ住宅を平成26年中に取得した場合

	改正前	改正後
暦年贈与の場合	基礎控除　110万円	基礎控除　110万円＋非課税枠1,000万円＝1,110万円
相続時精算課税の場合	特別控除　2,500万円	特別控除2,500万円＋非課税枠1,000万円＝3,500万円

C　省エネ以外の一般住宅を平成25年中に取得した場合

	改正前	改正後
暦年贈与の場合	基礎控除　110万円	基礎控除　110万円＋非課税枠700万円＝810万円
相続時精算課税の場合	特別控除　2,500万円	特別控除2,500万円＋非課税枠700万円＝3,200万円

D　省エネ以外の一般住宅を平成26年中に取得した場合

	改正前	改正後
暦年贈与の場合	基礎控除　110万円	基礎控除　110万円＋非課税枠500万円＝610万円
相続時精算課税の場合	特別控除　2,500万円	特別控除2,500万円＋非課税枠500万円＝3,000万円

① 暦年贈与の場合はこうなる

　直系尊属の贈与者は一人とは限らないので、長男が祖父から400万円と父から410万円、合計810万円の資金の贈与を受け、長男の居住用の家屋を取得等した場合には、以下のように取り扱われます。

【贈与税の計算例】（平成25年に贈与した場合）

　（810万円－700万円）－110万円（基礎控除額）＝0円　∴贈与税は

課税されません。

　なお、相続開始前3年以内に贈与を受けた財産は、暦年課税贈与については その贈与をした者に相続が発生した場合には、その者の相続財産に加算した上で相続税の計算を行う必要がありますが、今回の特例により贈与を受けた金額については、その者の相続税の計算上、相続財産に加算する必要がありません。

② 相続時精算課税の場合はこうなる

　通常の相続税精算課税では、2,500万円の特別控除額枠までの贈与については贈与税が課されないこととなっていますが、今回の制度はこの特例と併用をすることが可能とされていますので、平成25年に省エネ住宅を取得した場合には1,200万円（平成26年分のみの場合は1,000万円）を加えた3,700万円（平成26年分のみの場合は3,500万円）までは、贈与税を課されることなく贈与することができます。

　留意すべき点は、贈与者は父または母に限定されることから、祖父や祖母からの贈与は受贈者が代襲相続人でない限り、暦年贈与としての課税関係となります。

　なお、相続時精算課税を選択した場合には、贈与をした時点では2,500万円までは贈与税を課せられることはありませんが、相続が発生した際にはその贈与財産を相続税の課税価格に加算した上で相続税額が計算されることになるため、将来的には相続税の課税対象となります。

　しかし、今回の贈与税額の非課税制度は贈与を受けた課税価格から控除することとされていることから、相続税の課税価格に加算する必要がなく、贈与税も相続税も課されることなく住宅取得等資金を贈与することができます。

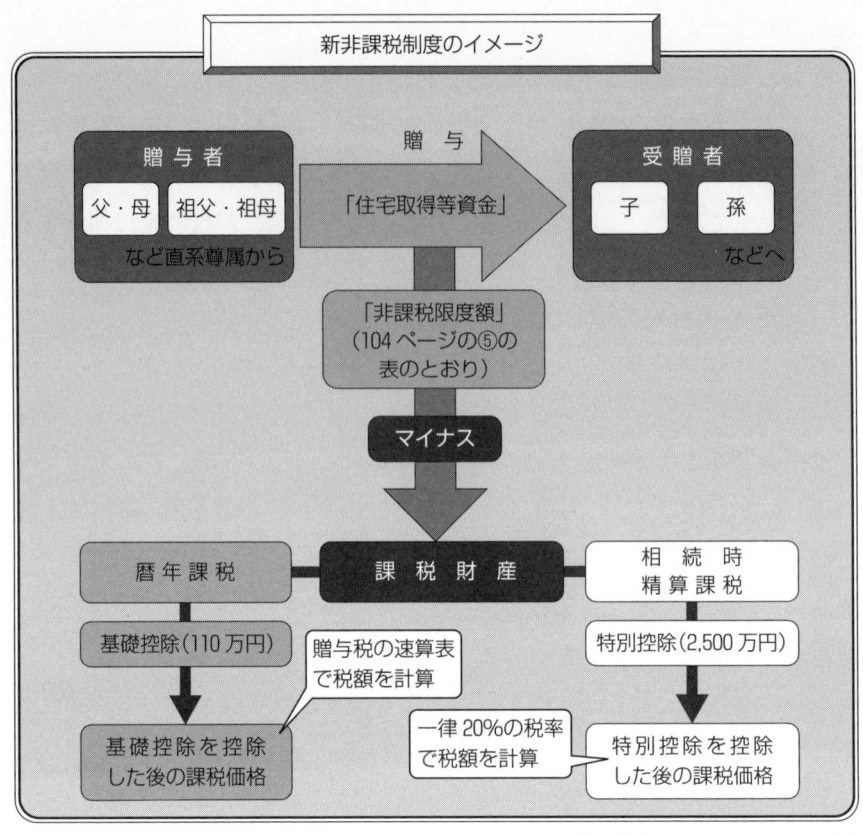

第Ⅱ編 平成25年度改正で相続税実務はどう変わる！

新非課税制度のイメージ

```
贈与者                 贈与              受贈者
父・母  祖父・祖母  「住宅取得等資金」    子   孫
 など直系尊属から                        などへ

          ↓
    「非課税限度額」
    （104ページの⑤の
     表のとおり）
          ↓
       マイナス
          ↓
  ┌─────課税財産─────┐
  │                      │
暦年課税                相続時精算課税
  │                      │
基礎控除（110万円）    特別控除（2,500万円）
  │     贈与税の速算表    │
  │     で税額を計算      │
  │         一律20％の税率│
  │         で税額を計算  │
  ↓                      ↓
基礎控除を控除        特別控除を控除
した後の課税価格      した後の課税価格
```

（国税庁ホームページより）

4　手続き規定はこうなっている

　この規定は、贈与を受けた年の翌年2月1日から3月15日までの間に、この非課税の特例の適用を受ける旨を記載した贈与税の申告書に計算明細書、戸籍の謄本、住民票の写し、登記事項証明書、新築や取得の契約書の写しなど一定の書類を添付して、納税地の所轄税務署に提出した場合に限って適用されますので、忘れないように申告しましょう。

　また、贈与を受けた翌年3月15日にまだ居住していない場合でも、遅滞なく居住することが確実であると見込まれるときは適用が認められるのですが、贈与を受けた翌年12月31日までに居住していなければ修正申告書を提出して通常の贈与税と延滞税を納めなければなりませんので注意してください。（措法70の2④）

第5章 小規模宅地等の課税価格計算特例を活用しよう！

「小規模宅地等の課税価格の計算特例」とは相続または遺贈によって取得した財産のうち、相続開始の直前において、被相続人等の事業用または居住用の小規模宅地等がある場合（200㎡～400㎡までの宅地等がある場合）には、通常の課税価格から評価が50％～80％減額されます。（措法69の4）

1 小規模宅地等の特例制度の改正事項

(1) 小規模宅地等の課税価格の計算特例も見直し

① 「小規模宅地等」の範囲

この「小規模宅地等」とは、相続開始直前において、被相続人等（被相続人および被相続人と生計を一にしていた親族をいいます）の事業の用または居住の用に供されていた宅地等で、一定の建物または構築物の敷地の用に供されていた宅地等のうち、合計で200㎡、330㎡（改正前は240㎡）あるいは400㎡までの部分の宅地等をいいます。

② 特例の適用対象者

特例の適用対象者は個人であって、相続あるいは遺贈によって取得した財産の中に、この特例の適用対象となる小規模宅地等が含まれている場合の、その小規模宅地等を取得した人です。したがって、その小規模宅地等を取得した人が相続人であるか否かは問いません。

③ 減額割合および特例対象面積

小規模宅地等の減額される割合は、利用形態に応じて、次表のように定められています。

小規模宅地等の相続税の課税価格に算入される価額は、その宅地面積が

一定の広さ（200㎡、特定居住用宅地等は330㎡（改正前は240㎡）、特定事業用宅地等は400㎡）までの場合は、通常の方法によって計算した評価額から、減額割合を控除して計算します。一定面積を超える場合は、次の計算式で計算します。

■ 小規模宅地等の相続税の課税価格算入額の計算式

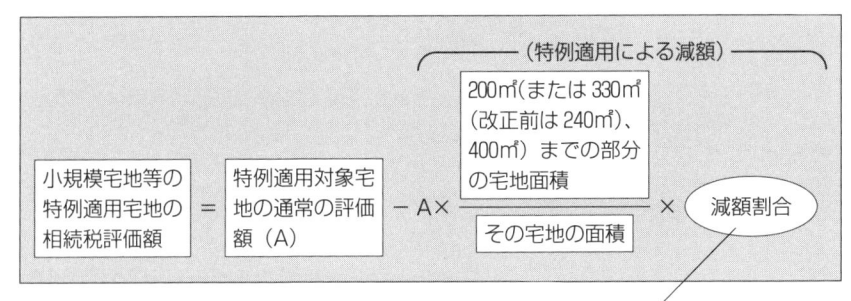

$$\text{小規模宅地等の特例適用宅地の相続税評価額} = \text{特例適用対象宅地の通常の評価額（A）} - A \times \frac{\text{200㎡（または330㎡（改正前は240㎡）、400㎡）までの部分の宅地面積}}{\text{その宅地の面積}} \times \text{減額割合}$$

（特例適用による減額）

■ 利用形態別の減額割合及び特例対象面積

宅地等		上限面積	軽減割合
事業用	事業継続	400㎡	▲80%
	貸付事業用	200㎡	▲50%
居住用	居住継続	330㎡（改正前は240㎡）	▲80%

(2) **居住用宅地の適用対象面積の見直し**

特定居住用宅地等に係る特例の適用対象面積が330㎡（改正前240㎡）までの部分に拡充されました。（措法69の4②）

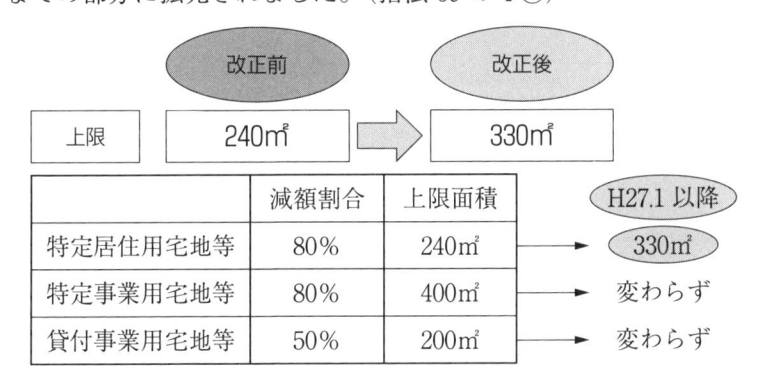

	減額割合	上限面積	
特定居住用宅地等	80%	240㎡	H27.1以降 330㎡
特定事業用宅地等	80%	400㎡	変わらず
貸付事業用宅地等	50%	200㎡	変わらず

改正前 240㎡ → 改正後 330㎡（上限）

(3) 居住用宅地と事業用宅地を併用する場合の限度面積の拡大

　改正前では、特定居住用宅地等と特定事業用宅地等が併存する場合、両宅地合計で上限400㎡までしか小規模宅地の特例の適用を受けることができませんでしたが、今回の改正で、特定居住用宅地等と特定事業用宅地等について、完全併用（それぞれの限度面積（居住用：330㎡（改正前は240㎡）、事業用：400㎡））できることになりました。（措法69の4②）

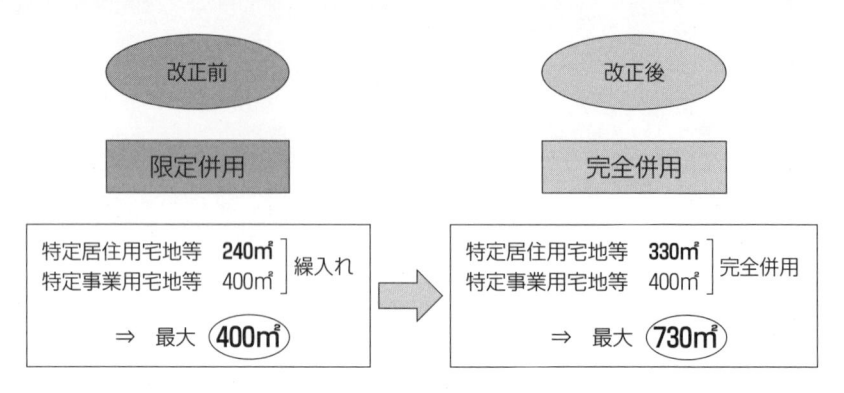

```
        改正前                        改正後

       限定併用                       完全併用

┌─────────────────────┐      ┌─────────────────────┐
│特定居住用宅地等 240㎡│繰入れ│特定居住用宅地等 330㎡│完全併用
│特定事業用宅地等 400㎡│      │特定事業用宅地等 400㎡│
│                     │      │                     │
│  ⇒ 最大 (400㎡)    │      │  ⇒ 最大 (730㎡)    │
└─────────────────────┘      └─────────────────────┘
```

　このように平成27年1月1日以降の相続発生から、特例の対象として選択する宅地等の全てが特定事業用宅地等および特定居住用宅地等である場合には、それぞれの適用対象面積まで適用可能となります。

　なお、貸付事業用宅地等を選択する場合における適用対象面積の計算については、改正が行われず現行どおり限定併用となります。

(4) 居住用宅地の適用要件の緩和の柔軟化

① 二世帯住宅

　二世帯住宅について、改正前では、内部に1階2階を往き来する階段があるなど、建物内部で二世帯の居住スペースがつながっていないと、特例の適用ができなかったところ、この構造上の要件が撤廃されました。（措法69の4③二イ）

　今回の改正では、一棟の二世帯住宅で構造上区分のあるものについて、被相続人およびその親族が各独立部分に居住していた場合には、その親族

が相続または遺贈により取得したその敷地の用に供されていた宅地等のうち、被相続人およびその親族が居住していた部分に対応する部分を特例の対象とすることになりました。

② 老人ホーム

被相続人が老人ホームに入居した場合、老人ホームの終身利用権を取得して、空き家となっていた家屋の敷地についても、特定居住用宅地等の特例を認めることになりました。(措法69の4③二ロ)

老人ホームに入所したことにより被相続人の居住の用に供されなくなった家屋の敷地の用に供されていた宅地等は、次の要件が満たされる場合に限り、相続の開始の直前において被相続人の居住の用に供されていたものとして特例を適用します。

| イ | 被相続人に介護が必要なため入所したものであること |
| ロ | 当該家屋が貸付け等の用途に供されていないこと |

適用時期 上記(2)及び(3)の改正は平成27年1月1日以後に相続または遺贈により取得する財産に係る相続税について適用し、(4)の改正は平成26年1月1日以後に相続または遺贈により取得する財産に係る相続について適用されます。(平25改所法等附85)

2　小規模宅地等の特例制度の活用のしかた

(1) 小規模宅地等の特例制度の対象範囲

① 特例の適用対象者

特例の適用対象者は個人であって、相続あるいは遺贈によって取得した財産の中に、この特例の適用対象となる小規模宅地等が含まれている場合の、その小規模宅地等を取得した人です。したがって、その小規模宅地等を取得した人が相続人であるか否かは問いません。

そこで、この特例が適用できる人・できない人をまとめますと、次のよ

うになります。

<小規模宅地等の特例適用の可否>

特例適用可	① 相続により、特例対象宅地を取得した人 ② 遺贈により、特例対象宅地を取得した人（相続人か否かは問わない） ③ 相続財産法人からの財産分与により、特例対象宅地のみなし遺贈を受けた特別縁故者
特例適用不可	① 遺贈により、特例対象宅地を取得した個人以外のもの ② 贈与により、特例対象宅地を取得した個人および個人以外のもの

② 減額割合および特例対象面積

小規模宅地等の減額される割合は、利用形態に応じて、次の表のように定められています。

小規模宅地等の相続税の課税価額に算入される価額は、その宅地面積が一定の広さ（200㎡、特定居住用宅地等は240㎡（改正後：330㎡）、特定事業用宅地等は400㎡）までの場合は、通常の方法によって計算した評価額から、減額割合を控除して計算します。一定面積を超す場合は、次の算式で計算します。

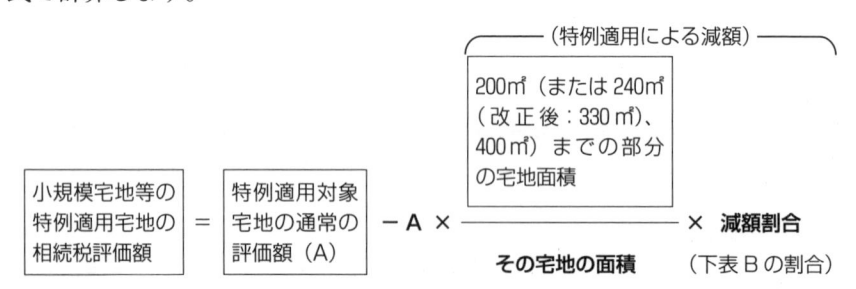

$$\substack{\text{小規模宅地等の}\\\text{特例適用宅地の}\\\text{相続税評価額}} = \substack{\text{特例適用対象}\\\text{宅地の通常の}\\\text{評価額（A）}} - A \times \frac{\text{200㎡（または240㎡（改正後：330㎡）、400㎡）までの部分の宅地面積}}{\text{その宅地の面積}} \times \text{減額割合}$$

（特例適用による減額）
（下表Bの割合）

	減額割合（B）	上限面積
特定居住用宅地等	80%	330㎡（改正前は240㎡）
特定事業用宅地等	80%	400㎡
貸付事業用宅地等	50%	200㎡

③ 小規模宅地等の特例を受けるための申告手続

小規模宅地等の課税価格の計算の特例の適用を受けるためには「相続税の申告書」にこの特例の適用を受けようとする旨の記載をするとともに、次に掲げる書類を申告書に添付して、相続税の申告期限内に税務署に提出しなければなりません（措法69の4⑥、措規23の2⑦）。

イ	小規模宅地等の計算に関する明細書
ロ	戸籍謄本
ハ	遺言書の写し
ニ	遺産分割協議書
ホ	その他利用形態別に必要となる書類（措規23の2⑫二〜五）

(2) 特定居住用宅地等の特例を活用した相続税対策

小規模宅地等の特定居住用宅地等の特例を活用した場合の相続税対策の例示を次に掲げます。なお、これらの計算例は、平成27年1月1日以後に相続等した場合についてのものです。

例 通常の相続税評価額が8,000万円で、その宅地が特定居住用宅地等に該当した場合

イ その宅地の面積が330㎡以内の場合

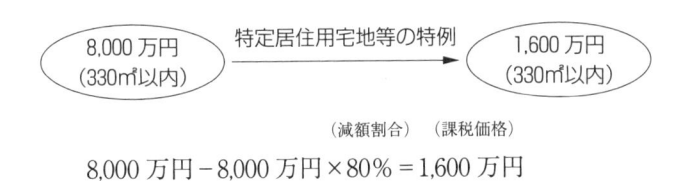

8,000万円　──特定居住用宅地等の特例──▶　1,600万円
（330㎡以内）　　　　　　　　　　　　　　（330㎡以内）

（減額割合）（課税価格）
8,000万円 − 8,000万円 × 80% = 1,600万円

ロ その宅地の面積が600㎡の場合

（その宅地のうち330㎡だけが80％の評価減額の対象となります。）

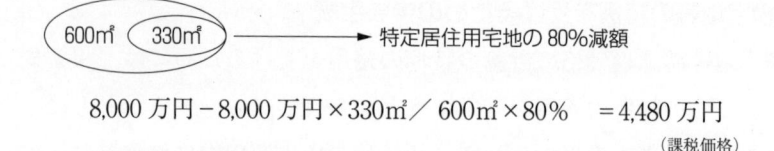

600㎡ 330㎡ ──→ 特定居住用宅地の80%減額

8,000万円 − 8,000万円 × 330㎡ / 600㎡ × 80% = 4,480万円
(課税価格)

① **特定居住用宅地等とは**

　特定居住用宅地等とは、具体的には、被相続人等が居住の用に供していた宅地等で、相続または遺贈によってその宅地等を取得した個人のうち、次に掲げる要件のいずれかを満たす被相続人の親族がいる場合の、その宅地等をいいます（措法69の4③二）。

② **居住者の区分からみた適用の有無**

イ	配偶者および一定の同居親族不存在の要件	相続開始の直前に、その宅地等の上にある被相続人の居住用家屋に同居していた親族で、申告期限まで引き続きその宅地等を有し、かつ、その家屋に居住していること
ロ	自己等の所有する家屋に居住したことがない要件	被相続人の居住用宅地等を取得した親族が、相続開始前3年以内にその者またはその者の配偶者の持ち家（相続開始直前に被相続人が居住していた家屋を除きます。）に居住したことがない者であり、かつ、申告期限まで引き続きその宅地等を有していること（この規定は、被相続人の配偶者または相続開始直前にイの家屋に居住していた法定相続人がいないことが条件となります。）
ハ	所有継続の要件	被相続人と生計を一にしていた親族で、申告期限まで引き続きその宅地等を有し、かつ、相続開始前から申告期限まで引き続きその宅地等を自己の居住の用に供していること

　居住者の区分別にみた、80%減額割合が適用できる場合・できない場合の区分は次の表のとおりです。

<特定居住用宅地等の80％特例の可否判定>

80％減額割合が適用できる場合	イ　配偶者や同居の親族がいる場合 　　a　配偶者が取得する。 　　b　同居の子など（相続開始直前に同居していた親族）が取得し、居住を継続する、 ロ　配偶者も同居の法定相続人もいない場合 　　相続開始前3年間、自己または自己の配偶者所有の家屋に居住したことがない親族が取得（居住継続要件はありません。） ハ　生計を一にしていた親族が取得し、居住を継続する（取得・居住継続要件があります。）。 　　例えば親は老人ホームに入っているが、生計を一にする子が取得して親の住宅に住んでいるような場合です。（113ページの②参照）
80％減額割合が適用できない場合	イ　親が1人暮らしで、子は他の場所で自宅を構えている場合 ロ　親は老人ホームに入っており、子が親の住宅に住んでいるような場合でも、親に送金しないなど、生計を一にしないときは従来と同様減額割合はゼロ ハ　配偶者や同居の法定相続人がいるのに、生計を一にしていない子が全部取得した場合

なお、この判断に当たっては、以下の点に留意が必要です。

(イ)　表の上欄のイのaのように80％減額の適用を受ける特定居住用宅地等は、被相続人の配偶者が取得すれば引き続き居住しなくてもよいのですが、子などが取得すれば、同居していた者と引き続き居住することが条件とされます。

(ロ)　被相続人の配偶者や同居の法定相続人がいない場合に、生計を一にしない親族が取得しても、相続開始前3年間、その親族に自己所有の居住用家屋がなければ、80％減額が適用されます。

【平成22年度の税制改正事項の注意点】

ところで、平成22年度の税制改正ですが、小規模宅地等についての相続税の課税価格の計算の特例について、相続人等による事業または居住の継続への配慮という制度趣旨ですが、最近は、相続後に事業を継続しない場合など、制度趣旨に照らして必ずしも的確とは言えない場合でも一定の減額を受けることが可能であったことから、見直しが行われました。

従来、例えば、次のA〜Dの場合でも80％減額の適用要件を満たす居住用部分があれば、敷地全体を居住用とすることができましたが、平成22年度税制改正では、それぞれの区分ごとに判定することに改正されていますのでご注意ください。

<【平成22年度改正前】従来は一部が特定居住用の宅地等であれば全てが特定居住用宅地等に該当したケース>

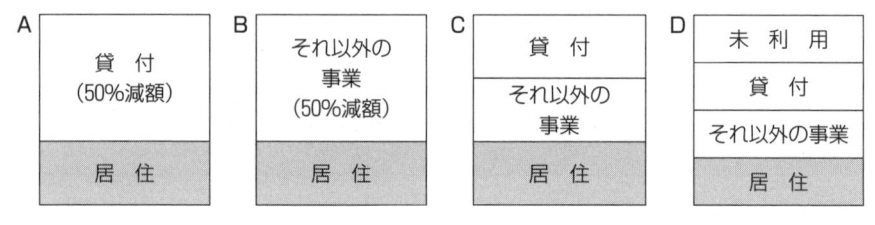

A	B	C	D
貸付 （50％減額）	それ以外の事業 （50％減額）	貸付	未利用
		それ以外の事業	貸付
			それ以外の事業
居住	居住	居住	居住

平成22年4月1日以後相続等分からは、Aの場合ですと、居住用宅地のみが80％に該当し、貸付事業用地に該当する部分は50％の適用となりました。また、Dのケースですと、未利用部分とそれ以外の事業用部分（事業非継続）は、0％となり、居住用宅地部分が80％に該当し、貸付事業用地に該当する部分は50％の適用となります。

また、相続人等が相続税の申告期限まで事業または居住を継続しない宅地等（改正前は200㎡まで50％減額適用）が適用除外とされました。

その他、一の宅地等について共同相続があった場合には、取得した者ごとに適用要件を判定することになりました。例えば、従来では80％減額割合が適用できる特定居宅用適用等は数人で共同相続した場合でも、その

うちに1人でも要件を満たす親族がいれば全体が居住用とされていました。

さらに、特定居住用宅地等は、主として居住の用に供されていた一の宅地等に限られます。つまり、「被相続人等が居住の用に供していた宅地等」が複数存在する場合には「被相続人等が主として居住の用に供していた一の宅地等」しか本特例の適用対象にならなくなりました。

これらの改正は、平成22年4月1日以後の相続または遺贈により取得する小規模宅地等に係る相続税について適用されています。

③ 特定居住用宅地等の特例を最大限に活用する方法
　～自分の賃貸住宅に自分が住むことだ！～

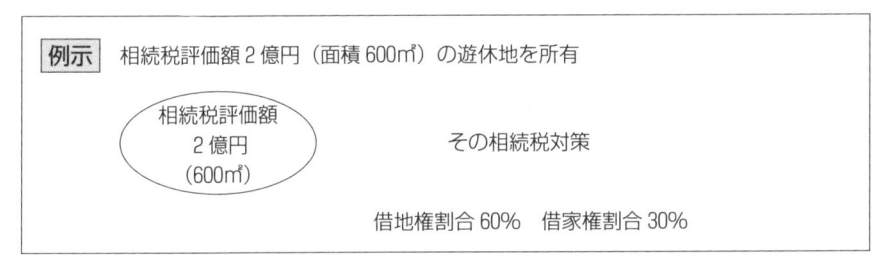

| 例示 | 相続税評価額2億円（面積600㎡）の遊休地を所有 |

相続税評価額
2億円
(600㎡)

その相続税対策

借地権割合60％　借家権割合30％

㋐　この宅地の上に8,000万円（8室全額借入金）で賃貸住宅を建設し、賃貸事業を始めた場合
＜賃貸住宅の相続税評価額の計算＞

　　A　宅地（貸家建付地）の評価額
　　　2億円×（1－60％×30％）＝1億6,400万円

　　b　賃貸住宅（貸家）の評価額
　　　8,000万円×0.6＝4,800万円（固定資産税評価額）
　　　　　　　　　　（借家権割合）
　　　4,800万円×（1－30％）＝3,360万円

```
                                         賃貸住宅
                  ┌──────────┐      ┌──────────┐
                  │ 8,000万円 │      │ 3,360万円 │
                  │(借入金8,000万円)│ │(借入金8,000万円)│
    ┌──────┐  ⇒  ├──────────┤  ⇒  ├──────────┤
    │ 2億円 │     │          │      │          │
    │600㎡ │     │  2億円   │      │1億6,400万円│
    └──────┘     └──────────┘      └──────────┘
```

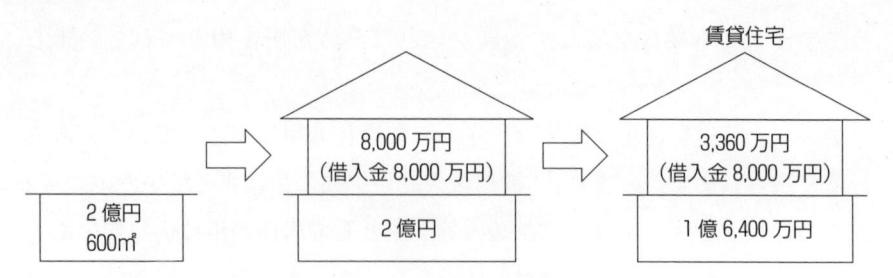

　　　　c　賃貸住宅を建てた場合の相続税評価額
　　　（貸家建付地）　　（貸家）　　（借入金）
　1億6,400万円＋3,360万円－8,000万円＝1億1,760万円（相続税評価額）

　以上のように何もしないで更地・遊休地のままでおくと2億円の相続税評価額であったものが1億1,760万円の評価額となり、8,240万円、約4割の評価額減となります。

㋑　自分もこの賃貸住宅に住む場合

　この賃貸住宅に自分と生計を一にする相続人（例えば長男とか）が住むことにしました。ただし、家賃等の授受は一切ありません。（相続発生後も、その相続人がそこに居住するものとします。）

＜賃貸住宅の相続税評価額の計算＞

　a　賃貸住宅の敷地の評価額
　　Ⓐ　貸家建付地（賃貸住宅7室）の部分
　　　　2億円×7／8×（1－60％×30％）＝1億4,350万円
　　Ⓑ　本人の居住用一室の部分（1室）
　　　　2億円×1／8＝2,500万円
　　　　賃貸住宅の敷地の評価額（Ⓐ＋Ⓑ）
　　　　1億4,350万円＋2,500万円＝1億6,850万円
　b　賃貸住宅（建物）の評価額
　　　　8,000万円×0.6＝4,800万円（固定資産税評価額）
　　Ⓐ　貸家部分（賃貸住宅7室）
　　　　4,800万円×7／8×（1－30％）＝2,940万円
　　Ⓑ　居住用部分（1室）
　　　　4,800万円×1／8＝600万円
　　　　賃貸住宅（建物）の相続税評価額（Ⓐ＋Ⓑ）
　　　　2,940万円＋600万円＝3,540万円

```
          7室                <1室>
          貸室                 自用

           2,940万円      600万円        3,540万円
              (計3,540万円)

                      (計1億6,850万円)
        1億4,350万円        2,500万円      1億6,850万円

       ←——貸家建付地——→←——自用地——→
```

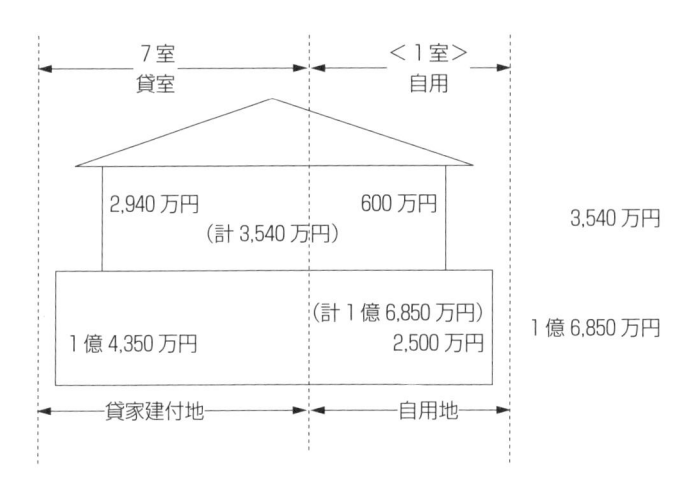

c　賃貸住宅の相続税評価額

　　　（賃貸住宅の建物）（賃貸住宅の敷地）　　（借入金）
　　　3,540万円 + 1億6,850万円 − 8,000万円 = 1億2,390万円

　賃貸住宅8室すべて賃貸した時の相続税評価額は1億1,760万円で、8室のうち1室だけ自用にした時は1億2,390万円で若干ながら100％賃貸より評価が高くなります。

　しかしながら、相続人（この場合は長男）が親の死亡時（相続発生時）から相続税の申告期限まで引き続きこの宅地等を所有しており、かつ、相続開始前から相続税の申告期限まで引き続きその宅地等を自己の居住の用に供していると、この賃貸住宅の敷地は貸付事業用宅地等と特定居住用宅地等に該当します。

　そうなると、貸家に係る敷地部分は貸付事業用宅地等として、居住用部分は特定居住用宅地等としてそれぞれ小規模宅地特例が適用できます。

a 特定居住用宅地等の相続税評価額

$$2 億円 \times \frac{1}{8} - (2 億円 \times \frac{1}{8} \times \frac{75㎡}{600㎡ \times \frac{1}{8}} \times 80\%) = 500 万円$$

(注) 平成22年4月1日以後相続等分からは、自己の居住用の床面積部分のみしか80％減額とはならず、それ以外は貸付事業用宅地として50％減額となります。

b 貸付事業用宅地の相続税評価額

$$2 億円 \times \frac{7}{8} \times \{(1 - (60\% + 30\%)\} = 14,350 万円$$

$$14,350 万円 \times \frac{155}{600㎡ \times \frac{7}{8}} \times 50\% = 2,118 万円$$

$$14,350 万円 - 2,118 万円 = 12,232 万円$$

c 「小規模宅地等」特例適用後の相続税評価額

　　　　　(a+b)　　　(賃貸住宅の建物)　(借入金)
　　　 12,732万円 ＋ 3,540万円 － 8,000万円 ＝ 8,272万円
この結果（100％賃貸の場合）　（特例適用）
　　　　1億1,760万円 － 8,272万円 ＝ 3,488万円

　100％賃貸の場合の評価額1億1,760万円に比べて小規模宅地等特例適用後は8,272万円と3,488万円の評価減額となり、著しい減税効果が発生することになります。

　このように賃貸住宅やテナントビルを経営することは相続税対策として大変有効な活用方法ですが、自らも自分の賃貸住宅に住むことにして特定居住用宅地等の要件を満たすようにすれば更なるメリットが得られると思われます。

(3) 特定事業用宅地等の特例を活用した相続税対策

　小規模宅地等のうち一定の要件を満たす事業用宅地等は、特定事業用宅地等として400㎡までの面積については通常の方法により計算した評価額から80％を控除した額が相続税の課税価額とされます。

> 例示　通常の宅地で相続税評価額が１億円の場合で、その宅地が特定事業用宅地等に該当する場合

ア　その宅地が400㎡以内の場合

$$1億円－1億円 \times 80\% ＝2,000万円$$
（課税価額）

イ　その宅地が500㎡の場合

面積のうち400㎡だけか80％評価減の対象となります。

500㎡　400㎡　──→　80％評価減の対象

$$1億円－1億円 \times 400㎡／500㎡ \times 80\% ＝3,600万円$$
（課税価額）

① 特定事業用宅地等とは

特定事業用宅地等とは、被相続人等が事業の用に供していた宅地等で相続または遺贈によってその宅地等を取得した個人のうち、次に掲げる要件のいずれかを満たす被相続人の親族がいる場合の、その宅地等いいます。（措法69の4③一）。

ア　被相続人の親族が、相続開始時から相続税の申告期限までに、その宅地上で被相続人が営んでいた事業を引き継ぎ、申告期限まで引き続いてその宅地等を所有し、かつ、その事業を営んでいること。
イ　被相続人と生計を一にしていた親族が、相続開始時から相続税の申告期限まで、引き続いてその宅地等を所有し、かつ、引き続いてその宅地等を自己の事業の用に供していること

なお、上記「事業」の範囲には、不動産貸付業、駐車場、自転車駐輪業（これらはその規模、設備の状況および業態等を問いません。）および準事業たる不動産貸付業は含まれません。したがって、これらの事業に該当する場合は、それぞれ50％減額割合が適用できるか判定してください。

② 特定事業用宅地等の可否判定

<特定事業用宅地の80％特例適用の可否判定>

80％減額割合が適用できる場合	ア　被相続人の事業用である場合 　　相続税の申告期限までに被相続人の親族が事業を承継すること。 イ　被相続人と生計が一である親族の事業用である場合 　　相続開始直前から相続税の申告期限まで自己の事業の用に供していること。
80％減額割合が適用できない場合	ア　親の事業を継ぐ者がいない場合 イ　事業を継ぐ者が土地を取得しなかった場合

・ 注意点

　貸付事業用の宅地については「5棟10室基準」に関係なく、一律50％減額割合の適用となります。アパート、賃貸マンション、賃貸オフィスビルなどの敷地がこれに該当します。

　例えば、次のようなケースでは、80％減額割合か50％減額割合かの要件に注意を要します。

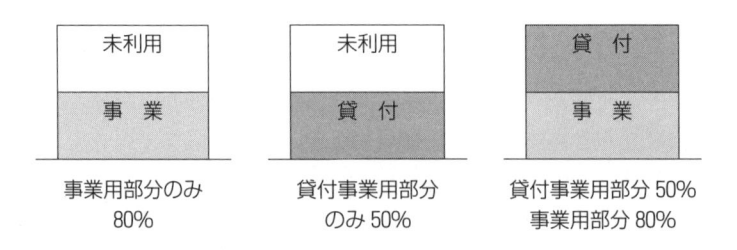

未利用	未利用	貸付
事業	貸付	事業
事業用部分のみ 80％	貸付事業用部分のみ 50％	貸付事業用部分 50％ 事業用部分 80％

③ 特定事業用宅地等の特例を最大限に活用する方法
～自分のビルに自分の店舗を入れろ！～

2つの具体的な事例に沿って、減額割合（80％または50％）の適用事由とその判定のポイントを掲げると、次のようになります。

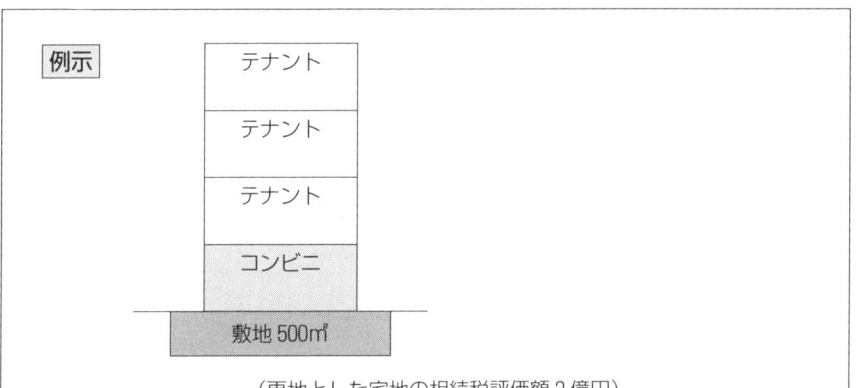

例示

```
       テナント
       テナント
       テナント
       コンビニ
     敷地 500㎡
```
（更地とした宅地の相続税評価額2億円）

地主が建てた1棟のビル、4階建てに2～4階は賃貸でテナントが入居、1階は地主自らがコンビニエンスストアを経営する予定。なお、建物の建築費は1億円（固定資産税評価額は60％の6,000万円とする。全額借入金）

1棟の建物にオーナーの「事業用」とその他の用「例では貸付事業用」と2以上の用途に使用されている場合、それぞれ別々に評価額を計算することになります。

つまり「特定事業用宅地等」に該当するところは80％の減額（400㎡を限度）貸付事業用に該当するところは50％の減額（200㎡を限度）になります。

＜当該ビルの相続税評価額の計算＞

ア　ビルの敷地（土地）の評価額

　　(ア)　貸家建付地（2～4F）の部分

　　　　2億円×3／4×（1－60％×30％）＝1億2,300万円

(イ)　自己の事業用（1階）の部分

　　　　　2億円×1／4＝5,000万円

　　　(ウ)　(ア)+(イ)＝1億7,300万円

イ　ビル（建物）の評価額

　　　　1億円×60％＝6,000万円

　　　(ア)　貸家部分（2～4F）

　　　6,000万円×3／4×（1－30％）＝3,150万円

　　　(イ)　自己の事業用部分（1F）

　　　6,000万円×1／4＝1,500万円

　　　(ウ)　(ア)+(イ)＝4,650万円

ウ　ビルと敷地の相続税評価額

　　　　（ビルの敷地の評価額）　（ビルの評価額）　（借入金）
　　　　1億7,300万円＋4,650万円－1億円＝1億1,950万円

＜小規模宅地等の課税の特例適用後の評価額＞

　小規模宅地等の適用面積の選択は、特定事業用宅地等の適用対象部分から優先適用する場合の方が有利となります。

　特定事業用宅地等（500㎡×1／4＝125㎡）は400㎡以内なので、125㎡の全部が選択可能となり、貸付事業用住宅地等については、次の算式により計算されるまでの部分について、選択可能となります。

　　　貸付事業用宅地等＝200㎡×（1－125㎡／400㎡）＝137.5㎡

　したがって、小規模宅地等の特例の適用対象面積は以下のようになります。

　　　特定事業用宅地等（80％減額）・・・125㎡
　　　貸付事業用宅地等（50％減額）・・・137.5㎡

第5章　小規模宅地等の課税価格計算特例を活用しよう！

ア　自用地部分（特定事業用宅地該当）

　500㎡×1／4（1F部分）＝125㎡の全てが80％減額
　5,000万円×（1－80％）＝1,000万円

イ　貸家建付地部分（貸付事業用）

　500㎡×3／4（2～4F部分）＝137.5㎡が50％減額
　1億2,300万円－1億2,300万円×137.5㎡／375㎡×（1－50％）
　＝1億45万円

ウ　ア＋イ　1億1,045万円

エ　ビルと敷地の相続税評価額

　　（建物）　　　（敷地）　　　（借入金）
　4,650万円＋1億1,045万円－1億円＝5,695万円

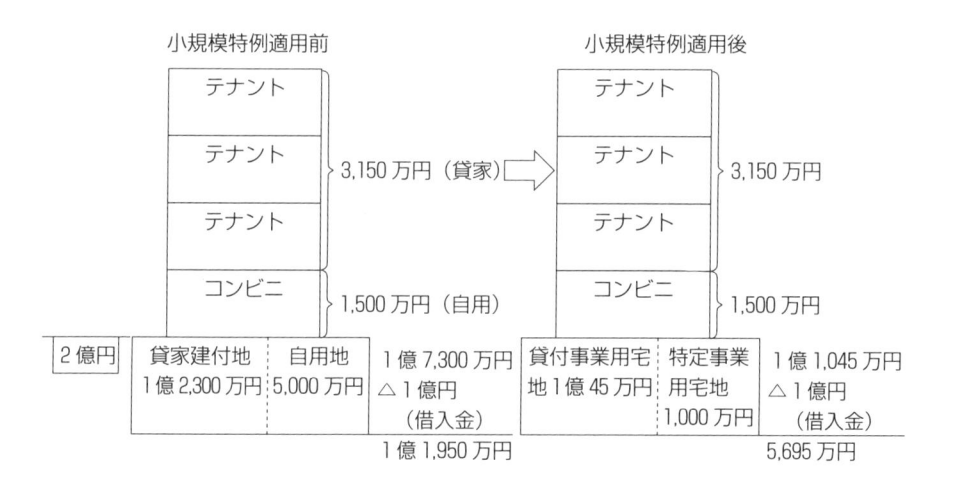

```
              小規模特例適用前                      小規模特例適用後
          ┌──────────┐                      ┌──────────┐
          │  テナント  │                      │  テナント  │
          ├──────────┤                      ├──────────┤
          │  テナント  │ 3,150万円（貸家）     │  テナント  │ 3,150万円
          ├──────────┤  ⇒                   ├──────────┤
          │  テナント  │                      │  テナント  │
          ├──────────┤                      ├──────────┤
          │  コンビニ  │ 1,500万円（自用）     │  コンビニ  │ 1,500万円
┌─────┬──────┬──────┐                  ┌──────────┬─────┐
│ 2億円 │貸家建付地│ 自用地 │ 1億7,300万円     │貸付事業用宅│特定事業│ 1億1,045万円
│      │1億2,300万│5,000万円│ △1億円          │地1億45万円 │用宅地  │ △1億円
│      │   円    │        │ （借入金）       │           │1,000万円│ （借入金）
└─────┴──────┴──────┘                  └──────────┴─────┘
                       1億1,950万円                              5,695万円
```

　この例のように、ビルの一部にオーナー経営の店舗を入れることによって、敷地の一部が「特定事業用宅地等」に該当し、その結果400㎡部分以内が80％の減額になる効果が大きいことがわかります。
　つまり、更地2億円の土地が5,695万円まで評価減ができました。

(4) 平成 25 年度改正前の小規模宅地特例の対象となる土地が 2 種類以上ある場合の調整方法（平成 26 年 12 月 31 日まで）

特定事業用宅地等、特定居住用住宅等、その他の小規模宅地等など、特例対象となる宅地等が 2 種類以上ある場合それぞれ適用面積が異なりますので、次のような調整を行います。（旧措法 69 の 4 ②）

> A：特定事業用宅地等（≦ 400㎡）
> B：特定居住用宅地等（≦ 240㎡）
> C：その他の小規模宅地等（≦ 200㎡）

平成 25 年度改正前の「調整後の適用土地面積計算表」

（単位：㎡）

優先する土地	A 特定事業用宅地等（≦ 400㎡）	B 特定居住用宅地等（≦ 240㎡）	C その他の小規模宅地等（≦ 200㎡）
A	────	① 240×（1－A／400）	200×（1－A／400）
B	400×（1－B／240）	────	200×（1－B／240）
C	400×（1－C／200）	240×（1－C／200）	────
AB	────	────	② 200×｛1－（A／400＋B／240)｝
BC	400×｛1－（B／240＋C／200)｝	────	────
AC	────	240×｛1－（A／400＋C／200)｝	────

　例えば、特例の適用対象が A と B で、A を優先的に適用した場合には、B の特例適用対象面積は、①のように計算できます、また、特例の適用対象が A と B と C で、A と B を優先的に適用した場合には、C の特例適用対象面積は、②のように計算できます。

(5) 平成25年度改正後の居住用宅地と事業用宅地を併用する場合の限度面積の拡大（平成27年1月1日から）

　平成25年税制改正前では、特定居住用宅地と特定事業用宅地が併存する場合、両宅地合計で上限400㎡までしか小規模宅地の特例の適用を受けることができませんでしたが、今回の改正で、特定居住用宅地と特定事業用宅地について、完全併用（それぞれの限度面積（居住用：330㎡（改正後）、事業用：400㎡））に適用が拡大されましたので、平成27年以後相続等をされる方はご留意ください。（措法69の4②、平25改所法等附85②）

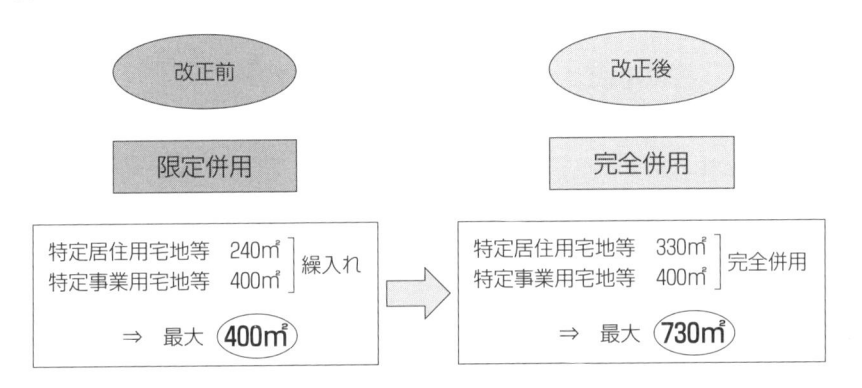

改正前
限定併用

| 特定居住用宅地等 | 240㎡ | 繰入れ |
| 特定事業用宅地等 | 400㎡ | |

⇒　最大　400㎡

改正後
完全併用

| 特定居住用宅地等 | 330㎡ | 完全併用 |
| 特定事業用宅地等 | 400㎡ | |

⇒　最大　730㎡

　このように平成27年1月1日以降の相続発生から、特例の対象として選択する宅地等の全てが特定事業用宅地等および特定居住用宅地等である場合には、それぞれの適用対象面積まで適用可能となります。

　なお、貸付事業用宅地等を選択する場合における適用対象面積の計算については、今回は改正が行われず現行どおり限定併用となります。

$$貸付事業用宅地等 = 200㎡ - （A × \frac{200}{400} + B × \frac{200}{330}）$$

> **事例1**
> 特定居住用宅地等144㎡と特定事業用宅地等280㎡の両方を有する場合

① 特定居住用宅地等を優先的に選択する場合の調整方法
＜平成26年までの相続等分まで＞

　特定居住用宅地等は144㎡で240㎡以内ですから、144㎡の全部が選択可能です。したがって特定事業用宅地等については次の算式により計算されるまで面積までの部分について選択可能となります。

　　特定事業用宅地等＝400㎡×（1－144㎡／240㎡）＝160㎡

　したがって、小規模宅地等の特例（80％減額）の適用対象面積は以下のようになります。

　特定事業用宅地等……160㎡ ）（限定併用）
　特定居住用宅地等……144㎡ ）計304㎡

＜平成27年以後の相続等分から＞

　特定事業用宅地等……280㎡ ）（完全併用）　※280㎡＜400㎡
　特定居住用宅地等……144㎡ ）計424㎡　　　※144㎡＜330㎡

② 特定事業用宅地等を優先的に選択する場合の調整方法
＜平成26年までの相続等分まで＞

　特定事業用宅地等は400㎡以内ですので、280㎡の全部が選択可能です。したがって、特定居住用宅地等については、次の算式により計算される面積までの部分について、選択可能となります。

　　特定事業用宅地等＝240㎡×（1－280㎡／400㎡）＝72㎡

　したがって、小規模宅地等の特例（80％減額）の適用対象面積は以下のとおりとなります。

　特定事業用宅地等……280㎡ ）（限定併用）
　特定居住用宅地等……72㎡ ）計352㎡

＜平成27年以後の相続等分から＞

　特定事業用宅地等……280㎡ ）（完全併用）
　特定居住用宅地等……144㎡ ）計424㎡

　この例のように、平成26年までの相続等分については、特定事業用宅

地等と特定居住用宅地等の両方を有する場合には、特定事業用宅地等を優先的に選択するほうが面積では有利となります。しかし、別々の場所に事業用宅地等と居住用宅地等がある場合には、面積ではなく、単価が高い方をより多く選択する方が有利となります。なお、平成27年以後の相続等分については、どちらを優先しても最大730㎡まで完全併用となります。

> **事例2**
> 特定事業用宅地等280㎡（80％減額）と貸付事業用宅地等180㎡（50％減額）の両方を有する場合

① **特定事業用宅地等（80％減額）を優先的に選択する場合の調整方法**
＜平成26年までの相続等分＞

　特定事業用宅地等は400㎡以内ですので、280㎡の全部が選択可能です。したがって、貸付事業用宅地等については、次の算式により計算される面積までの部分について、選択可能となります。

　　貸付事業用宅地等＝200㎡×（1－280㎡／400㎡）＝60㎡

　したがって、小規模宅地等の特例の適用対象面積は以下のようになります。

　特定事業用宅地等……280㎡ ⎫
　貸付事業用宅地等……60㎡　⎬ 計340㎡

＜平成27年分以後の相続等分から＞

　特定事業用宅地等……280㎡
　貸付事業用宅地等……$200㎡ - 280㎡ \times \frac{1}{2} = 60㎡$ ⎫ 合計340㎡

② **貸付事業用宅地等を優先的に選択する場合の調整方法**
＜平成26年までの相続等分＞

　貸付事業用宅地等は200㎡以内ですから、180㎡の全部が選択可能です。したがって、特定事業用宅地等については、次の算式により計算される面積までの部分について、選択可能となります。

　　特定事業用宅地等＝400㎡×（1－180㎡／200㎡）＝40㎡

したがって、小規模宅地等の特例の適用対象面積は以下のようになります。

特定事業用宅地等……40㎡
貸付事業用宅地等…180㎡ ｝計220㎡

この例のように、特定事業用宅地等と貸付事業用宅地等の両方を有する場合は、減額割合、減額適用面積とも、特定事業用宅地等をまず優先的に選択する方が有利となります。ただし、貸付事業用宅地等の単価が圧倒的に高い場合は別です。

＜平成27年分以後の相続等分から＞

特定事業用宅地等……（200㎡－180㎡）× 2 ＝40㎡
貸付事業用宅地等……180㎡（＜200㎡） ｝計220㎡

(6) 特定同族会社事業用宅地等の特例を活用した相続税対策

小規模宅地等のうち、一定の要件を満たす同族会社の事業の用に供する宅地等は、特定同族会社事業用宅地等として400㎡までの面積については通常の方法により計算した評価額から80％を控除した額が相続税の課税価額とされます。

① 特定同族会社事業用宅地等とは

特定同族会社事業用宅地等とは、相続開始直前に被相続人等が発行済株式の50％以上を有する法人の事業（不動産貸付業を除きます。）の用に供されていた宅地等で、相続等によりその宅地を取得した個人のうちに、被相続人の親族（申告期限においてその法人の役員であるものに限ります。）がおり、その親族が申告期限まで引き続きその宅地等を所有し、かつ、申告期限まで引き続きその法人の事業の用に供されている宅地等をいいます（80％減額）（措法69の4③三、措令40の2④⑪）。

② 土地・建物所有者等の区分からみた適用の有無

被相続人等の事業の用に供されている宅地等が特定同族会社事業用宅地等に該当するか、特定同族会社事業用宅地等以外の小規模宅地等に該当するか、あるいは小規模宅地等に一切該当しないかを表にまとめると、次の

ようになります。

イ　貸地型の場合適用関係

土地所有者	建物所有者	地代	減額割合
被相続人	特定同族会社	有	80%
被相続人	特定同族会社	無	0%

ロ　貸家型の場合の適用関係

土地所有者	建物所有者	地代	建物利用者	家賃	減額割合
被相続人	被相続人	──	特定同族会社	有	80%
被相続人	被相続人	──	特定同族会社	無	0%
被相続人	生計一親族	有	特定同族会社	有	50%
被相続人	生計一親族	有	特定同族会社	無	50%
被相続人	生計一親族	無	特定同族会社	有	80%
被相続人	生計一親族	無	特定同族会社	無	0%

※ 80%…特定同族会社事業用宅地等として小規模宅地の適用の可能性がある場合
　 50%…貸付事業用宅地等としての小規模宅地の適用の可能性がある場合
　 0%…小規模宅地等の適用対象とならない場合

③ 特例の要件を満たす同族会社とは

400㎡まで80%減額される特定同族会社事業用宅地等に該当する同族会社とは次のイ～ニの全ての要件を満たさなければなりません。

イ	相続開始直前の被相続人と被相続人と生計を一にする被相続人の親族の持株割合が50%超を有する会社の事業の用に供されていること
ロ	その会社の不動産貸付業、駐車場業、自転車駐車場業以外の事業の用に供されていること
ハ	相続等によりその宅地を取得した親族が、相続税の申告期限においてその法人の役員であること
ニ	その親族が相続税の申告期限まで引き続きその宅地等を所有し、かつ、引き続きその法人の事業の用に供していること

第6章 非上場株式の相続税・贈与税の納税猶予制度を活用しよう！

1 非上場株式の相続税の納税猶予制度の概要

　この特例制度は、相続税の重すぎる負担が理由になるような中小企業の廃業を食い止め、雇用機会の確保と固有技術の承継などが目的とされています。

　従来の制度では、非上場会社の自社株の相続税評価では、1割しか軽減されませんでした。このため、経営を引継ぐ後継者が事業用資産の売却を迫られるケースもあるため、経営承継税制の抜本見直しについては、「中小企業における経営の承継の円滑化に関する法律」（以下、「経営円滑化法」と称します）の制定を踏まえ、平成21年度の税制改正において、以下の内容を骨子とする事業後継者を対象とした「取引相場のない株式等に係る相続税の納税猶予制度」が創設されました。

　「経営円滑化法」の施行日（平成20年10月1日）以後の相続等に遡って適用されています。

　この制度は、経営承継相続人が、非上場会社を経営していた被相続人から相続等によりその会社の株式等を取得し、その会社を経営していく場合には、その経営承継相続人が納付すべき相続税額のうち、相続等により取得した議決権に制限のない議決権株式等（相続開始前から既に保有していた議決権株式等を含めて、その会社の発行済議決権株式の総数等の3分の2に達するまでの部分）に係る課税価格の80％に対応する相続税の納税が猶予されるという制度です。（措法70の7の2）

■ 相続開始の時における発行済株式の総数の３分の２に達するまでの株式

この特例の対象となる非上場株式等の数は、次のａ、ｂ、ｃの数を基に下表の区分の場合に応じた数が限度となります。

「ａ」…後継者（相続人等）が相続等により取得した非上場株式等の数
「ｂ」…後継者が相続開始前から保有する非上場株式等の数
「ｃ」…相続開始直前の発行済株式等の総数

区分		特例の対象となる非上場株式等の限度数
イ	ａ＋ｂ＜ｃ×２÷３の場合	後継者が相続等により取得した非上場株式等の数（ａ）
ロ	ａ＋ｂ≧ｃ×２÷３の場合	発行済株式等の総数の３分の２から後継者が相続開始前から保有する非上場株式等の数を控除した数（ｃ×２÷３－ｂ）

（注１）「非上場株式等」または「発行済株式等」は、議決権に制限のないものに限ります。（措法70の7-1）
（注２）この特例の対象となる非上場株式等は、議決権に制限のないものに限ります。

例：発行済議決権株式総数が３万株の中小企業

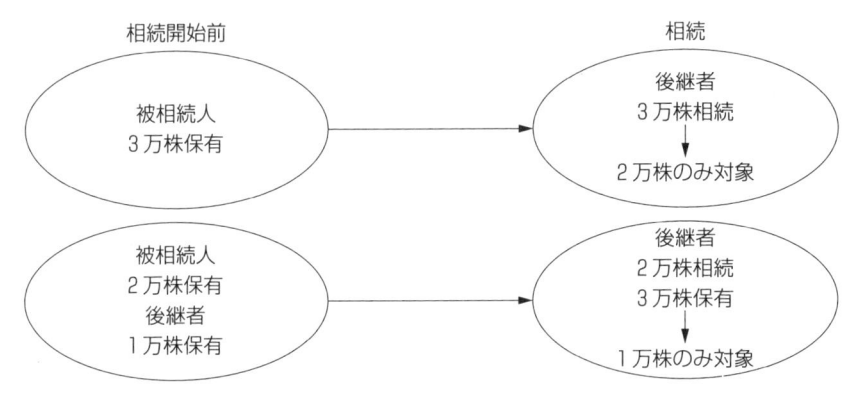

相続開始前　　　　　　　　　　　　　相続

被相続人　　　　　　　　→　　　後継者
３万株保有　　　　　　　　　　　３万株相続
　　　　　　　　　　　　　　　　　　↓
　　　　　　　　　　　　　　　　２万株のみ対象

被相続人　　　　　　　　→　　　後継者
２万株保有　　　　　　　　　　　２万株相続
後継者　　　　　　　　　　　　　３万株保有
１万株保有　　　　　　　　　　　　↓
　　　　　　　　　　　　　　　　１万株のみ対象

2 平成27年1月1日以後の相続税または贈与税が断然有利！

　非上場株式の相続税の納税猶予制度が創設されましたが、この特例制度の利用者は当初考えたより少なく、その原因としては、相続・贈与後の5年間は以下の要件を満たさないと納税猶予が打ち切られるなど要件内容が厳しく、それが、現実問題として利用者数の低迷に結びついていました。

　① 雇用の8割以上を維持
　② 先代経営者の親族である後継者が代表を継続
　③ 先代経営者が役員（有給）を退任（贈与税の場合）

そこで、平成27年1月1日以後の相続については、次のように見直されました。

○ **要件の緩和　〜活用しやすくするために〜**

　① 雇用確保要件の緩和⇒ 毎年の景気変動に配慮
　　改正前の要件（「毎年8割以上確保」）を「5年間平均で8割以上確保」に緩和しました。（措法70の7④二、70の7の2③二）

　② 後継者の親族間承継要件の廃止⇒ 優秀な人材も後継者に
　　親族外の後継者への相続または贈与の場合であっても、相続税・贈与税の納税猶予の適用対象としました。（措法70の7②三、70の7の2②三）

　③ 先代経営者の役員退任要件〔贈与税〕の緩和⇒ 先代経営者の知見も活用 （措法70の7①、措令40の8①）
　　先代経営者（贈与者）は、贈与時に代表者を退任すれば、贈与後に引き続き役員であっても贈与税の納税猶予の適用対象とされました。

○ **負担の軽減　〜資金の心配を少なくする〜**

　① 利子税の負担軽減⇒ 利子税への不安を軽減 （措法70の7㉘㉙、70の7の2㉘㉙）

(1) 納税猶予期間に係る利子税率が引き下げられました。(改正前：2.1%⇒0.9%)
(2) 納税猶予期間が5年を超える場合には、事業承継期間（5年間）の利子税を免除することとされました。
② 猶予税額の再計算の特例の創設（猶予税額の一部免除）⇒ 事業の再出発に配慮 （措法70の7㉒〜㉖、70の7の2㉒〜㉖）
民事再生計画等に基づき事業を再出発させる際に、猶予税額を再評価し、税額を一部免除することとされました。
③ 納税猶予税額の計算方法の見直し⇒ 猶予される税額が、より多くなるように （措令40の8の2⑭）
先代経営者の個人債務・葬式費用を相続税額の計算に反映されやすくしました。

○ **手続の簡素化**
① 事前確認制度の廃止⇒ 突然、経営者が亡くなった場合にも制度活用可能に （経営円滑化規7②十、③、16）
相続または贈与前の経済産業大臣による事前確認を不要としました。
② 提出書類の簡素化（減量）⇒ 経産局と税務署の資料の重複を排除
相続税等の申告書、継続届出書等に係る添付書類を大幅に減量しました。
③ その他の使い勝手を向上させるための措置
　イ　株券不発行会社への適用拡大⇒ 株券を発行しなくても制度活用可能 （措法70の7⑦、70の7の2⑥、措令40の8㉜、40の8の2㊳）
株券を発行しなくても、担保提供を可能とし、株券不発行会社に制度活用の途を開きました。
　ロ　猶予税額に対する延納・物納の適用⇒ 手元資金がない場合に

> 配慮
>
> 一定の事由により、経済産業大臣の認定が取り消された場合において、猶予税額を納付しなければならないときには、延納または物納の適用を可能としました。

以下、「平成26年12月31日以前」か「平成27年1月1日以降」の相続または贈与について適用するかを区別して解説していきます。改正がない項目は「変更なし」を表しています。

(1) **会社の主な要件**

次のいずれにも該当しない中小企業。(措法70の7②、70の7の2②)

---
① 上場会社（店頭公開を含む）
② 性風俗関連特殊営業会社（遊技場などは抵触しない）
③ 資産管理会社
④ 総収入がゼロの会社
⑤ 従業員数がゼロの会社
⑥ その中小企業者の特別子会社（その会社およびその代表者等が50％超の議決権を有する場合のそのその会社）が上場会社等、大会社等または風俗営業会社に該当しない。

平成27年1月1日以降

上記④の「総収入がゼロの会社」について総収入金額の範囲から営業外収益および特別利益を除外します。(措令40の8⑨一、40の8の2⑩一)

① **中小企業基本法の中小企業であること**

次表の資本金または従業員数のいずれか一方の基準に該当すれば適用。

<適用対象となる中小企業の範囲>

	資本金 又は 従業員数	
製造業その他	3億円以下	300人以下
卸　売　業	1億円以下	100人以下
小　売　業	5,000万円以下	50人以下
サービス業		100人以下

	資本金 又は 従業員数	
ゴム製品製造業（自動車又は航空機用タイヤ及びチューブ製造業並びに工業用ベルト製造業を除く）	3億円以下	900人以下
ソフトウェア・情報処理サービス業	3億円以下	300人以下
旅館業	5,000万円以下	200人以下

（会社）株式会社、特例有限会社、合同会社、合資会社、合名会社、農業生産法人
（医療法人、社会福祉法人、税理士法人等は対象外）

② **資産管理会社とは**

資産管理会社とは「資産保有型会社」および「資産運用型会社」をいいます。

イ　資産保有型会社

中小企業者の直近の事業年度末における資産の価額の総額に占める特定資産の価額の合計額の割合が70％以上である会社を「資産保有型会社」といいます。（措法70の7②八、70の7の2②八）

ロ　資産運用型会社

資産運用型会社とは、総収入金額に占める特定資産の運用収入の合計額の割合が75％以上の会社をいいます。（措法70の7②九、70の7の2②九）

[資産保有型会社]

$$\frac{\text{特定資産（注1）の帳簿価額の合計額} + \text{過去5年間において経営承継受贈者等に支払われた剰余金の配当等又は過大役員給与等（注2）}}{\text{当該会社の資産の帳簿価額の総額} + \text{過去5年間において経営承継受贈者等に支払われた剰余金の配当等又は過大役員給与等}} \geq 70\%$$

(注1) 特定資産…①～⑤の合計額
　① 有価証券（特別子会社が「資産保有型子会社」または「資産運用子会社」に該当しない場合には有価証券から除外）
　② 現に自ら使用していない不動産
　③ ゴルフ場等の利用に関する権利
　④ 絵画、彫刻、工芸品その他の動産、貴金属および宝石
　⑤ 現金および預貯金（経営承継受贈者等に対する貸付金および未収入金を含む）
(注2) 役員給与の損金不算入、定期同額給与、事前確定届出給与、利益連動給与および過大な使用人給与の損金不算入（法法34、36）の規定により損金算入されない給与をいい、特殊支配同族会社の役員給与の損金不算入されない給与は含みません。

[資産運用型会社]

$$\frac{特定資産の運用収入}{総収入金額（売上高＋営業外利益＋特別利益）} \geq 75\%$$

③ **資産管理会社であっても納税猶予の適用が受けられる場合**

平成26年12月31日以前

　3年以上継続して事業を行っている場合や、常時雇用する従業員が5人以上である場合や、商品の販売・貸付等を行っているなど事業として実態がある場合には、たとえ形式的に資産管理会社に該当しても、納税猶予の適用を受けることができます。つまり、従業員や貸付先は親族も含まれることになります。（措令40の8⑤、40の8の2⑦）

平成27年1月1日以降

○　常時使用従業員が5人以上であるとする要件は、経営承継相続人等と生計を一にする親族以外の従業員で判断することになります。

○　商品の販売・貸付等を行っている要件について、経営承継相続人等の同族関係者に対する貸付けを除外します。

(2) **「経済産業大臣の確認」を受けるための要件**

平成26年12月31日以前

　非上場株式等に係る相続税の納税猶予制度の適用を受けるためには、事業承継の計画的な取り組みが行われたことについて、現経営者の相続が開

始する前に経済産業大臣の確認を受けていることを要件としています。この確認を受けるためには後継者（特定後継者）が確定していることや現経営者から支障なく承継できるなど具体的計画を持っていることです。

① **特定後継者が存在すること**

　その中小企業者に、次に掲げるいずれかの者（2人以上あるときは、そのうちのその中小企業者が定めた1人に限ります。以下、その者を「特定後継者」といいます。）（経営円滑化法規15三）

　　イ．その中小企業者の代表者（代表者であった者を含む。）が死亡または退任した場合における新たな代表者の候補者であって、その代表者から相続もしくは遺贈または贈与によりその代表者が有するその中小企業者の株式等および事業用資産等を取得することが見込まれるもの。

　　ロ．その中小企業者の代表者であって、その中小企業者の他の代表者（代表者であった者を含む。）から相続もしくは遺贈または贈与によりその中小企業者の株式等および事業用資産等を取得することが見込まれるもの。

② **特定代表者が存在すること**

　経済産業大臣の確認を受けた中小企業の代表者で、次のいずれかに該当するもので、親族に特定後継者がいるもの（特定代表者）が要件となります。（経営円滑化法規15四）

　　イ．その中小企業者の代表者であって、次に掲げるいずれにも該当するもの

　　　(1)　その代表者が、その代表者に係る同族関係者と合わせてその中小企業者の総株主等議決権数の50％を超える議決権の数を有し、かつ、その代表者が有するその中小企業者の株式等に係る議決権の数がいずれのその同族関係者（その中小企業者の特定後継者を除く。）が有するその株式等に係る議決権の数も下回らない者であること。

　　　(2)　その代表者が、代表者である時において、その代表者に係る同族

関係者と合わせてその中小企業者の総株主等議決権数の50％を超える議決権の数を有し、かつ、その代表者が有するその中小企業者の株式等に係る議決権の数がいずれのその同族関係者が有するその株式等に係る議決権の数も下回らなかったことがある者であること。

ロ．その中小企業者の代表者であった者であって、次に掲げるいずれにも該当するもの

(1) その代表者であった者が、その代表者であった者に係る同族関係者と合わせてその中小企業者の総株主等議決権数の50％を超える議決権の数を有し、かつ、その代表者であった者が有するその中小企業者の株式等に係る議決権の数がいずれのその同族関係者（その中小企業者の特定後継者を除く。）が有するその株式等に係る議決権の数も下回らない者であること。

(2) その代表者であった者が、代表者であった時において、その代表者であった者に係る同族関係者と合わせてその中小企業者の総株主等議決権数の50％を超える議決権の数を有し、かつ、その代表者であった者が有していたその中小企業者の株式等に係る議決権の数がいずれのその同族関係者が有していたその株式等に係る議決権の数も下回らなかったことがある者であること。

③ 事業承継のための具体的な計画がある

特定代表者が有するその中小企業者の株式等および事業用資産等について、特定後継者が支障なく取得するための具体的な計画を有していること。（経営円滑化規15五）

しかし、次に掲げるケースでは、計画的な取り組みに係る経済産業大臣の確認がなくても、相続開始後に経済産業大臣の認定を受けることができます。（経営円滑化規6①八ト(6)、経営円滑化法附2）

① 平成20年10月1日から平成22年3月31日までの間に相続が開始

した場合において以下のイ～ハの要件を満たす場合。
    イ　後継者が相続前に役員に就任していること
    ロ　被相続人からその中小企業の株式等または事業用資産等の贈与を受けていること
    ハ　経営の承継についての計画的な取り組みが行われていたことと認められるとき
② 先代経営者が60歳未満で死亡した場合。
③ 相続人（後継者）が、被相続人の死亡の直前において役員であり、かつ、その時点において有していた議決権株式と公正証書遺言により取得した議決権株式とを合算すると、発行済議決権株式数の過半数である場合。なお、公正証書遺言により取得した議決権株式がなくても、被相続人の死亡の直前に既に発行済議決権株式総数の過半数を有している場合も該当します。

平成27年1月1日以降

　経済産業大臣による以上の事前確認制度は廃止されます。したがって突然、経営者が亡くなった場合にも「非上場株式の納税猶予の特例」が活用できます。

(3) **経営承継相続人の要件**

平成26年12月31日以前

　経営承継相続人とは、経営承継法における経済産業大臣の認定を受けた一定の中小企業の発行済株式等について、同族関係者と合わせその過半数を保有し、かつ、その同族関係者の中で筆頭株主である後継者をいい、次に掲げる要件をすべて満たさなければなりません。（措法70の7の2②三）

① <u>相続開始の直前において、その被相続人の親族であること</u>
② その相続開始の日から5月を経過する日において、その認定承継会社の代表権を有していること
③ 相続開始の日において、その個人およびその個人と特別の関係のあ

143

るものの有するその認定承継会社の非上場株式等の議決権数の合計が、その認定承継会社に係る総株主等議決権数の100分の50を超えていること

④ その個人の有する認定承継会社の議決権数が、同族関係者間のうちいずれの者が有する議決権数をも下回らないこと

⑤ この個人の被相続人の相続開始の時から相続税の申告期限まで相続等により取得した株式等の全部を保有していること

⑥ その他、財務省令（施行規則）で定める要件を満たしていること

|平成27年1月1日以降|

経営承継相続人等の要件のうち、非上場会社を経営していた被相続人の親族であることとする要件は撤廃されます。したがって、親族以外の後継者への相続または贈与であっても、相続税・贈与税の納税猶予の適用対象となりました。これにより、優秀な社員等を後継者とする道が開けました。

(4) 先代経営者である被相続人の主な要件

次の①②の要件を満たさなければなりません。

① 会社の代表者であったこと（相続開始直前に代表者でなくてもよい。）

② 被相続人と同族関係者で議決権株式等の50％超の株式を保有し、かつ、その同族関係者（経営承継相続人を除く。）の中で筆頭株主であったこと

(5) 相続発生後の要件

|平成26年12月31日以前|

非上場株式の相続税の納税猶予の適用を受ける場合は、相続発生前、つまり先代経営者が存命中に、経営承継法の規定による経済産業大臣の確認を受けていなくてはなりません。具体的には「経営承継の計画的な取り組みに関する確認」を経済産業大臣から受けていることが要件となります。

そして先代経営者に相続が発生すると、株式の発行会社は地方経済産業

局を通じて経済産業大臣の認定を受けなければなりません。(措法70の7②四、70の7の2②四)

> 平成27年1月1日以降

先代経営者の相続発生前に経済産業大臣の確認を受ける必要はなくなりました。したがって、先代経営者に相続が発生すると、経営承継法の要件を満たしていることについて経済産業大臣の認定を受けなければなりません。

① 経営承継相続人は5か月以内に代表者に（変更なし）

経営承継相続人は相続開始前に役員に就任し、相続発生後5か月を経過する日までに代表権を有しなければなりません。(措法70の7の2②三ロ)

② 5年間の事業継続要件

> 平成26年12月31日以前

相続税の納税猶予適用後5年間の事業継続が要件。具体的には次の要件を満たさなければなりません。(措法70の7④⑥、70の7の2③⑤)

① 承継会社の代表者であること。
② 雇用の8割以上を維持すること。
　厚生年金保険および健康保険加入者をベース（「パート」等の非正規社員は除く）
③ 相続した対象株式の継続保有をすること。
　組織再編を行った場合であっても、実質的な事業継続が行われているときには認定を継続

ただし、特例の適用を受けた非上場株式を譲渡するなど一定の場合には、納税を猶予されている相続税の全部または一部について利子税と併せて納付しなければなりません。

> 平成27年1月1日以降

上記②雇用の8割以上、5年間、毎年維持するという雇用確保要件について、経済産業大臣の認定の有効期限（5年内）における常時使用従業員

数の平均の8割以上確保しておればよいというように緩和されました。

③ 年1回の報告義務（変更なし）

納税猶予適用後5年間は毎年1回、会社は地方経済産業局に報告書を、経営承継法人は税務署長に継続届出書を提出しなければなりません。（措法70の7⑩、70の7の2⑩）

④ 担保の提供（変更なし）

納税が猶予される相続税額および利子税の額に見合う担保を税務署に提供しなければなりません。（措令40の8③、40の8の2⑤）

■ 改正前の非上場株式等の相続税の納税猶予制度

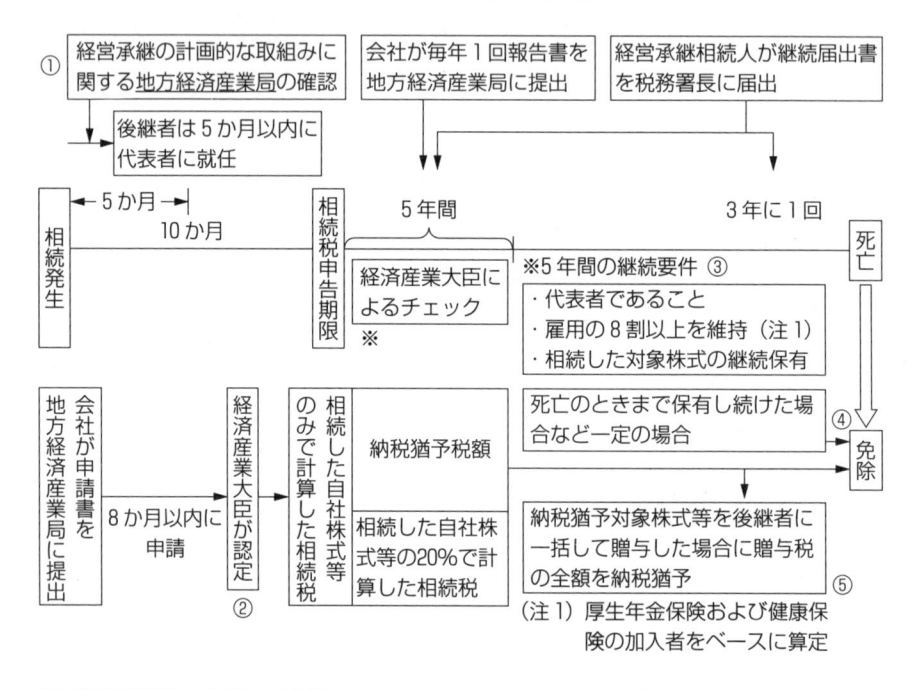

①	経営承継の計画的な取組みに関する地方経済産業局の確認	会社が毎年1回報告書を地方経済産業局に提出	経営承継相続人が継続届出書を税務署長に届出
	↓		
	後継者は5か月以内に代表者に就任		

```
         ←5か月→                 5年間              3年に1回        死
相          10か月       相                                          亡
続                       続     経済産業大臣に   ※5年間の継続要件 ③
発                       税     よるチェック    ・代表者であること
生                       申     ※              ・雇用の8割以上を維持（注1）
                         告                    ・相続した対象株式の継続保有
                         期
                         限
```

会社が申請書を地方経済産業局に提出	8か月以内に申請	経済産業大臣が認定 ②	相続した自社株式等のみで計算した相続税	納税猶予税額	死亡のときまで保有し続けた場合など一定の場合	→ 免除 ④
			相続した自社株式等の20%で計算した相続税		納税猶予対象株式等を後継者に一括して贈与した場合に贈与税の全額を納税猶予 ⑤	

（注1）厚生年金保険および健康保険の加入者をベースに算定

⑤ 猶予税額の免除、納付

■ 納税が猶予されている相続税を納付する必要がある主な場合

平成26年12月31日以前

　① 下表の「A」に該当した場合には、納税が猶予されている相続税の

全額と利子税を併せて納付します。（措法70の7④⑥、70の7の2③⑤）

② 下表の「B」に該当した場合には、納税が猶予されている相続税のうち、譲渡等した部分に対応する相続税と利子税を併せて納付します。

(注) 譲渡等した部分に対応しない相続税については、引き続き納税が猶予されます。

主な場合	申告期限後5年以内	申告期限後5年経過後
特例の適用を受けた非上場株式等についてその一部を譲渡等（贈与を含みます。）した場合	A	B
後継者が会社の代表者でなくなった場合	A	C（※）
一定の基準日において雇用の8割を維持できなくなった場合	A	C（※）
会社が資産管理会社に該当した場合	A	A

※「C」に該当した場合には、相続税を納付することなく引き続き納税が猶予されます。

平成27年1月1日以降

「B」に該当した場合に、納税猶予税額の全部または一部を納付する場合については、当該期間中の利子税を免除することになりました。

イ 猶予税額の免除

平成26年12月31日以前

その経営承継相続人が特例適用株式等を死亡の時まで保有し続けた場合は、猶予税額の納付が免除されます。（措法70の7⑯、70の7の2⑯）

このほか、経済産業大臣の認定の有効期限（5年間）経過後における猶予税額の納付の免除については、次によります。

(1) 破産等した場合

特例適用株式等に係る会社について、破産手続開始の決定または特別清算開始の命令があった場合には、猶予税額の全額を免除します。

(2) 贈与税の納税猶予制度を適用した場合

贈与税の納税猶予税度の適用を受ける後継者へ特例適用株式等を贈与した場合には、その適用を受ける特例適用株式等に係る相続税の猶予税額を免除します。

(3) 一括譲渡する場合

同族関係者以外の者へ保有する特例適用株式等を一括譲渡した場合において、その譲渡対価または譲渡時の時価のいずれか高い額が猶予税額を下回るときは、その差額分の猶予税額を免除します。

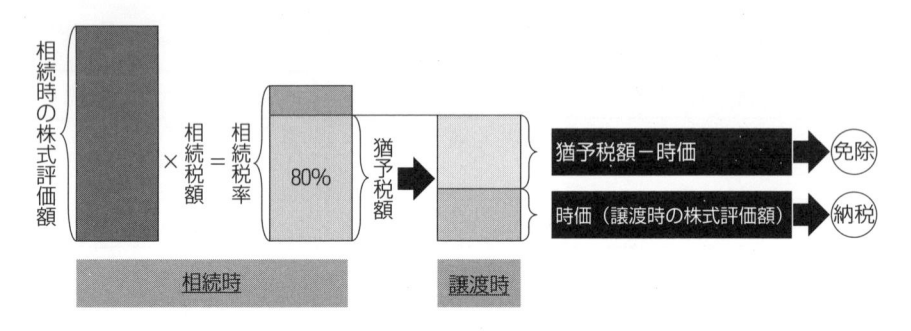

なお、上記(1)、(3)の場合において免除するとされる金額のうち、過去5年間の経営承継相続人および生計を一にする者に対して支払われた配当および過大役員給与等に相当する額は免除されません。

平成27年1月1日以降

上記に加え、

④ 民事再生計画等に基づき事業を再出発させる際に、猶予税額を再評価し、税額を一部免除します。（措法70の7㉒、70の7の2㉒）

□ 猶予税額の納付

(1) 経済産業大臣の認定有効期限（5年間）内に、経営承継相続人が代表者でなくなる等、当該認定の取消事由に該当する事実が生じた場合には、猶予税額の全額を納付することになります。（措法70の7④、70の7の2③）

(2) (1)の期間経過後において、特例適用株式等の譲渡等をした場合には、特例適用株式等の総数に対する譲渡等をした特例適用株式等の割合に応じて猶予税額を納付することになります。(措法70の7⑥㉓、70の7の2⑤㉓)

> 平成27年1月1日以降

従来までは現金納付が原則でしたが、雇用確保要件（8割維持）が満たされないため、経済産業大臣の認定が取り消された場合において、猶予税額を納付しなければならないときには、延納または物納の適用を可能とします。(措法70の7④二、⑭九、70の7の2③二、⑭九)

八　利子税の納付

> 平成26年12月31日以前

上記□により、納税猶予が取り消され、猶予税額の全部または一部を納付する場合には、相続税の法定申告期限からの利子税を併せて納付しなければなりません。(措法70の7の2㉘)

その場合に、猶予税額と併せて納付することになる利子税《本則税率》は年3.6％の割合で計算した額を納付しなければならないとされています。

ただし、この利子税の割合には、特例が設けられていて、各年の特例基準割合（各年の前年の11月30日を経過する時点で、日本銀行が定める商業手形の基準割引率《公定歩合》に年4.0％の割合を加算した割合）が年7.3％に満たない場合には、一定の算式によって計算した特例税率によって利子税を計算できることになっています。(措法93②⑤)

この利子税の特例税率が4.0％から2.1％に引き下げられています。

> 平成27年1月1日以降

今回の改正で、利子税はさらに、2.1％から0.9％に引き下げられました。(45ページ参照)

二　担保の提供

平成 26 年 12 月 31 日以前

相続税の納税猶予を受けるためには、原則として、特例適用株式等のすべてを担保に供さなければなりません。（措法 70 の 7 ⑦、70 の 7 の 2 ⑥）

平成 27 年 1 月 1 日以降

株式を発行しなくても、担保提供を可能とされました。

ホ　租税回避行為への対応

(1)　経済産業大臣の認定およびこの制度の対象とならない資産保有型会社の判定において、過去 5 年間に経営承継相続人およびその同族関係者に対して支払われた配当や過大役員給与等に相当する額を特定資産および総資産の額に加算します。

(2)　相続開始前 3 年以内に、経営承継相続人の同族関係者からの現物出資または贈与により取得した資産の合計額の総資産に占める割合が 70％以上である会社に係る株式等については、本特例を適用しないこととするほか、経営承継相続人等の相続税等の負担を不当に減少させる結果となると認められる行為に対しても、同様とします。

⑥　「継続届出書」の提出

経営承継相続人は、経済産業大臣の認定の有効期限内（5 年間）は毎年、その後は 3 年毎に継続届出書を税務署長に提出しなければなりません。（措法 70 の 7 ⑩、70 の 7 の 2 ⑩）

(6)　非上場株式等に係る相続税の納税猶予額の計算はこうする

＜例 1 ＞（平成 27 年 1 月 1 日以後の相続等に基づく事例）

遺産合計	
株式	2 億円
その他財産	3 億円
合計	5 億円

取得遺産額		
株式	2 億円	⇐ 長男（経営承継相続人）
その他財産	0.5 億円	
その他財産	2.5 億円	⇐ 長女

株式はすべて特例適用株式。
相続人は子 2 人とする。

① 通常の相続税額の計算

(イ) 課税遺産総額…5億円 −（3,000万円 + 600万円 × 2人）= 4億5,800万円
　　　　　　(課税価格合計額)　(基礎控除額)　　　　　　　　　　　(課税遺産総額)

(ロ) 相続税の総額…長男（4億5,800万円 × 1/2）× 45% − 2,700万円 = 7,605万円
　　　　　　　　　長女（4億5,800万円 × 1/2）× 45% − 2,700万円 = 7,605万円
　　　　　　　　　相続税の総額　　　　　　　　　　　　　　　　 = 1億5,210万円
　　　　　(法定相続分に応ずる各人の相続税額)

(ハ) 各人の相続税額…(ロ)に同じ

	相続税額
長男	7,605万円
長女	7,605万円
合計	1億5,210万円

② 納税猶予額の計算

イ．経営承継相続人（長男）が特例適用株式等のみを相続するものとした場合

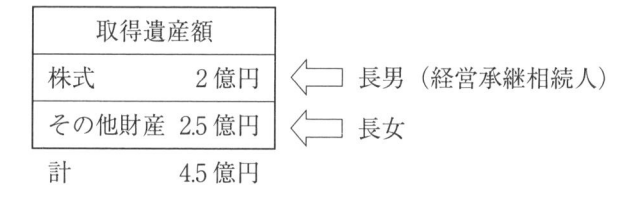

取得遺産額	
株式	2億円
その他財産	2.5億円

株式　2億円　⇐ 長男（経営承継相続人）
その他財産 2.5億円　⇐ 長女
計　4.5億円

(イ) 課税遺産総額…4.5億円 −（3,000万円 + 600万円 × 2人）= 4億800万円

(ロ) 相続税の総額…長男（4億800万円 × 1/2）× 45% − 2,700万円 = 6,480万円
　　　　　　　　　長女（4億800万円 × 1/2）× 45% − 2,700万円 = 6,480万円
　　　　　　　　　相続税の総額　　　　　　　　　　　　　　　 = 1億2,960万円

(ハ) 各人の相続税額…長男 1億2,960万円 × 2億円／4億5,000万円
　　　　　　　　　　　　 = 5,760万円…A
　　　　　　　　　　長女 1億2,960万円 × 2億5,000万円／4億5,000万円
　　　　　　　　　　　　 = 7,200万円

ロ．経営承継相続人（長男）が特例適用株式等の20％のみを相続するものとした場合

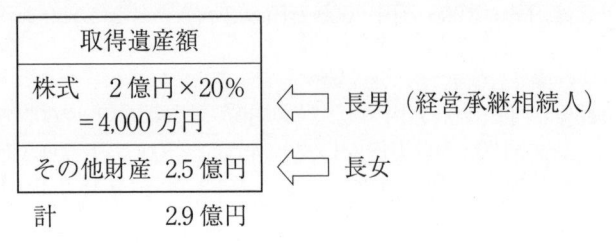

```
┌─────────────────────┐
│    取得遺産額         │
├─────────────────────┤
│ 株式  2億円×20％     │ ⇐ 長男（経営承継相続人）
│    ＝4,000万円       │
├─────────────────────┤
│ その他財産 2.5億円    │ ⇐ 長女
└─────────────────────┘
    計    2.9億円
```

(イ) 課税遺産総額…2億9,000万円－(3,000万円＋600万円×2人)＝2億4,800万円

(ロ) 相続税の総額…長男(2億4,800万円×1／2)×40％－1,700万円＝3,260万円
　　　　　　　　　長女(2億4,800万円×1／2)×40％－1,700万円＝3,260万円
　　　　　　　　　相続税の総額　　　　　　　　　　　　　　　＝6,520万円

(ハ) 各人の相続税額…長男 6,520万円×4,000万円／2億9,000万円＝899万円…B
　　　　　　　　　　長女 6,520万円×2億5,000万円／2億9,000万円＝5,621万円

★経営承継相続人（長男）の納税猶予税額　A－B

　5,760万円－899万円＝4,861万円

（単位　万円・以下四捨五入）

項目	各人の合計	長男	長女
課税価格	5億円	2億5,000万円	2億5,000万円
基礎控除額	4,200万円		
相続税の総額	1億5,210万円		
按分割合	1.00	0.50	0.50
算出税額	1億5,210万円	7,605万円	7,605万円
納税猶予税額	4,861万円	4,861万円	—
申告納税額	10,349万円	2,744万円	7,605万円

<例2>（平成27年1月1日以後の相続等に基づく事例）

遺産合計	
株式	2億円
その他財産	18億円
合計	20億円

取得遺産額	
株式	2億円
その他財産	8億円
その他財産	10億円

⇐ 長男（経営承継相続人）
⇐ 長女

株式はすべて特例適用株式。
相続人は子2人とする。

① 通常の相続税額の計算

(イ) 課税遺産総額…20億円 −（3,000万円＋600万円×2人）＝19億5,800万円
　　　　　　　　　（課税価格合計額）（基礎控除額）　　　　　　　　（課税遺産総額）

(ロ) 相続税の総額…長男（19億5,800万円×1/2）×55％ − 7,200万円 ＝ 4億6,645万円
　　　　　　　　　長女（19億5,800万円×1/2）×55％ − 7,200万円 ＝ 4億6,645万円
　　　　　　　　　相続税の総額　　　　　　　　　　　　　　　　　＝ 9億3,290万円
　　　　　　　（法定相続分に応ずる各人の相続税額）

(ハ) 各人の相続税額…(ロ)に同じ

	相続税額
長男	4億6,645万円
長女	4億6,645万円
合計	9億3,290万円

② 納税猶予額の計算

イ．経営承継相続人（長男）が特例適用株式等のみを相続するものとした場合

```
┌─────────────────────────┐
│  取得遺産額              │
│  株式      2億円         │ ⇐ 長男（経営承継相続人）
│  その他財産 10億円       │ ⇐ 長女
│  計       12億円         │
└─────────────────────────┘
```

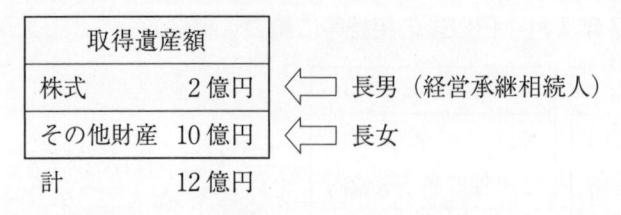

(イ) 課税遺産総額…12億円 −（3,000万円 + 600万円 × 2人）= 11億5,800万円

(ロ) 相続税の総額…長男（11億5,800万円 × 1/2）× 50% − 4,200万円 = 2億4,750万円
　　　　　　　　　　長女（11億5,800万円 × 1/2）× 50% − 4,200万円 = 2億4,750万円
　　　　　　　　　　相続税の総額　　　　　　　　　　　　　　= 4億9,500万円

(ハ) 各人の相続税額…長男 4億9,500万円 × 2億円／12億円 = 8,250万円…A
　　　　　　　　　　　長女 4億9,500万円 × 10億円／12億円 = 4億1,250万円

ロ．経営承継相続人（長男）が特例適用株式等の20%のみを相続するものとした場合

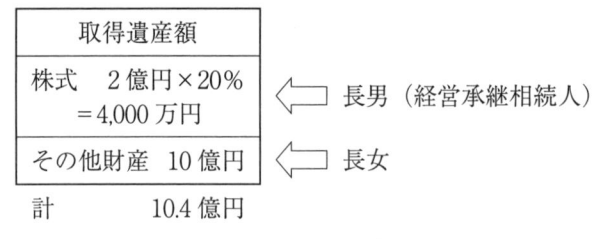

```
┌─────────────────────────┐
│  取得遺産額              │
│  株式  2億円 × 20%       │ ⇐ 長男（経営承継相続人）
│      = 4,000万円         │
│  その他財産 10億円       │ ⇐ 長女
│  計      10.4億円        │
└─────────────────────────┘
```

(イ) 課税遺産総額…10億4,000万円 −（3,000万円 + 600万円 × 2人）= 9億9,800万円

(ロ) 相続税の総額…長男（9億9,800万円 × 1/2）× 50% − 4,200万円 = 2億750万円
　　　　　　　　　　長女（9億9,800万円 × 1/2）× 50% − 4,200万円 = 2億750万円
　　　　　　　　　　相続税の総額　　　　　　　　　　　　　　= 4億1,500万円

(ハ) 各人の相続税額…長男 4億1,500万円 × 4,000万円／10億4,000万円 = 1,596万円…B

長女 4 億 1,500 万円 × 10 億円／10 億 4,000 万円 = 3 億 9,904 万円

★経営承継相続人（長男）の納税猶予税額　A－B

8,250 万円 － 1,596 万円 = 6,654 万円

（単位　万円・以下四捨五入）

項目	各人の合計	長男	長女
課税価格	20 億円	10 億円	10 億円
基礎控除額	4,200 万円		
相続税の総額	9 億 3,290 万円	4 億 6,645 万円	4 億 6,645 万円
按分割合	1.00	0.50	0.50
算出税額	9 億 3,290 万円	4 億 6,645 万円	4 億 6,645 万円
納税猶予税額	6,654 万円	6,654 万円	―
申告納税額	8 億 6,636 万円	3 億 9,991 万円	4 億 6,645 万円

<例3>（平成27年1月1日以後の相続等に基づく事例）

遺産合計
株式　　　　2 億円
その他財産　3 億円
合計　　　　5 億円

取得遺産額
株式　　　　2 億円
その他財産　3 億円
　　⇐　長男（経営承継相続人）
ゼロ
　　⇐　長女

株式はすべて特例適用株式。
相続人は子2人とする。

① 通常の相続税額の計算

(イ)　課税遺産総額…（課税価格合計額）5 億円 －（基礎控除額）(3,000 万円 + 600 万円 × 2 人) =（課税遺産総額）4 億 5,800 万円

(ロ)　相続税の総額…（法定相続分に応ずる各人の相続税額）
　　　　長男（4 億 5,800 万円 × 1／2）× 45％ － 2,700 万円 = 7,605 万円
　　　　長女（4 億 5,800 万円 × 1／2）× 45％ － 2,700 万円 = 7,605 万円

　　　　　　　　相続税の総額　　　　　　　　　　　＝ 1 億 5,210 万円

(ハ)　各人の相続税額…長男 1 億 5,210 万円× 5 億円／ 5 億円＝ 1 億 5,210 万円…A
　　　　　　　　　　　長女 1 億 5,210 万円× 0 ／ 5 億円＝ 0

② 納税猶予額の計算

イ．経営承継相続人（長男）が特例適用株式等のみを相続するものとした場合

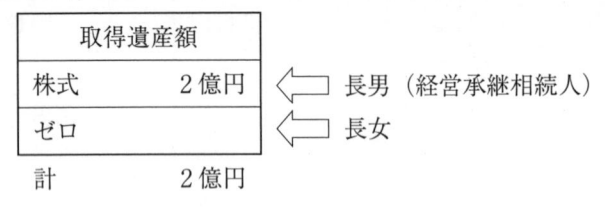

取得遺産額	
株式	2 億円	⇐ 長男（経営承継相続人）
ゼロ		⇐ 長女
計	2 億円

(イ)　課税遺産総額… 2 億円－（3,000 万円＋ 600 万円× 2 人）＝ 1 億 5,800 万円

(ロ)　相続税の総額…長男（1 億 5,800 万円× 1 ／ 2）× 30 ％－ 700 万円＝ 1,670 万円
　　　　　　　　　　長女（1 億 5,800 万円× 1 ／ 2）× 30 ％－ 700 万円＝ 1,670 万円
　　　　　　　　　　相続税の総額　　　　　　　　　　　　　＝ 3,340 万円

(ハ)　各人の相続税額…長男　3,340 万円× 2 億円／ 2 億円＝ 3,340 万円…A
　　　　　　　　　　　長女　3,340 万円× 0 ／ 2 億円＝ 0

ロ．経営承継相続人（長男）が特例適用株式等の 20 ％のみを相続するものとした場合

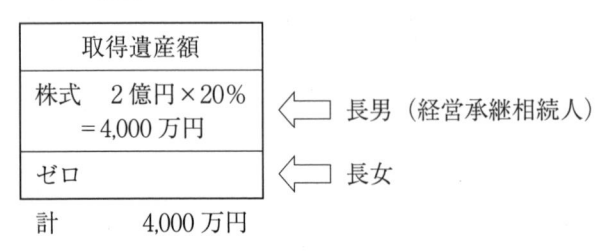

取得遺産額	
株式　2 億円× 20 ％ 　　　＝ 4,000 万円	⇐ 長男（経営承継相続人）
ゼロ	⇐ 長女
計　　4,000 万円	

(イ)　課税遺産総額… 4,000 万円－（3,000 万円＋ 600 万円× 2 人）＝▲ 200 万円
(ロ)　相続税の総額…ゼロ

(ハ) 各人の相続税額…長男　ゼロ…B
　　　　　　　　　　長女　ゼロ

★経営承継相続人（長男）の納税猶予税額　A－B

3,340万円－0＝3,340万円

（単位　万円・以下四捨五入）

項目	各人の合計	長男	長女
課税価格	5億円	5億円	0
基礎控除額	4,200万円		
相続税の総額	1億5,210万円		
按分割合	1.00	1.00	0.00
算出税額	1億5,210万円	1億5,210万円	0
納税猶予税額	3,340万円	3,340万円	―
申告納税額	1億1,870万円	1億1,870万円	0

　例のとおり、相続税の納税猶予額の計算は、法定相続分課税方式により計算しているため、法定相続人数や分割額によって猶予税額に影響を与えます。

　農地の納税猶予の計算と異なり、非上場株式等に係る相続税の納税猶予額の計算は累進税率の低いところで計算される結果、例えば50％の税率が適用される相続財産があるにもかかわらず、2億円の特例適用株式でも2億円×50％×80％の8,000万円が納税猶予額になるのではなく、例のように低い税率で計算されてしまいます。

　さらには申告後の調査により、課税価格が修正された場合には、他の相続人が取得した相続財産であっても、経営承継相続人の納税額も増加するので、当初申告で修正増加額を織り込んでいれば、納税猶予を受けられた金額についても納税しなければならないといった事態が生じるので注意が必要です。

3　民法上の「遺留分制度」の制約への対応策、民法の特例制度

(1)　遺留分とは
①　遺留分の意義

　人は、自らの財産を自由に処分することができるはずですが、民法は、相続人の生活の安定や最低限度の相続人間の公平を確保するために、兄弟姉妹およびその子以外の相続人に最低限の相続の権利を保障しています。（民法1028）これが「遺留分」です。被相続人による財産の処分によって、遺留分を侵害された相続人は、遺留分の額以上の財産を取得した相続人に対して、財産の返還を請求することができます。これが「遺留分減殺請求権」です。（民法1031）

②　遺留分の額の算出方法

　次の計算式により算出された遺留分算定基礎財産の価額に遺留分の比率（原則として2分の1。直系尊属だけが相続人の場合は3分の1。）を乗じることによって、相続人全体にとっての遺留分の額を算出します。これに個々の相続人の法定相続分を乗じることによって、個々の相続人が有する遺留分の額を算出します。また、生前贈与された財産を遺留分算定基礎財産に算入すべき価額は、すべて相続開始時を基準に評価された価額となりますので、後継者が生前贈与を受けた自社株式の価値が、後継者の努力によって被相続人の相続開始時までの間に上昇した場合には、後継者以外の相続人の遺留分の額が増大する結果となってしまいます。

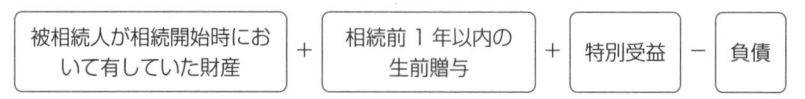

| 被相続人が相続開始時において有していた財産 | ＋ | 相続前1年以内の生前贈与 | ＋ | 特別受益 | － | 負債 |

(注)　特別受益とは、被相続人から相続人に対する遺贈または婚姻もしくは養子縁組のためもしくは生計の資本としての贈与をいいます。

　例えば、以下の事例における遺留分の額は、次のとおりです。

> 【事例】
> 被相続人：配偶者、子2人
> 被相続人の相続開始時の財産：不動産2,000万円、預金1,000万円
> 後継者である子に対する贈与：自社株式1億2,000万円
> 負債：3,000万円
> 【遺留分算定基礎財産の価額】
> 不動産2,000万円＋預金1,000万円＋自社株式1億2,000万円－負債：3,000万円
> ＝1億2,000万円
> 【相続人全体にとっての遺留分の額】
> 1億2,000万円×1／2＝6,000万円
> 【個々の相続人の遺留分の額】
> 配偶者＝6,000万円×1／2＝3,000万円
> 子2人＝6,000万円×各1／4＝各1,500万円

　被相続人の相続開始時の財産（不動産2,000万円、預金1,000万円）を配偶者と後継者以外の子が、それぞれ不動産2,000万円、預金1,000万円を相続した場合、配偶者は1,000万円（3,000万円－2,000万円）の遺留分侵害を受け、後継者以外の子は500万円（1,500万円－1,000万円）の遺留分侵害を受けていることになるので、それぞれ後継者である子に対して、自社株式の生前贈与につき遺留分減殺請求をすることができます。その結果、後継者が贈与を受けた自社株式が相続人間で分散してしまうことになります。

③ 遺留分放棄制度による対策の限界

　現行民法上においても、非後継者が遺留分の事前放棄をすることによって、遺留分に係る紛争を未然に防止することが可能です。しかしながら、遺留分の事前放棄による対策には、以下のような限界があります。

イ　非後継者の手続負担

　遺留分の事前放棄は、遺留分を放棄しようとする者が自ら個別に家庭裁判所に申立てをして、許可を受ける必要があります。非後継者にとっては、何らメリットもないのに、このような手続をしなければならないとい

うのは、相当な負担となります。
　ロ　遺留分算定基礎財産に算入すべき価額の固定化
　自社株式のように、後継者の貢献が価値の変動に影響を及ぼす財産については、一切遺留分を主張することができないことには非後継者の同意を得られないが、一定時点における価額に固定し、その後の価値上昇分に対しては遺留分を主張しないということには同意を得ることができる場合も考えられます。しかしながら、遺留分の事前放棄では、遺産すべてに対する遺留分を放棄するか、遺留分の一部を放棄する場合であっても特定の財産の全部を放棄するしかなく、推定相続人全員の同意があったとしても、予め特定の財産について遺留分算定基礎財産に算入すべき価額を固定することはできません。

(2)　民法の特例

① 2つの特例

　法は、以上のような遺留分制度による制約を解決するため、後継者が先代経営者からの贈与等により取得した自社株式について、先代経営者の推定相続人（相続が開始した場合に相続人となるべき者のうち兄弟姉妹およびこれらの者の子以外のものに限る。以下同じ）全員の合意を前提として、次の2つの特例制度が創設されました。
　イ　その価額を遺留分算定基礎財産に算入しないこと（「除外合意」）。
　ロ　遺留分算定基礎財産に算入すべき価額を予め固定すること（「固定合意」）。

② 除外合意

　後継者が先代経営者からの贈与等により取得した株式等は、その贈与がいつ行われたものであっても、民法の規定によれば、「特別受益」としてすべて遺留分算定基礎財産に算入され、原則として、遺留分減殺請求の対象となります。
　しかしながら、当該株式等を除外合意の対象とすれば、遺留分算定基礎

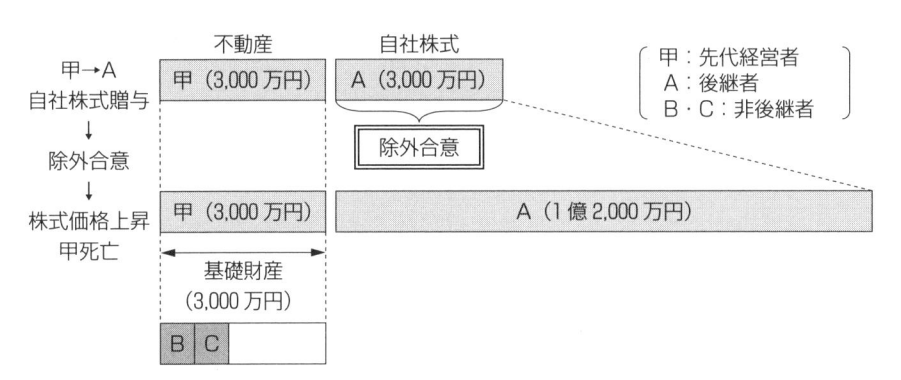

財産に算入されなくなり、遺留分減殺請求の対象にもならなくなります。

```
甲→A                不動産           自社株式         ｛甲：先代経営者   ｝
自社株式贈与      甲（3,000万円）   A（3,000万円）    ｛A：後継者       ｝
   ↓                                                ｛B・C：非後継者  ｝
除外合意                              除外合意
   ↓
株式価格上昇      甲（3,000万円）        A（1億2,000万円）
甲死亡           ─────────────
                 基礎財産
                 (3,000万円)
                 B C
```

③ 固定合意

後継者が先代経営者からの贈与等により取得した株式等を遺留分算定基礎財産に算入する価額は、相続開始時を基準とする評価額です。下図のとおり、贈与時に3,000万円だった自社株式の価値が相続開始時には1億2,000万円に上昇していた場合には、その価値上昇が後継者の努力によるものであったとしても、上昇後の1億2,000万円が遺留分算定基礎財産に算入されます。(経営円滑化法4①)

これに対して、当該株式等を固定合意の対象とすれば、遺留分算定基礎財産に算入すべき価額が3,000万円となり、価値上昇分9,000万円は遺留分算定基礎財産に算入されなくなります。

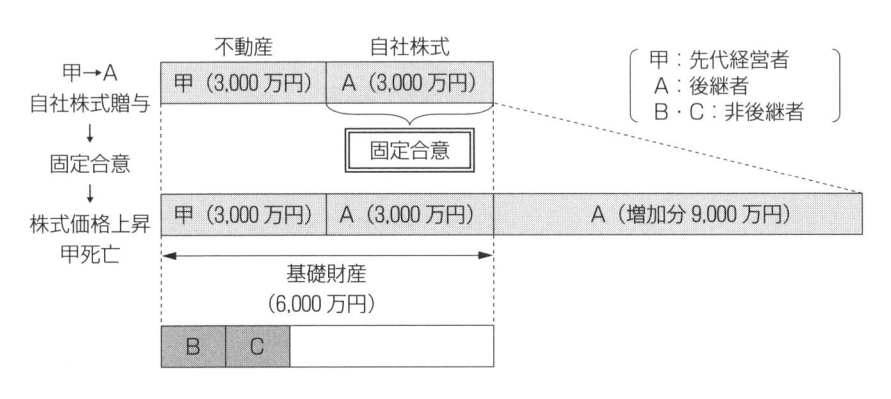

```
甲→A                不動産           自社株式         ｛甲：先代経営者   ｝
自社株式贈与      甲（3,000万円）   A（3,000万円）    ｛A：後継者       ｝
   ↓                                                ｛B・C：非後継者  ｝
固定合意                              固定合意
   ↓
株式価格上昇      甲（3,000万円）   A（3,000万円）    A（増加分9,000万円）
甲死亡           ─────────────────────────
                 基礎財産
                 (6,000万円)
                 B C
```

④ 手続

上記の除外特例も固定特例も、先代経営者の推定相続人全員の合意を前提とし、経済産業大臣の確認および家庭裁判所の許可を受けることによって、当該合意の効力が発生します。（経営円滑化法7、8）

(3) 自社株の評価方法

「経営円滑法」には、事業承継時の制約ともなり得る「遺留分」の問題を解決するため、「遺留分を算定する際の価額を（推定相続人全員の）合意の時の価額に固定する内容の合意《固定合意》」を行うことができるとする民法特例が設けられていますが、この規定は、平成21年3月1日から施行されました。

この「固定合意の時における価額」を証明する際の非上場株式等の評価方式は、平成21年2月9日に、中小企業庁から「経営承継法における非上場株式等評価方式ガイドライン」が公表され、明らかにされました。

① 「経営円滑法」における民法特例の内容

中小企業の事業承継をスムースに行うための措置として「経営円滑法」において規定されている民法特例では、「後継者」が「旧代表者」から自社の議決権のある株式等の生前贈与を受けた場合、旧代表者の推定相続人全員の合意によって、書面により、次に掲げる内容の定めをすることができるとする遺留分の特例が設けられています。（経営円滑化法4、5）

①	生前贈与株式を遺留分の対象から除外すること《除外合意》
②	生前贈与株式の評価額をその合意時の評価額で予め固定すること《固定合意》
③	自社株式等以外の財産を遺留分の対象から除外すること《付随合意》

イ　経営円滑法における「固定合意」の効果

経営円滑法では、事業後継者が贈与で取得した自社株について、遺留分算定時の価額を合意時における価額に固定するという、「固定合意」を活用することで、後継者の経営努力によって将来、企業価値が上昇し遺留分

の額が増大しても、なんらの心配もなく経営に専念できることになります。

ロ 「固定合意時の価額」と「相当な価額の証明」

「固定合意時の価額」は、弁護士（弁護士法人）または税理士（税理士法人）、公認会計士（監査法人、外国公認会計士を含みます）といった専門家によって証明されたものでなければならないとされています。

なお、当事者間において様々な交渉を経て合意した価額であっても、下図の（A）～（C）までに当てはまる場合には、「固定合意」の要件を欠き、違法となるとされています。

■ 「合意の時の価額」と認められる場合・認められない場合

【図の説明】
（A）：「合意の時における価額（＝時価）」以外の価額で、かつ、専門家が相当であると証明をしていない価額を定めた場合
（B）：「合意の時における価額（＝時価）」であるが、専門家が相当であると証明をしていない価額を定めた場合
（C）：専門家が相当であると証明をした価額であるが、「合意の時における価額（＝時価）」とは認められない価額を定めた場合

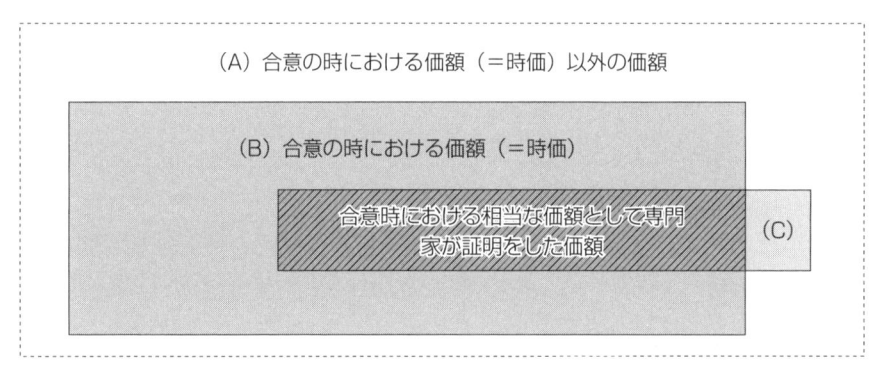

```
┌─────────────────────────────────────────────┐
│     (A) 合意の時における価額（＝時価）以外の価額      │
│  ┌───────────────────────────────────────┐  │
│  │     (B) 合意の時における価額（＝時価）        │  │
│  │  ┌─────────────────────────────┬────┐ │  │
│  │  │ 合意時における相当な価額として専門  │    │ │  │
│  │  │        家が証明をした価額          │(C) │ │  │
│  │  └─────────────────────────────┴────┘ │  │
│  └───────────────────────────────────────┘  │
└─────────────────────────────────────────────┘
```

【上図の判定】
上図の▨▨▨部分だけが「固定合意」の要件を満たし、それ以外の価額を定めている（A）から（C）までの価額は、「固定合意」の要件を満たしているとは言えず、違法となります。

■ 「ガイドライン」に例示として掲げられている「非上場株式の評価における証明書」

証　明　書

平成　年　月　日

〇〇　〇〇殿

東京都〇〇区〇〇・・・・
〇〇税理士事務所
税理士　〇〇　〇〇

　当職は、中小企業における経営の承継の円滑化に関する法律第4条第1項第2号の規定に基づき、〇〇〇〇、〇〇〇〇及び〇〇〇〇がした平成〇〇年〇〇月〇〇日付け合意（以下「本件合意」という。）により定めた価額について、下記のとおり証明する。

記

1　本件合意の対象とした株式
　　株式会社〇〇〇〇の株式〇〇〇株

2　本件合意により定めた価額
　　金〇〇〇〇円（1株当たり金〇〇〇円）

3　鑑定評価の方法及び結果
　　1の株式につき、〇〇〇〇方式と〇〇〇〇方式との併用方式によって鑑定評価したところ、2の価額は、本件合意の時における相当な価額であると認められる。

4　附属書類
　　株式鑑定評価書　　1通

以上

② 「ガイドライン」で示された非上場株式等の評価方式の内容

「ガイドライン」では、評価方式を一つに絞り込むのではなく、各種の評価方式を紹介したうえ、専門家は、依頼者だけでなく、合意をする当事者全員に対して、それぞれの評価方式の特性を十分に説明し、採用する評価方式により価額に差異が生じることや評価方式の採用根拠等の説明を行う必要があり、評価に際して使用した会社の情報や計算書類等を当事者に開示する必要があるとしています。

(1) 評価方式の分類

「ガイドライン」では、非上場株式の評価方法を大別すると、「①収益方式と②純資産方式、③比準方式の三つに分類される」が、これらをミックスした方式による「④国税庁方式もある」として、次の四つの類型が示されています。

そして、更に、それぞれの場合の具体的な評価方式が列挙されています。これらを要約すると、次表の「具体的な評価方法」のようになります。

評価の類型		その概要	具体的な評価方法
①	収益方式	評価対象会社が将来獲得する利益等を基にして評価する方式	・収益還元方式 ・DCF方式 ・配当還元方式
②	純資産方式	評価対象会社が保有する純資産価額を基にして評価する方式	・簿価純資産方式 ・時価純資産方式 ・国税庁方式
③	比準方式	評価対象会社と類似する上場会社（類似会社または類似業種）の株式の市場価額や評価対象会社の株式の過去の取引価額を参考として評価する方式	・類似会社比準方式 ・類似業種比準方式 ・取引事例方式

④	国税庁方式	・相続や贈与に際しての評価は、上記の三つの評価方式を併用した評価方式（実務では、「財産評価基本通達」により評価する） ・所得税・法人税では、原則として比準方式を基本として個別評価をするが、財産評価基本通達の方式を一部修正した方式による評価の特例も認められている。	・相続税法上の評価 ・所得税法上の評価 ・法人税法上の評価

(2) 評価方式の選択

　この「ガイドライン」では、「会社には、様々な特質があり、一つの特質のみに着目した評価方式のみを採用することは合理的ではない場合がある」として、種々の評価方式を紹介しています。

　そして、どの評価方式を採用するかにより価額に大きな影響を与えるので、「複数の評価方式を併用した評価方式を採用するものが多い」のではないかとも予測していますが、併用方式を採用する場合には、「それぞれの評価方式による価額の按分割合が問題となる」ので、「裁判例も参考にして、各種評価方式の特徴と評価対象会社の業種、規模、資産、収益状況や株主構成などの諸要因を考慮し、適切な割合を決定する必要がある」と指摘しています。

　また、「国税庁方式」については、「経営承継法（経営円滑法）における後継者は、株式を贈与等によって取得することが要件となっていることから、通常、その株式に係る贈与税の計算のため、「国税庁方式」（財産評価基本通達）による評価を行っていることが多い」として、「固定合意においても、国税庁方式に配慮するケースが多いことが想定される」が、他方で、「専ら贈与税等の課税のために用いるこの方式を固定合意の際の評価に利用できるかどうかとの指摘も想定される」として、その適用上の懸念も指摘されています。

> **コメント**
> 　　　　　いずれの方式を選択するにしろ、評価を担当する専門家にとっては、評価結果に対する十分な説明義務が要求されることになります。そのため、依頼者だけでなく、合意をする当事者全員に対して納得のいく説明を行い、了解してもらえるだけの資料揃えも必要になります。そういった意味では、専門家にとっては、責任の重い大変な時代になったとも言えます。

4　非上場株式等についての贈与税の納税猶予制度の概要

　後継者が経営承継円滑化法に基づく経済産業大臣の認定を受けた非上場会社を経営していた親族から、贈与によりその保有株式等の全部（贈与前から既に後継者が保有していたものを含めて、発行済完全議決権株式等の総数の3分の2に達するまでの部分を上限とします。以下「猶予対象株式等」といいます。）を取得した場合には、猶予対象株式等の贈与に係る贈与税の全額の納税を猶予することとしています。また、猶予税額の納付、免除については、相続税の納税猶予と同様となります。

　贈与者の死亡時には、引き続き保有する猶予対象株式等を相続により取得したものとみなし、贈与時の時価により他の相続財産と合算して相続税額を計算することになります。

　しかし、経済産業大臣の確認を受けた場合には、相続税の納税猶予が適用できます。

(1)　この特例を受けるための要件

① 会社の主な要件

　「非上場株式等についての相続税の納税猶予制度の特例」における会社の要件と同じです。（138ページ参照）

② 後継者である受贈者の主な要件（措法70の7②三、措令40の8⑪）

平成26年12月31日以前

贈与の時において、

① 会社の代表者であること
② <u>先代経営者（贈与者）の親族であること</u>
③ 20歳以上であること
④ 役員等の就任から3年以上経過していること
⑤ 後継者および後継者と同族関係等のある者で総議決権数の50％超の議決権数を保有し、かつ、これらの者の中で最も多くの議決権数を保有することとなること

平成27年1月1日以降

「②先代経営者（贈与者）の親族であること」の要件が廃止され、他人でもよくなりました。

③ 先代経営者である贈与者の主な要件（措法70の7①、措令40の8①）

平成26年12月31日以前

① 会社の代表者であったこと
② <u>贈与の時までに会社の役員を退任すること</u>
③ 贈与直前において、贈与者および贈与者と同族関係等のある者で総議決権数の50％超の議決権数を保有し、かつ、後継者を除いたこれらの者の中で最も多くの議決権数を保有していたこと

平成27年1月1日以降

「②贈与の時までに会社の役員を退任すること」が義務付けられていましたが、先代経営者（贈与者）は贈与時に代表者を退任すれば、贈与後に引き続き役員であっても贈与税の納税猶予の適用対象となりました。

④ 担保提供（措法70の7①）

納税が猶予される贈与税額および利子税の額に見合う担保を税務署に提供する必要があります。

㊟ 特例の適用を受ける非上場株式等のすべてを担保として提供した場合には、納税が猶予される贈与税額および利子税の額に見合う担保の提供があったものとみなされます。（措法70の7⑦）

なお、担保の提供方法などについては、税務署にお尋ねください。

⑤ 納税猶予期間中

申告後も引き続き特例の適用を受けた非上場株式等を保有すること等により、納税猶予が継続されます。

ただし、特定の適用を受けた非上場株式等を譲渡するなど一定の場合には、納税が猶予されている贈与税の全部または一部について利子税と併せて納付する必要があります。（措法70の7④⑥㉓）

＜納税が猶予されている贈与税を納付する必要がある主な場合＞

「非上場株式等についての相続税の納税猶予の特例」における主な場合と同じです。

引き続きこの特例を受ける旨や会社の経営に関する事項等を記載した「継続届出書」を贈与税の申告期限後の５年間は毎年、５年経過後は３年毎に所轄税務署へ提出する必要があります。（措法70の7⑩）

先代経営者（贈与者）の死亡があった場合には、「免除届出書」を提出することにより、その死亡等のあったときにおいて納税が猶予されている贈与税の全部または一部についてその納付が免除されます。（措法70の7⑯）

＜猶予されている贈与税の納付が免除される主な場合＞

① 先代経営者（贈与者）が死亡した場合

② 後継者（受贈者）が死亡した場合など

■ 先代経営者（贈与者）が死亡した場合の取扱い

贈与税の納税猶予の特例の適用を受けた非上場株式等は、相続または遺贈により取得したものとみなして、贈与時の価額により他の相続財産と合算して相続税を計算します。（措法70の7の3）

なお、その際「経済産業大臣の確認」を受け、一定の要件を満たす場合

には、そのみなされた非上場株式等（一定の部分に限ります。）について、相続税の納税猶予の特例の適用を受けることができます。（措法70の7の4①）

(2) **納税が猶予される贈与税などの計算方法**（措法70の7の2①②、措令40の8の2⑭〜㉑）

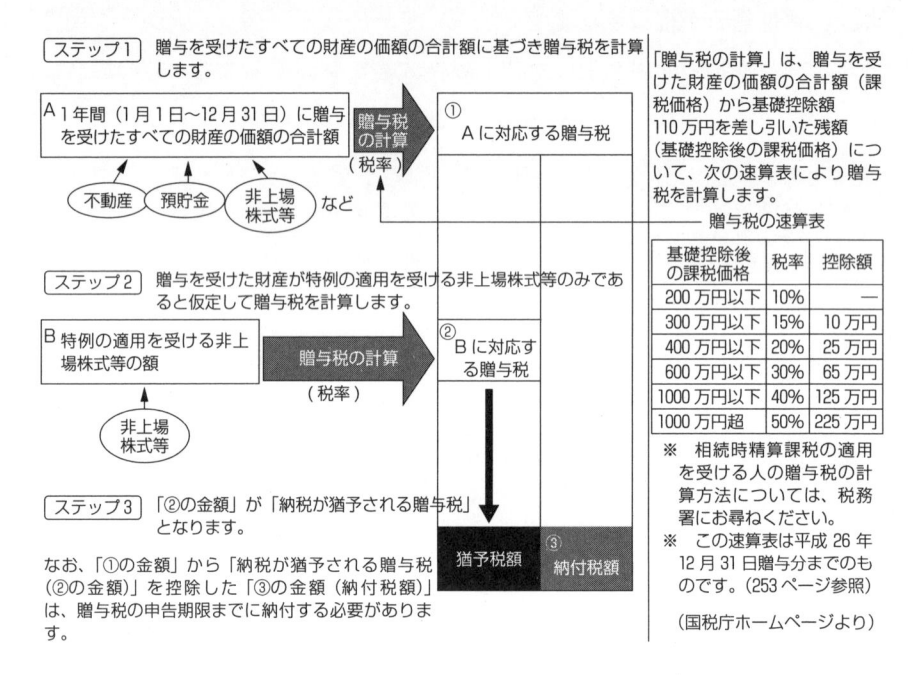

ステップ1　贈与を受けたすべての財産の価額の合計額に基づき贈与税を計算します。

A　1年間（1月1日〜12月31日）に贈与を受けたすべての財産の価額の合計額

　不動産　預貯金　非上場株式等　など

→ 贈与税の計算（税率）→ ①　Aに対応する贈与税

「贈与税の計算」は、贈与を受けた財産の価額の合計額（課税価格）から基礎控除額110万円を差し引いた残額（基礎控除後の課税価格）について、次の速算表により贈与税を計算します。

贈与税の速算表

基礎控除後の課税価格	税率	控除額
200万円以下	10%	—
300万円以下	15%	10万円
400万円以下	20%	25万円
600万円以下	30%	65万円
1000万円以下	40%	125万円
1000万円超	50%	225万円

ステップ2　贈与を受けた財産が特例の適用を受ける非上場株式等のみであると仮定して贈与税を計算します。

B　特例の適用を受ける非上場株式等の額

　非上場株式等

→ 贈与税の計算（税率）→ ②　Bに対応する贈与税

※　相続時精算課税の適用を受ける人の贈与税の計算方法については、税務署にお尋ねください。
※　この速算表は平成26年12月31日贈与分までのものです。（253ページ参照）

ステップ3　「②の金額」が「納税が猶予される贈与税」となります。

なお、「①の金額」から「納税が猶予される贈与税（②の金額）」を控除した「③の金額（納付税額）」は、贈与税の申告期限までに納付する必要があります。

猶予税額　③納付税額

（国税庁ホームページより）

＜例＞（平成26年12月31日までに贈与された事例）
・発行済議決権株式総数（6万株、その価額6億円）
・先代経営者保有株（5万株、その価額5億円）全株を後継者に一括贈与
・後継者は既に贈与前から1万株を保有

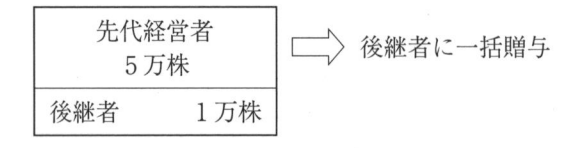

先代経営者 5万株
後継者　　1万株

⇒ 後継者に一括贈与

■ 贈与税の計算

・後継者が所有している1万株（1億円）は納税猶予の対象外
・6万株×2／3＝4万株
・従って4万株－1万株＝3万株が猶予適用対象

```
        ┌─ 5万株（5億円） ─┐
6万株  ┤   （3万株）      ├ 2／3の4万株が対象
        └─ 後継者1万株（1億円）─┘
```

① 贈与を受けたすべての財産の価額の合計額に基づき贈与税を計算

（5億円（5万株）－110万円）×50％－225万円＝2億4,720万円

② 贈与を受けた財産が特例の適用を受ける非上場株式等のみであると仮定して贈与税を計算

（3億円（3万株）－110万円）×50％－225万円＝1億4,720万円

③ 納税猶予される贈与税…1億4,720万円

2億4,720万円－1億4,720万円＝1億円(注) ◀────┐

猶予されない贈与税額（次のイからハを選択）─┘

・選択

　イ．暦年課税で贈与税額を納付する…税額1億円(注)

　ロ．相続時精算課税制度を活用する…税額3,500万円

　　（2億円（2万株）－2,500万円）×20％＝3,500万円

　ハ．2万株については贈与しない…税額ゼロ

(注) 平成27年1月1日以後に行われた贈与では最高税率が55％となり、直系尊属からの贈与では以下のとおりとなります。
（5億円－110万円）×55％－640万円＝2億6,799.5万円
（3億円－110万円）×55％－640万円＝1億5,799.5万円
∴①－②＝1億1,000万円

第7章 海外を活用した相続税対策への課税強化

――国外に居住する相続人等への相続税・贈与税の課税の適正化――

1 日本国籍のない制限納税義務者による租税回避事例

　最近の判例等にもあったように、子や孫等に外国籍を取得させることによって国外財産への課税を免れるような租税回避事例があることから、平成25年度税制改正では、相続税・贈与税の納税義務の範囲の適正化と課税範囲の適正化についても検討されました。

　このような改正の検討が行われている最中、外国籍の孫に国外財産を贈与し税務訴訟となっている事案もあります。

　この平成25年度税制改正により、今後の国外に居住する相続人等への相続税・贈与税についても、その対策を講じなければならなくなりました。

> **【参考判例】外国籍の孫への贈与で税務訴訟事案も**
> 　外国籍を取得した孫へ贈与があったとした贈与税決定処分を巡る税務訴訟では、名古屋地方裁判所での処分を取り消す判断が行われ、国側が控訴している判例があります。
> 　この事案は、海外信託を用いた相続税対策のスキームを巡る贈与税決定処分の取消請求事件（5億5千万円の米国債を生後まもない孫（日本国籍なし・米国籍）に贈与）で、国側が敗訴する判決が平成23年3月24日、名古屋地裁（増田稔裁判長）であったものです（平成20年（行ウ）114号）。
> 　原告の祖父が、米国の州法に準拠して米国籍のみを有する原告を受益者とする信託を設定したことが、祖父から孫への贈与に当たるとみなされたものです。裁判では、原告の生活の本拠や信託財産の所在地なども争点とされましたが、名古屋地裁は、原告は、信託設定時に利益を現に有する地位にあるとはいえず、平成19年法律第6号による改正前の相続税法4条1項（改正後は同法9条の2①）にいう「受益者」には当たらないと判断しました。「受

> 益者」に当たることを前提とした課税処分は、その余の点を判断するまでもなく違法であると結論付けました。国側は控訴しています（名古屋高裁平成23年（行コ）36号）。
> 　ただし、裁判所では、日本と国外とを行き来していた孫（乳児）が制限納税義務者に該当するかどうか、財産の所在地が国内であったか、信託が生命保険信託に該当するかなどの点は検討されませんでした。
> 　今後控訴審判決の結果とともに、相続税法等の改正によって下に掲げた図表のAの部分が注目されていました。

　今回の税制改正で問題となったのが、相続等で財産を取得した時に相続税法の施行地に住所がなく、日本国籍のない制限納税義務者に対しては、日本国内の財産のみに課税されるという規定です。

　相続人等が国外に居住している場合、日本国籍を有するときは国外財産について課税がされる一方で、日本国籍を有していないときは課税されない。

　このような規定を利用して、子や孫に外国籍を取得させ、国外財産への課税を免れるような租税回避事例がここ数年多く生じて来ていることから、相続税や贈与税の納税義務の範囲（図表のAの部分）についての今回改正が行われたのです。

■ 相続税・贈与税の納税義務の範囲（改正前）

被相続人 贈与者	相続人 受贈者	国内に居住	国外に居住		日本国籍なし
			日本国籍あり		
			5年以内に国内に住所あり	左記以外	
国内に居住		国内外財産ともに課税	国内外財産ともに課税		国内財産のみに課税 ← Aの部分
国外に居住	5年以内に国内に住所あり	国内外財産ともに課税	国内外財産ともに課税		国内財産のみに課税
	上記以外	国内財産	国内財産		

173

今回の改正の内容は、日本国内に住所を有しない個人で日本国籍を有しない者が、日本国内に住所を有する者から相続もしくは遺贈または贈与により取得した国外財産を、相続税または贈与税の課税対象に加えることとしたものです。(相法1の3、1の4)これにより、海外を利用した租税回避はかなり制限されることになりました。

適用期日 この改正は、平成25年4月1日以後に相続もしくは遺贈または贈与により取得する国外財産に係る相続税または贈与税について適用されます。(平25改所等附11)

　ところで、法務省の統計によりますと、ここ約5年間における国籍離脱者・喪失者数は毎年800〜900人近くいるといわれています。また反対に、国籍取得者は平成23年度の1年間で1,207人、国籍喪失者には外国で出生し外国籍を取得した日本国民で国籍留保しなかった者が含まれ、国籍取得者にはこの国籍喪失者が日本国籍を取得した場合も含まれています。

2　改正前の納税義務者

　今回の改正前の規定では相続税の納税義務者は相続または遺贈により財産を取得した個人ですが、次表のように相続発生時（課税時期）に、その者の住所が日本国内にあるかどうかによって、日本での相続税の納税義務の範囲が異なりました。また、日本国籍を有するかどうかによって「無制限納税義務者」と「制限納税義務者」とに区別されてきました。(相法1の3)

第7章 海外を活用した相続税対策への課税強化

課税時期	国籍	課税時期5年以内の状況	国外財産	納税義務者	国内財産
日本に住所を有する者（国内居住者）	国籍に関係なし	定めなし	課税	無制限納税義務者	課税
日本に住所を有しない者（国外居住者）	日本国籍あり	本人または被相続人もしくは贈与者のいずれかが日本国内に住所を有したことがある	課税	非居住無制限納税義務者	課税
		本人または被相続人もしくは贈与者のいずれもが日本国内に住所を有したことがない	課税対象外	制限納税義務者	
	日本国籍なし	定めなし			

③ 国外財産調書制度の創設（5,000万円超の海外資産所有者対象）　　　　（平成24年度税制改正）

　平成24年度の税制改正において、日本の居住者は、その年の12月31日において、5,000万円を超える国外財産を所有する場合には、「国外財産調書」を翌年の3月15日までに税務署に提出しなければならなくなりました。

　最近、日本人による海外を利用した税逃れが頻繁に多くなってきています。しかし、国税当局では、以下のようなことから海外諸国への税務調査が思うように捗っていません。

① 日本国税当局が外国金融機関等に税務調査権限を行使することや、資料情報の提出を求めることは執行管轄権の制約から困難
② 条約に基づく情報交換について網羅的に納税者情報を求めることは困難
③ 最近、国外財産の所有が増加傾向にあり、国外財産に係る所得税や相続税の課税漏れが増加してきており、国外財産に係る課税の適正化が喫緊の課題

そのため、国外財産に係る情報の的確な把握への対応として、納税者本人から国外財産の保有について申告を求める「国外財産調書制度」が創設されました。

(1) 適用対象者

「国外財産調書」の提出が必要となる者は、その年の12月31日において、その価額の合計額が5,000万円を超える国外財産を有する「非永住者以外の居住者」となります。

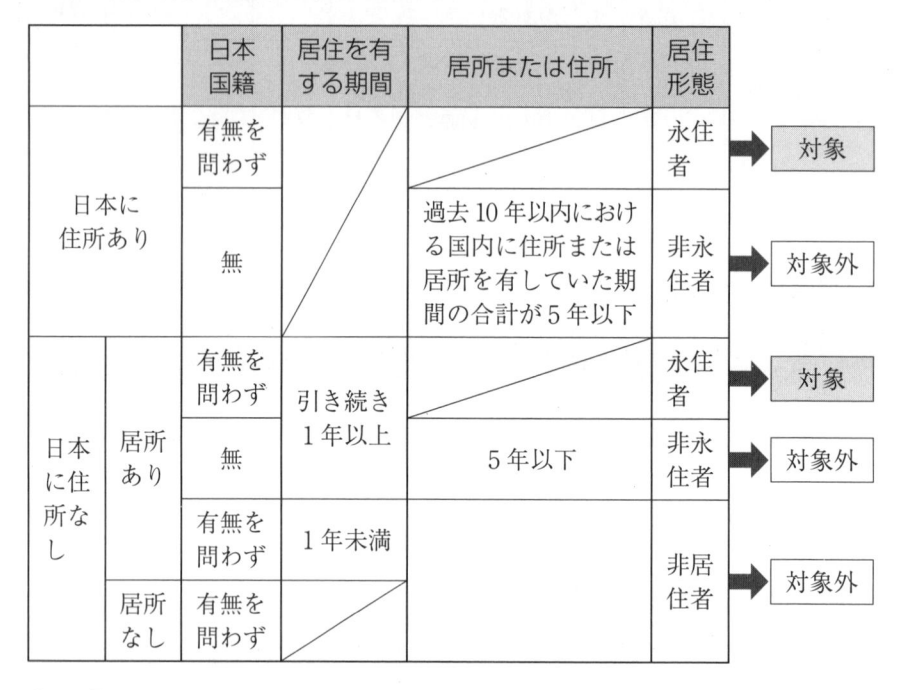

		日本国籍	居住を有する期間	居所または住所	居住形態	
日本に住所あり		有無を問わず			永住者	対象
		無		過去10年以内における国内に住所または居所を有していた期間の合計が5年以下	非永住者	対象外
日本に住所なし	居所あり	有無を問わず	引き続き1年以上		永住者	対象
		無		5年以下	非永住者	対象外
		有無を問わず	1年未満		非居住者	対象外
	居所なし	有無を問わず				

【参考】創設された国外財産調書制度のあらまし

内国税の適正な課税及び徴収に資するため、一定額（5,000万円）を超える国外財産を保有する個人（居住者）に対し、その保有する国外財産に係る調書の提出を求める制度が創設されました。

この制度は、平成26年1月1日以後に提出すべき国外財産調書について適用されることとなっています。（内国税の適正な課税の確保を図るた

めの国外送金等に係る調書の提出等に関する法律（以下「改正国外送金等調書法」と略します。）5～10、平24改措法等附1七、59、60、改正国外送金等調書令附①他）

　なお、罰則規定も設けられており、故意の調書不提出・虚偽記載についての罰則（1年以下の懲役または50万円以下の罰金）が適用されます。（併せて情状免除規定を設けます）。この罰則規定については、平成27年1月1日以後に提出すべき国外財産調書について適用されることとなっています。（改正国外送金等調書法9、10）

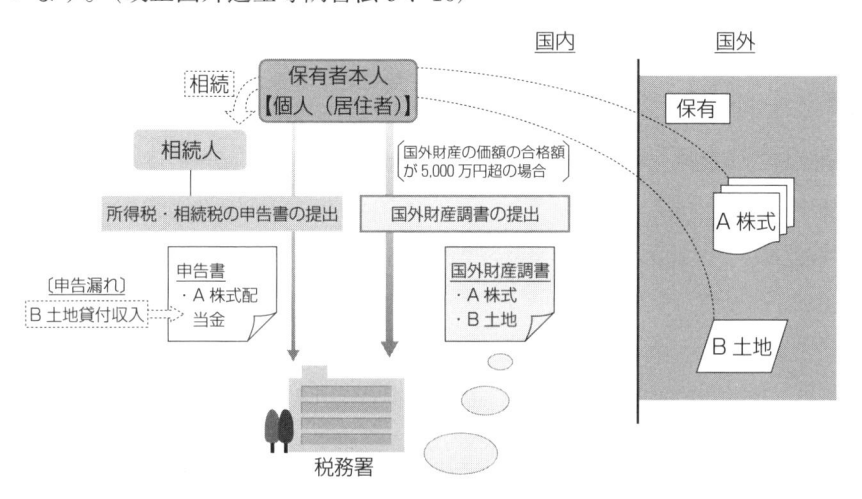

	●国外財産に関する所得等の申告漏れが発覚した場合の処分等 （改正国外送金等調書法6） 加算税の特例
①	国外財産調書に国外財産の記載がある部分については、過少（無）申告加算税が5％軽減されます。（所得税・相続税）【優遇措置】
②	国外財産調書の不提出・記載不備に係る部分については、過少（無）申告加算税が5％加重されます。（所得税）【加罰措置】
(注)	故意の調書不提出・虚偽記載についての罰則（1年以下の懲役又は50万円以下の罰金）が整備されました（併せて情状免除規定が設けられました）。

（国税庁ホームページより）

(2) 国外財産とは

　国外財産とは「国外にある財産をいう」と規定していますが、国外にあるかどうかの判定については、相続税法第10条の規定によるとしています。その規定は以下のようになります。

財産の種類	財産の所在
動産・不動産（その上に存する権利）	所在による
船舶	船籍の所在、船籍のない船舶は現実の所在（相基通10-1）
航空機	航空機の登録した機関の所在
鉱業権、租鉱権、採石権	鉱業権、租鉱権は鉱区の所在、採石権は採石場の所在
漁業権、入漁権	漁場に最も近い沿岸の属する市町村
預金、貯金、積金、寄託金	受け入れた金融機関の営業所の所在
保険金	保険会社の本店等の所在
退職手当金等	支払会社の本店等の所在
貸付金債権	債務者の住所、本店等の所在
社債、株式、出資等	発行法人の本店等の所在
集団投資信託、法人課税信託	引受けをした営業所等の所在
特許権、実用新案権、意匠権、商標権など	登録機関の所在
著作権、出版権、著作隣接権でこれらの権利の目的物が発行されているもの	発行する営業所等の所在
低額譲渡	財産の種類に応じ規定する場所
営業上の権利（上記以外のもの）	その営業所等の所在
国債、地方債	発行国
その他の財産	その財産の権利者であった被相続人又は贈与をした者の所在

(3) 国外財産の評価方法

国外財産の価額については、その年の12月31日における「時価」または時価に準ずるものとして「見積価額」により評価することとされています。

国外財産についての評価は日本の財産評価基本通達において定められていて、この通達によって評価することができない財産については、この通達に準じて、または売買実例価額、精通者意見価格等を参酌して評価するものとしています。

(注) この通達の定めによって評価することができない財産については、課税上弊害がない限り、その財産の取得価額を基に、その財産が所在する地域もしくは国におけるその財産と同一種類の財産の一般的な価格動向に基づき、時点修正して求めた価額または取得した時の売買価額を基に、現在の価額として算出した価額により評価することができます。

邦貨換算については、原則として、①納税義務者の取引金融機関（外貨預金等、取引金融機関が設定されている場合は、その取引金融機関）が公表する課税時期における最終の対顧客直物電信買相場（TTB）またはこれに準ずる相場、②課税時期に当該相場が無い場合には、課税時期に最も近い日の当該相場になります。

① 不動産

アメリカでは日本と異なり、不動産の評価は土地と建物を一体として評価するのが慣習です。そして築年数の多少にもよりますが、建物のメンテナンスの状況やその住宅の所在地にも価額に影響することが大いにあります。商業地では収益還元法による場合が多く、不動産価額の評価はアメリカの鑑定士協会（Appraisal Institute）の認定した鑑定士が評価を行います。

一方、日本の場合は宅地は、国税庁が定めた路線価あるいは固定資産税評価額に一定倍率を乗じて算定しますから、原則として不動産鑑定士に評価を任せることはまずありません。建物の評価も地方公共団体が決

定した固定資産税評価額を基とするので、アメリカのように売買価額の評価という概念は存在しません。

国外に所在する土地については、路線価はまず存在しないので、財産評価基本通達の国外財産の評価の箇所により、原則として売買実例価額、地価の公示制度に基づく価格および鑑定評価額等を参酌して評価することになります。また、課税上弊害がない限り、取得価額または譲渡価額に、時点修正するための合理的な価額変動率を乗じて評価することができるとされています。

アメリカのかなりの州では、インターネットで不動産登記情報を見ることができ、現在の所有者や売買価格、固定資産税評価額などが判明するので参考になります。

② **取引相場のない株式**

日本法人の株式の評価は、会社の規模に応じ類似業種比準価額と純資産価額を使って算定することになりますが、取引相場のない外国法人の株式を評価する場合には、もともと類似業種比準価額が存在しないので、純資産価額方式で評価することになります。

日本法人の場合は、純資産価額方式で評価する場合「評価額に対する法人税額等に相当する金額」として42％控除しますが、国によって、日本の法人税、事業税、道府県民税および市町村民税に相当する税が課されている場合には、評価差額にそれらの税率の合計に相当する割合を乗じて計算することができるとされています。そして、「1株当たりの純資産価額」を計算した後「対顧客直物電信買相場」により邦貨換算します。

なお、日本法人でも、同族株主以外の株主等については、配当還元方式により評価することができますが、外国法人の株式の評価においても、同様の判定で配当還元方式により評価することが可能です。

③ 外国の証券取引所に上場されている株式

　その年12月31日の最終価格としますが、12月、11月、10月の最終価格の月平均額のいずれか低い価格で評価することもできます。

(4) 過少申告加算税の特例

① 国外財産調書の提出がある場合の過少申告加算税等の特例

　国外財産に係る所得税または相続税について申告漏れまたは無申告（以下「申告漏れ等」といいます）がある場合において、提出された国外財産調書（更正・決定を予知して期限後に提出されたものを除きます）に、次のとおり当該申告漏れ等に係る国外財産の記載があるときは、当該記載がある部分につき課する過少申告加算税（10％、15％）または無申告加算税（15％、20％）については、通常課されるこれらの加算額から当該申告漏れ等に係る所得税または相続税の5％に相当する金額を控除した金額とされます。（改正国外送金等調書法6①）

イ　次に掲げる所得に係る所得税について申告漏れ等がある場合において、その年分の国外財産調書（譲渡、解約等がある場合はその前年分の国外財産調書。次の②において同じ）に、当該申告漏れ等となった所得に係る国外財産の記載があるとき

(a)	国外財産から生じる利子・配当等
(b)	国外財産の貸付け・譲渡による所得
(c)	その他国外財産に起因して生じた所得（具体的事例を通達に例示）

ロ　国外財産に係る相続税について申告漏れ等がある場合において、被相続人により提出された相続の前年分の国外財産調書または相続人により提出された相続年分の国外財産調書のいずれかに、当該申告漏れ等に係る国外財産の記載があるとき

② 国外財産調書の提出がない場合の過少申告加算税等の特例

　上記①のイの所得に係る所得税について申告漏れ等がある場合において、その年分の国外財産調書の提出がないとき（更正・決定を予知して

期限後に提出されたときを含みます）にまたは提出された国外財産調書に当該申告漏れ等に係る国外財産の記載がない（記載不備も含みます）ときは、当該提出または記載がない部分につき課する過少申告加算税（10％、15％）または無申告加算税（15％、20％）については、通常課されるこれらの加算額に当該申告漏れ等に係る所得税の5％に相当する金額を加算した金額とされます。（改正国外送金等調書法6②）

③ **過少申告加算税の対象とされる所得**（改正国外送金等調書令11、同法規13）

イ．国外財産である預金等からの利子所得

ロ．国外財産である株式等からの配当所得

ハ．貸付け（国外への）による所得

ニ．国外財産の譲渡による所得

ホ．国外財産である不動産等の賃貸による所得

ヘ．国外財産が発行法人から与えられた一定のストックオプションを行使する権利である場合における、その権利の行使による株式の取得に係る所得

ト．国外財産が生命保険契約等に関する権利である場合における、その契約等に基づき支払を受ける一時金または年金に係る所得

チ．国外財産が特許権等である場合における、その使用料に係る所得

リ．上記以外の所得で国外財産に基因して生ずる、これらに類する所得

④ **国外財産調書の提出**

その年の12月31日において、その価額の合計額が5,000万円を超える国外財産を有する方は、その財産の種類、数量および価額その他必要な事項を記載した調書（以下「国外財産調書」といいます。）を、翌年の3月15日までに、所轄税務署長に提出しなければなりません。

この改正後の最初の国外財産調書は、平成25年12月31日における国外財産の保有状況を記載して、平成26年3月17日までに提出することに

⑤ 罰則等

国外財産調書の提出に関する調書に係る質問検査権の規定が整備されるとともに、国外財産調書の不提出・虚偽記載に対する罰則規定が設けられました。その場合の法定刑は、1年以下の懲役または50万円以下の罰金とされ、併せて、情状免除規定が設けられました。

適用期日 この⑤の改正は、平成27年1月1日以後の違反行為について適用されます。（改正国外送金等調書法9、10）

【国外財産調書の様式（イメージ）】（国税庁ホームページより）

平成25年12月31日分　国外財産調書

国外財産を有する者	住所又は居所	東京都千代田区霞ヶ関3-1-1						
	氏　名	国税　太郎　　　（電話）3581-XXXX						
国外財産の区分	種類	用途	所　　在		数量	価　額	備考	
預金	普通	一般用	アメリカ○○州・・ ○○銀行　××支店		1	8,500,000		
有価証券	株式	一般用	アメリカ△△州 ○○ Inc.		6,000	24,000,000		
	合　計　額					70,000,000		
(摘要)								

(5) 国外財産調書制度への税務当局の対応

税務当局は、今までも個人の資産運用に関するデータをいろいろ収集してきています。具体的には、任意調査の実地調査として行われる「反面調査」はまさにこれで、金融機関などが、いつ、いくらぐらい取引したのかを税務署や市町村等に報告する支払調書などを使う場合もあります。

これに、今回導入された国外財産調書が加えられたのです。この国外調

書制度で注意をしてもらいたいのが、国外財産とはどんな財産なのかということです。

　自分では、国内財産と思っているものも含まれ、思わず罰則が適用されたというようなことがあっては大変です。次のような場合には特に注意するようにしましょう。

① 国外に現物資産や金融資産があるのに、相続税や贈与税などの申告をしていない場合
② 国外で株式や株式投資信託を譲渡して売却益や利子所得があるのに申告をしていない場合
③ 1回あたり100万円を超える国外への送金をした場合や逆に国外から送金を受けた場合（国外送金等調書によりイ．その年月日、ロ．金額、ハ．口座番号、ニ．その理由などが金融機関等を通じて掌握されています。）

　また、国外でなく国内で行われる場合でも、以下のように情報は税務当局が把握していると思われますので、申告忘れ等のないようにした方がよいでしょう。

① 株式・株式投資信託などの運用をした場合（源泉徴収なしの特定口座や一般口座を通じて支払調書などにより、イ．銘柄名、ロ．株数・口数、ハ．売却額、ニ．その年月日などが掌握されています。
② 金やプラチナなどを売却した場合に1回で200万円を超えた場合には、取引業者などが提出する譲渡後の支払調書などを通じて税務署は掌握しています。
③ その他株式や金などを売却して譲渡所得が発生しているのに未申告である場合、逆に申告はしているが、その申告額が少ないのにもかかわらず不動産などの高額なものを買っている場合には、そのお金の出どころを疑われます。

(6) 外国法人から付与されたストックオプションの権利行使等に関する調書制度の創設

　この数年、外国親会社から、日本法人の役員、従業員に付与されたストックオプションの所得について申告漏れが相次ぎ、脱税等の事案が数多く見受けられるようになりました。

　そこで、外資系企業等に外国親会社からのストックオプションの行使等に関する調書の提出を義務付けることになりました。

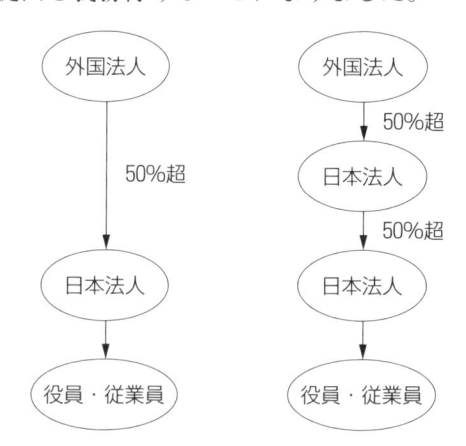

```
   外国法人              外国法人
      │                    │ 50%超
      │                    ▼
      │ 50%超            日本法人
      │                    │ 50%超
      ▼                    ▼
   日本法人              日本法人
      │                    │
      ▼                    ▼
  役員・従業員         役員・従業員
```

　外国法人が発行済株式の50％以上を直接もしくは間接に保有する関係にある日本法人の役員もしくは使用人である日本居住者が外国親会社により付与された、その外国親会社等が発行する株式を無償または有利な価額で取得することができる権利に基づき、その外国親会社等から株式、金銭その他の経済的利益の交付、支払または供与（以下において「供与等」といいます）を受けた場合には、当該内国法人または営業所等の長は、その経済的利益の供与等を受けた役員等の当該外国親会社等の経済的利益の供与等に関する調書を、当該供与等を受けた日の属する年の翌年3月31日までに、税務署長に提出しなければならなくなりました。（所法228の3の2）

適用期日 この改正は、平成25年1月1日以後に提出する調書から適用されています（平24改措法等附56）

平成25年中にストックオプション等に基づく経済的利益の供与等があった場合には、調書を平成26年3月31日までに提出しなければなりません。また、この調書を提出しなかったり、提出書類に偽りに記載等があった場合には、「1年以下の懲役又は50万円未満の罰金」に処せられることにもなりますのでくれぐれもご注意ください。

(7) アメリカの不動産、預金について特に注意する点

アメリカのカリフォルニア州などで夫と妻の二人が不動産を購入し、夫婦間でジョイント・テナンシー（共有財産権の一形態である含有財産権）を設定し、不動産の購入代金は全て夫が負担した場合の例です。

日本では相続税法第9条により、不動産の購入代金のうち2分の1が夫から妻へ贈与されたとして贈与税の課税対象として取り扱われます。したがってアメリカと異なり、妻に対する贈与については単なる贈与税として扱われるので、非常に高額な贈与税がかかる恐れがあります。

国外財産調書制度に記入する場合も充分注意しなければなりません。

このように国外で共有財産を設定したり、夫婦共有財産制度が存在する国では、資金の提供者との間で贈与にかかる税金、また共有財産に片方の死亡が発生すると、相続税の課税上は死因贈与（遺贈）による取得として相続税の課税対象となります。

❹ 日米同時査察調査実施取決めの合意（2012年7月）

　平成24年7月、日米租税条約26条に基づいて行われる情報交換に関し、「アメリカ合衆国と日本国の権限のある当局間の同時査察調査実施取決め」に合意したと日米両当局は公表しました。

　同時査察調査とは、日米両国にまたがる脱税嫌疑者を日本とアメリカの税務当局の査察部門が同時並行して査察を行うことで、そのため、日米租税条約26条により、自国の査察調査のために必要な情報の提供を相手国に要請すること、自国の査察調査において相手国にとって有効と認める情報を把握した場合に、その情報を相手国に提供することになります。

　何よりも、両国がある事案について同時査察の実施に合意した場合には、交換された情報について、指名代表（それぞれの権限のある当局が査察部員の中から指名）間で直接協議等を行うことによって、より効果的に脱税犯罪が摘発されることになります。

5 日本とアメリカの「税」情報把握共有化

　タックス・ヘイブン対策の一環として資金の流れの問題から、G8、G20の会議において、租税に関する情報交換として、OECDモデル租税条約26条を修正し、TIEA（Tax Information Exchange Agreement）のネットワークを拡大しています。

　日本も条約改正で、スイス、ルクセンブルク、ベルギー、シンガポール、マレーシア、オランダも同様の情報交換を強化し、さらに新しい条約をサウジアラビア、クウェート（未発効）、ポルトガル（未発効）と締結、タックス・ヘイブンであるバミューダを初め、香港、バハマ、ガーンジー（未発効）、ケイマン、ジャージー（未発効）、リヒテンシュタイン公国（未発効）、マン島と急速に整備がされています。

　2012年6月21日に金融庁、財務省および国税庁の連名により「米国の外国口座税務コンプライアンス法（FATCA：Foreign Account Tax Compliance Act）実施の円滑化と国際的な税務コンプライアンスの向上のための政府間協力の枠組みに関する米国及び日本による共同声明」が発表されています。

　これはアメリカ政府は、資産隠しなどの疑いを持った口座に関する情報について、日米租税条約26条に定める情報交換規程に基づき日本の国税庁にその情報を求め、提供を受けることになり、FATCAの適用に当たっての日本の金融機関が当初懸念した「個人情報保護法」違反を払拭すると同時に、情報提供拒否に伴うアメリカでの制裁的課税もなくなったとしています。

第III編

これからも使える新相続税対策の活用法

第1章 大増税後にも使える相続税対策

1 信託を活用した相続税対策とはどんな対策？

　平成25年度の相続税大増税の改正を踏まえて、従来型の相続税対策をもう一度見直し大いに活用してほしいとの想いから、以下では、従来から使われている相続税対策について解説します。それぞれの対策のメリットやデメリットもよく考えて実行してください。

　本来、相続税対策は、このような改正もあることを想定して考えなければなりません。

　一時的な節税のために、将来待ち構えているデメリットを見逃しては、元も子もありません。それでは以下で最近よく使われる対策について解説しますので、よくご研究してください。

　平成19年9月30日から新しい「信託法」が施行されました。もとは大正11年に制定された信託法を84年ぶりに大改正し、最近の経済情勢に沿うように関連法規と共に整備したものです。

　「信託」とは何かというと、日本人にとってみれば信託銀行が、まず連想されるのではないでしょうか。欧米など先進国においては、「信託」や「TRUST」のイメージは日本でのイメージとはまったく違っています。

　そもそも「信託」とは、他者のために財産を預り、管理・処分する制度のことをいいます。信託の起源は、ヨーロッパの十字軍の遠征だと言われています。軍人が長い遠征に赴く前に、土地や財産などを信頼できる人に託し、無事戻ってきたら自分に返してくれ、もし自分が戦死してしまったなら財産のうちこれを妻に、これをわが子に渡してくれ、と頼んだところから始まったと言われています。

信託制度は、委託者（財産を所有している人）が財産を自分で管理や運用をしないで、契約または遺言で受託者に委ねます。この時、信託した財産の管理や運用によって利益を受ける者を定めます。この利益を受ける者を受益者と呼びます。受託者は、この受益者のためだけに、受託した財産の管理、運用あるいは処分をします。

　受益者は委託者が自由に決めることができますが、委託者は自分の財産をいったん受託者に引き渡してしまうと、後は原則として受託者に権利・責任が移り、委託者の権限は非常に限られたものとなります。

　欧米での信託を活用する理由は、「財産の管理・運用が自分でできないから」、「自分がアルツハイマーに罹る恐れがあるので」とか、「自分が死んだ後も財産のすべてを相続させるのではなく、毎年一定額だけ支給するようにしたいから」、「遺言で遺産はまず妻に、妻の死後、半分は自分の妹に、半分は〇〇市に寄付したいから」とか様々です。そして、これらの要望を叶えられるのは、実は信託だけなのです。

　自分の財産管理や遺言など従来からいろいろな民法上の制度があります。例えば、代理、成年後見制度、委任などがありますが、最大の相違点は、信託では財産の名義が変わるということです。つまり、受託者の所有財産となることです。これが民法上の制度にはない財産管理制度であり、信託ならではの活用方法がそこにあると言えます。

　新しい信託法では、信託の対象が金銭債権や不動産だけでなく、企業が事業そのものを信託する事業信託が可能になったことから、企業再編や資金調達が容易になり、新たな事業創出の期待が膨らんでいます。

　さらには、企業や個人が自分の財産を自分に信託する自己信託（信託宣言）も認められ、そして受益証券発行信託、限定責任信託、受益者の存在しない目的信託など新しい信託類型が次々と整備されました。

　ところが、このような新しい時代の相続税対策が次から次へと登場してくる中、いまだバブル時代に流行った土地有効対策などを使っている方も

おられるようです。

しかし、時代も税制も目まぐるしく動いていることを忘れずに、その時代、時代に適した相続税対策が必要と思われます。

まず、最新の相続税対策として、信託を使った対策を以下で勉強してみてください。今までの相続対策が陳腐に見えてくるはずです。

(1) 信託のしくみ

信託とは、委託者（財産を持っている人）が自己の所有の財産を自分で管理や運営をしないで、契約（信託契約）または遺言で受託者（信託会社等）に託します。契約の際、委託者は信託により利益を受ける者（受益者）を指名します。なお、受益者は委託者が自由に決めることができます。

土地信託を例にとると、土地所有者がその土地を信託契約により20年間信託銀行（受託者）に託します。受託者は自ら、その土地を賃貸するなどして管理運用（ただし、信託銀行は手数料等を取ります。）し、その利益を受益者に定期的に給付します。そして20年後の信託期間満了時には、信託銀行（受託者）は、終了時点での信託財産をすべて受益者に給付し、財産の所有権を受益者に移転させ、信託は終わります。

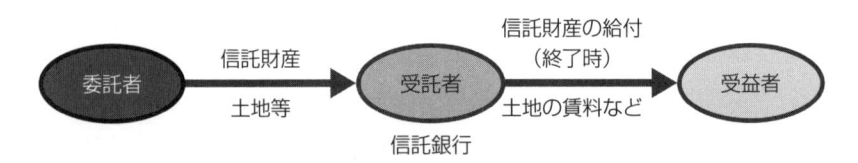

```
委託者 ──信託財産──→ 受託者 ──信託財産の給付──→ 受益者
        土地等        （終了時）
                   信託銀行  土地の賃料など
```

この場合、通常、委託者が受益者となります。

信託とはこのように、委託者が受託者に対して財産権の移転その他の処分を託し、信託目的に従って受託者が受益者のために信託財産の管理、処分をすることをいいます。

委託者が信託を利用する理由として、自分が死んだ後の財産の管理や分割について、遺言ではなく、今のうちから財産を管理して、死後も運用に

ついては専門家に任せたいとか、いつ認知症などになるかわからないのでとか、今も現在も自分の財産の管理運用が煩わしいのでなどの理由があります。

信託は他者のための財産管理制度ですが、他の財産管理制度としては、民法上の代理、委任、寄託、組合、遺言執行などの制度があります。しかし、これらと信託が大きく異なる最大の特質は、委託者の財産の名義が受託者名義に移転することです。

「代理」は民法上の代理関係では財産の名義は本人で、代理権者の名義にはなりません。また、権限についても、信託ではすべて受託者に帰属しますが、代理関係では本人も依然として権限が存在します。

「委任」についても、財産の名義は本人のままで受任者には移転せず、財産の権限も委任から離脱することはありません。なお、「寄託」も財産の名義は移転しません。

以上のように、民法上の財産管理制度に対し、信託法上の財産管理制度は財産の名義が移転し、受託者は信託期間中、託された財産の所有権者となることです。信託期間中は信託財産は委託者の権限支配から離れて、受託者自らの判断で管理・処分することが基本ですから、名義が受託者名になっていることが必要なのです。

したがって、土地や建物の所有者名も受託者名であり、株式や債権や預貯金などすべての名義が受託者名となっています。この特徴が、他の財産管理制度では見ることのできない信託だけのしくみなのです。

(2) 信託を使った相続税対策とはどんな対策？
① 幼い子のために行う信託

▼ ケース①

　A（73歳）は3歳の女の子と同居しています。女の子の父親はAの息子で、女の子の母親は離婚して別のところで他の男と一緒に暮らしています。Aは孫である女の子のために全財産を残したいと考えていますが、遺言で残したとしても女の子の母親が出て来て横取りしてしまう懸念が十分あります。

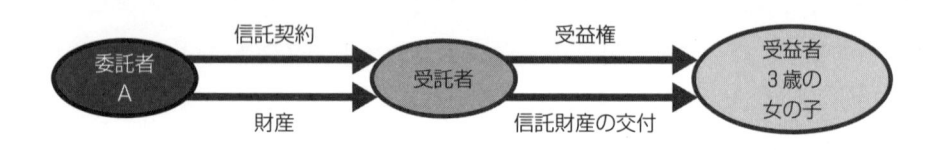

```
委託者A ──信託契約──▶ 受託者 ──受益権──▶ 受益者
         ──財産────▶         ──信託財産の交付──▶ 3歳の女の子
```

【アドバイス】そこでAはAの財産を信託し、受託者との間の契約で、Aがもし死亡するか認知症になれば、女の子の養育費と修学費用として毎月30万円を彼女が大学を卒業するまで与えてほしい。その際の保護者としてAの妹を信託管理人として指示する。しかし何か資金が必要な場合は随時交付する。そして彼女が大学を卒業したら、信託財産の残りを彼女にすべて与えてほしいという内容の信託を行います。

　この例では、幼い孫のために財産を残したいと思っても、遺言では彼女の親権者に事実上全財産を委ねることになるため、Aの遺志はかないません。そこで遺言信託を考えついたわけですが、アルツハイマーなどの認知症にかかれば正常な判断が失われますから、死んでしまった時か認知症が発生した時かのいずれか早く訪れた方の時に信託の効力が発生するようにし、それまでは信託の効力が生じず、委託者Aの指図どおりに財産の管理処分ができるようにしておきます。そして、認知症発生後は信託契約において、受託者がAのために財産の管理・処分ができるようにしておきます。

このようにしておけば、女の子（孫）に誰からも横取りされることなく財産を与えることができます。

② 身体の不自由な子のために行う自己信託

▼ ケース②

　Bの長男は生まれつき知的障害があり、自立はできない状態です。Bも80歳になり、そろそろ死後のことを考えるようになりました。Bには二男とその子が二人いますが、二男は自立していて、それほど遺産ことについては考えなくても良いのですが、Bの死後はどうなるかわかりません。遺言で長男に財産を残したとしても、知的障害のある長男は相続財産を散逸させる可能性が高く困っています。

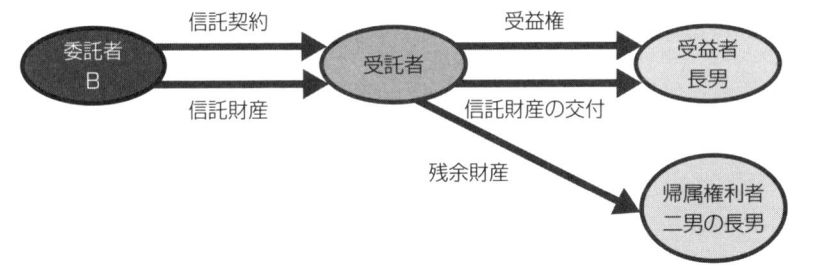

【アドバイス】そこでBは遺言契約による信託を設定することにします。

```
委託者B  ──信託契約──→  受託者  ──受益権──→  受益者 長男
        ──信託財産──→         ──信託財産の交付→
                              ──残余財産──→  帰属権利者 二男の長男
```

　BはBの財産の一部を受託者に信託財産として信託契約し、長男を受益者とする信託を設定します。財産の管理や長男の生活に必要となる資金の定期的な交付や、必要に応じての資金手当を受託者に負わせます。長男には妻子がないことから、長男の死後、信託を終了し、二男の長男に残余財産を帰属させるということにします。

　このようにすれば、Bの死後、長男の生活や療養が安心できる体制を整えられることができ、さらには残余財産を二男の子に帰属させることによって、二男の遺留分の減殺請求の歯止めにもなります。

(3) 相続税・贈与税の信託課税の原則とはどんな原則?
① 贈与または遺贈により取得したものとみなされる場合

適正な対価を負担せずに信託の受益者等となる者がある場合には、その信託の効力が生じた時において、その信託の受益者等（受益者としての権利を現に有する者および特定委託者をいいます。以下同じ）となる者は、その信託に関する権利をその信託の委託者から贈与により取得したものとみなされ、贈与税が課税されます。

ただし、その委託者の死亡に基因してその信託の効力が生じた場合には、遺贈により取得したものとみなし相続税の課税対象とされます。（相法9の2①）

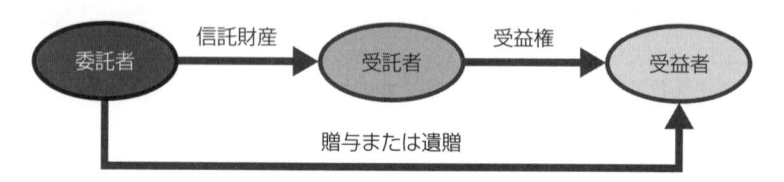

② 受益者の存する信託で、新たに受益者が存するに至った場合

受益者等の存する信託について、適正な対価を負担せずに新たにその信託の受益者が存するに至った場合には、新たに受益者等が存するに至った時に、その信託の受益者となる者は、その信託に関する権利をその信託の受益者等であった者から贈与（その受益者であった者の死亡に基因して、新たに受益者等が存するに至った場合には、遺贈）により取得したものとみなされ、贈与税（または相続税）が課税されます。（相法9の2②）

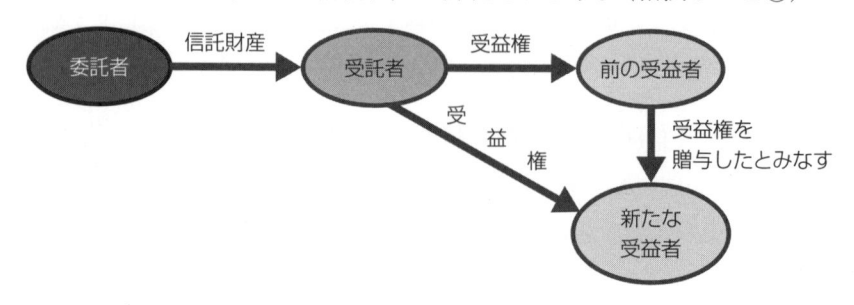

③ 一部の受益者等が存しなくなった場合

　受益者等の存する信託について、その信託の一部の受益者等が存しなくなった場合に、適正な対価を負担せずに既にその信託の受益者等である者が、その信託に関する権利について、新たに利益を受けることとなるときは、その信託の一部の受益者等が存しなくなった時に、その利益を受ける者は、その利益をその信託の一部の受益者等であった者から贈与（その受益者等であった者の死亡に基因してその利益を受けた場合には、遺贈）により取得したものとみなし、贈与税（または相続税）の課税対象とされます。（相法9の2③）

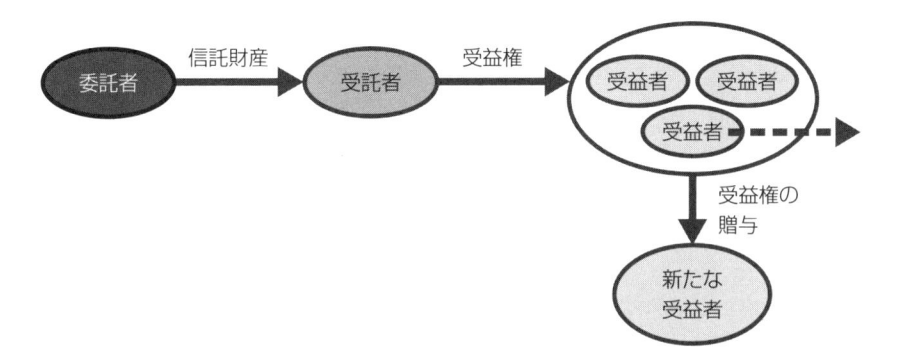

④ 受益者等の存する信託が終了した場合

　受益者等の存する信託が終了した場合に、適正な対価を負担せずにその信託の残余財産の給付を受けるべき、または帰属すべき者となる者があるときは、その給付を受けるべき、または帰属すべき者となった時に、その信託の残余財産の給付を受けるべき者または帰属すべき者となった者は、その信託の残余財産をその信託の受益者等から贈与（その受益者等の死亡に基因してその信託が終了した場合には、遺贈）により取得したものとみなし、贈与税（または相続税）の課税対象とされます。（相法9の2④）

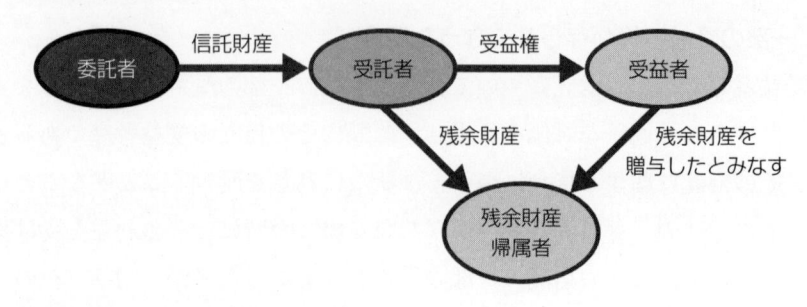

```
委託者 ──信託財産──▶ 受託者 ──受益権──▶ 受益者
                        │                    │
                        残余財産              残余財産を
                        │                    贈与したとみなす
                        ▼                    ▼
                            残余財産
                            帰属者
```

⑤ 信託に関する相続税法の規定

　上記①から③までの規定により、贈与または遺贈により取得したとみなされる信託に関する権利または利益を取得した者は、その信託の信託財産に属する資産および負債を取得し、または承継したものとみなして、相続税法の規定が適用されます。

　信託に関する権利は信託財産であり、その中味は、信託財産の資産および負債ということになります。

　また、法人税法に規定する集団投資信託、法人課税信託および退職年金等信託については、受益者等が信託財産を明確に所有しているものではないことから、上記規定の対象外とされています。(相法9の2⑥)

　信託法では、委託者の権限が大幅に制限されていて、いったん委託者の財産を受託者に信託すると、その信託財産の運用・管理・処分等は一切受託者に移転してしまいます。

　遺言によって受益者の存しない信託《目的信託》を設定した場合、委託者の相続人は、委託者の死亡があっても委託者の地位を承継できないことになりました。このようなことから、委託者課税であった旧税法も、委託者から受託者への課税へと変化を遂げています。

　そして、平成19年度税制改正では、受益者の定義が設けられ、「受益者等」と「受益者として権利を現に有する者」とは異なると規定されています。

　例えば、受益者連続型信託のように、Aが死亡した後はBを受益者に、Bが死亡した後はCを受益者にというような場合には、BはAが死亡す

るまでは受益者としての権利を有さないことから、Aが死亡するまでは「受益者等」とは言えないと規定されています。

したがって、残余財産受益者であっても、信託が終了し、残余財産に対する権利が確定するまでは、残余財産の給付が受けられるかどうかわからないような場合には、残余財産に対する権利が確定するまでは「受益者等」に含まれないこととなるときもあるということです。

(4) 相続税法上の信託課税の特例
① 受益者連続型信託の特例
イ 受益者連続型信託とは

受益者連続型信託とは、いわゆる「後継ぎ遺贈型信託」のことで、代表的な例としては、委託者Aの相続人B、C、Dが順番にAの信託受益権を引き継いでいく信託をあげることができます。具体的には、次の信託をいいます。（相法9の3①、相令1の8）

> ① 信託法第91条に規定する「受益者の死亡により他の者が新たに受益権を取得する旨の定めのある信託」
>   受益者の死亡により、その受益者の有する受益権が消滅し、他の者が新たな受益権を取得する旨の定め（受益者の死亡により、順次他の者が受益権を取得する旨の定めを含みます）のある信託
> ② 信託法第89条第1項に規定する「受益者指定権等を有する者の定めのある信託」
>   受益者を指定し、またはこれを変更する権利（これを「受益者指定権等」といいます）を有する者の定めのある信託
> ③ 受益者等の死亡その他の事由により、その受益者等の有する信託に関する権利が消滅し、他の者が新たな信託に関する権利を取得する旨の定め（受益者等の死亡その他の事由により順次他の者が信託に関する権利を取得する旨の定めを含みます）のある信託
> ④ 受益者等の死亡その他の事由により、その受益者等の有する信託に関する権利が他の者に移転する旨の定め（受益者等の死亡その他の事由により順次他の者に信託に関する権利が移転する旨の定めを含みます）のある信託
> ⑤ ①および②に規定する受益者指定権等を有する者の定めのある信託ならびに③および④に掲げる信託以外の信託で、これらの信託に類似するもの

□ 受益者連続型信託の課税方法はどうする

(イ) 最初の受益者—信託の効力が生じた場合—

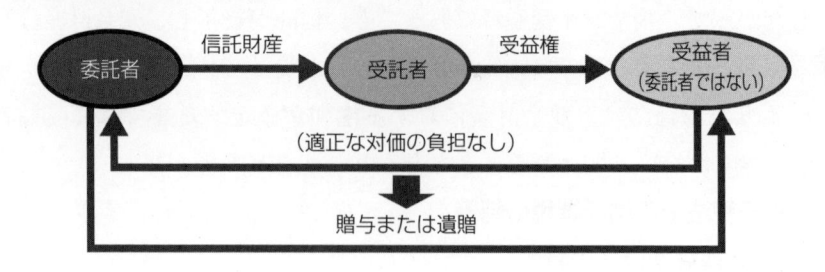

信託の効力が生じた場合に、適正な対価を負担せずにその信託の受益者となる者があるときは、その信託の効力が生じたときに、その信託の受益者等となる者は、その信託に関する権利をその信託の委託者から贈与により取得したものとみなされます。

ただし、その委託者の死亡に基因してその信託の効力が生じた場合には、遺贈により取得したものとみなされます。（相法９の２①）

以上のように受益者連続型信託とは、後継ぎ遺贈型信託のことであり、Ａが死亡すればＢ、Ｂが死亡すればＣというように、受益者が順次移転します。

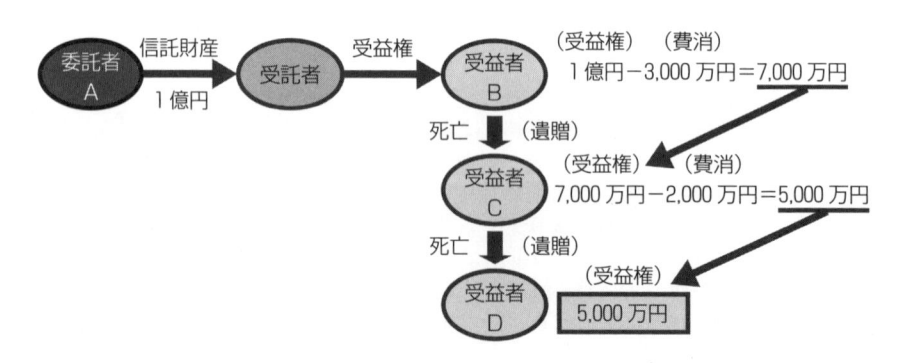

例えば、委託者が遺言によって受益権の価額が１億円の財産をＢに遺贈したとしますと、Ｂは１億円の受益権をＡから取得したとして、相続

税が課税されます。そして、Bが何年か生存し、その受益権を3,000万円費消した後、死亡した場合は、Cが7,000万円の受益権を取得したものとされ、Cに相続税が課税されます。Cもまた、何年か後に2,000万円を費消した後死亡したとすれば、Dは5,000万円の受益権を取得したとされ、Dに相続税が課税されることになります。

㈹　次の受益者・それ以降の受益者はどうする

—受益者等の存する信託について新たに信託の受益者等が存するに至った場合—

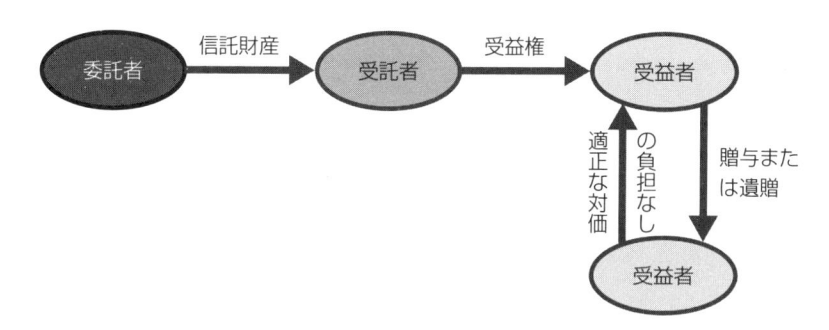

受益者等の存する信託について、適正な対価を負担せずに新たにその信託の受益者等が存するに至った場合には、その受益者等が存するに至った時に、その信託の受益者等となる者は、その信託に関する権利をその信託の受益者等であった者から贈与により取得したものとみなされます。それ以降の受益者についても、前の受益者からの贈与により取得したものとみなされることになります。

ただし、その受益者等であった者の死亡に基因してその利益を受けた場合には、遺贈により取得したものとみなされます。（相法9の2②）

八　受益者連続型信託における権利の評価はどうする

受益者連続型信託に関する権利については、受益者連続型信託の利益を受ける期間の制限その他のその受益者連続型信託に関する権利の価値に作用する要因としての制約が付されているものについては、その制約が付さ

れていないものとみなして評価することになります。

　なお、異なる受益者が性質の異なる受益者連続型信託に関する権利（その権利のいずれかに収益に関する権利が含まれるものに限ります）をそれぞれ有している場合に限り、収益に関する権利が含まれている受益者連続型信託に関する権利については、同様に制限・制約が付されていても、付されていないものとみなされます。

　ただし、受益者連続型信託に関する権利を有する者が法人（代表者または管理者の定めのある人格のない社団または財団を含みます）である場合には、上記規定は適用されません。（相法9の3①）

　例えば、自分の死後、収益不動産の収益受益権を妻に与え、妻の死亡後は、収益受益権と元本受益権を自分の妹に、そして妹が亡くなると自分の長男に……というような受益者連続型信託の場合には、妻に収益受益権を与えるだけですが、収益受益権は一種の条件付、制約付ですが、そのような制約は付していないとみなし、その全受益権に対して課税されることになります。

　つまり、収益に関する受益権の価値は、信託財産《収益受益権＋元本受益権》そのものの価値とイコールとして計算されることになります。これにより元本受益権の評価は、ゼロということになります。

　また、受益者連続型信託に関する権利を有することとなる者が法人である場合には、異なる扱いになります。収益受益権の取得を法人がした場合には、元本受益権の価額は、ゼロとはならないということです。

② **受益者等が存在しない信託等の特例**
イ　受託者の親族が受益者等になるときはどうなる

　受益者等が存しない信託の効力が生じる場合に、その信託の受益者等となる者がその信託の委託者の親族であるときは、その信託の効力が生じる時において、その信託の受託者は、その委託者からその信託に関する権利を贈与により取得したものとみなされます。

ただし、その委託者の死亡に基因してその信託の効力が生ずる場合にあっては、遺贈により取得したものとみなされます。(相法9の4①)

つまり、受益者が存しない信託において、受益者が存在することになった時に、その受益者に課税するのが原則だと思われますが、それがいつになるのかわからないこともあり、受益者が存しない信託が設定された段階での受託者への法人税課税は、その後存在することとなる受益者に代わって課税されるという趣旨で、受益者が取得する受益権も、税引後の受益権を取得することになるということです。

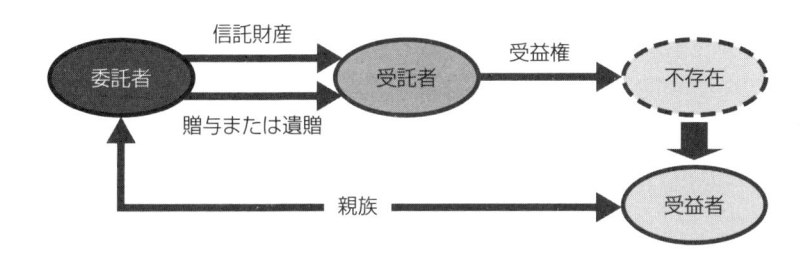

具体的には、受益者等が存しない場合に、受託者に対して受贈益課税を行い、その後、受益者が存するまでは、その運用益についても受託者に課税することになります。

その後、受益者が存することになった段階で、新たに受益者に課税を行うことはありません（既に受託者に課税済みであるため）。受益者は受託者の課税関係を引き継ぐことになりますので、この段階では、特に課税関係は発生せず、その後の運用益等についての課税関係が発生することになります。

□ 租税回避行為の防止策とは

上記イのような仕組みを利用して、相続税（最高税率55％）と法人税（最高実効税率約36～38％）の差額を利用した相続税回避策が考えられます。例えば、相続人に1年後に受益権が生じる停止条件を付した信託をすることにより、法人税の負担で課税関係を完了するといった方策が考え

られます。

　そこで、受託者への受贈益が生じる段階で、将来、受益者となる者が委託者の親族であることが判明している場合等には、受託者に課される法人税等に加えて、その信託等の受益者となる時に、その受益者となる者に相続税等を課税することとされました。（相法9の4①）

【一口メモ】
　「親族」とは、次の者をいいます。（相令1の9）
イ　民法725条各号に掲げる6親等内の血族、配偶者および3親等内の姻族
ロ　信託の受益者等となる者（残余財産の給付を受けることとなる者）が信託の効力が生じた時（受益者が不存在となった場合に該当することとなったときおよび次の③の契約締結時等を含みます）に存しない場合には、その者が存するものとしたときに上記イに掲げる者に該当する者
ハ　信託の委託者（次に受益者等となる者の前の受益者を含みます）が、その信託の効力が生じた時に存しない場合には、その者が存するものとしたときに上記イに掲げる者に該当する者

ハ　受益者等となる者が明らかでない場合はどうする

　その信託の受益者等となる者が明らかでない場合にあっては、その信託が終了した場合に、その委託者の親族がその信託の残余財産の給付を受けることとなる場合にも、上記ロの規定が適用されます。（相法9の4①かっこ書）

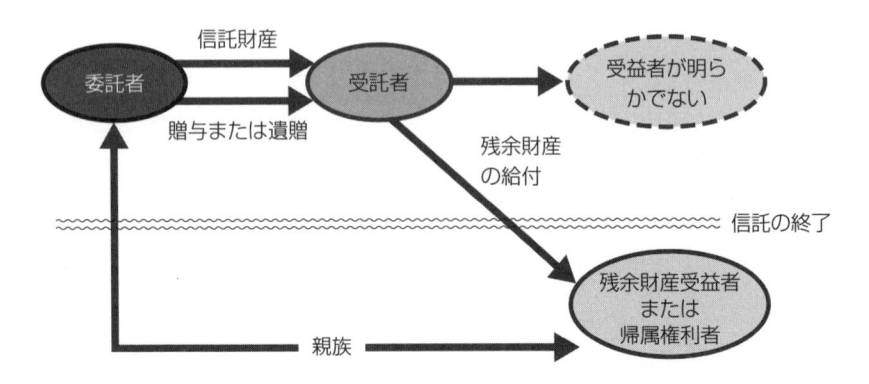

二　受益者等が存在しないこととなった場合はどうする

　受益者等の存する信託について、その信託の受益者等が不存在となった場合、その受益者等の次に受益者等となる者がその信託の効力が生じた時の委託者またはその次に受益者等となる者の前の受益者等の親族であるときは、その受益者等が存在しないこととなった場合に該当することとなった時に、その信託の受託者は、その次に受益者等となる者の前の受益者等からその信託に関する権利を贈与により取得したものとみなされます。

　ただし、その次に受益者等となる者の前の受益者等の死亡に基因して、その次に受益者等となる者の前の受益者等が存在しないこととなった場合には、遺贈により取得したものとみなされます。（相法9の4②）

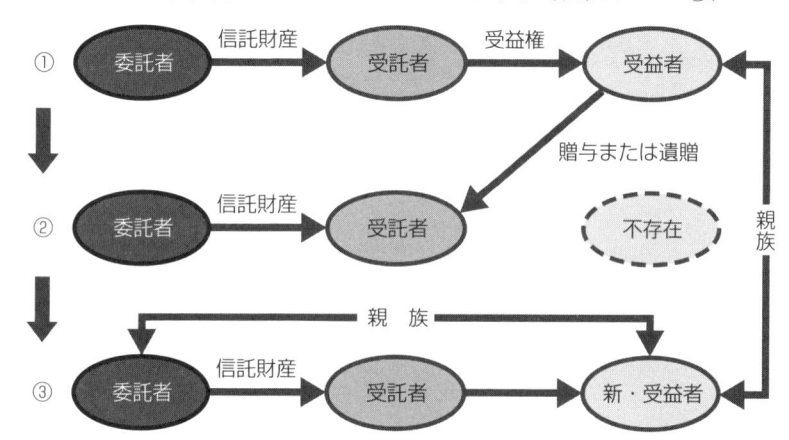

ホ　次の受益者等が明らかでない場合はどうする

　受益者等の存しないこととなった信託のうち、次に受益者等となる者が明らかでない場合にあっては、その信託が終了した場合に、その信託の委託者またはその次に受益者等となる者の前の受益者等の親族が、その信託の残余財産の給付を受けることとなるときにも、上記二の規定が適用されます。（相法9の4②かっこ書）

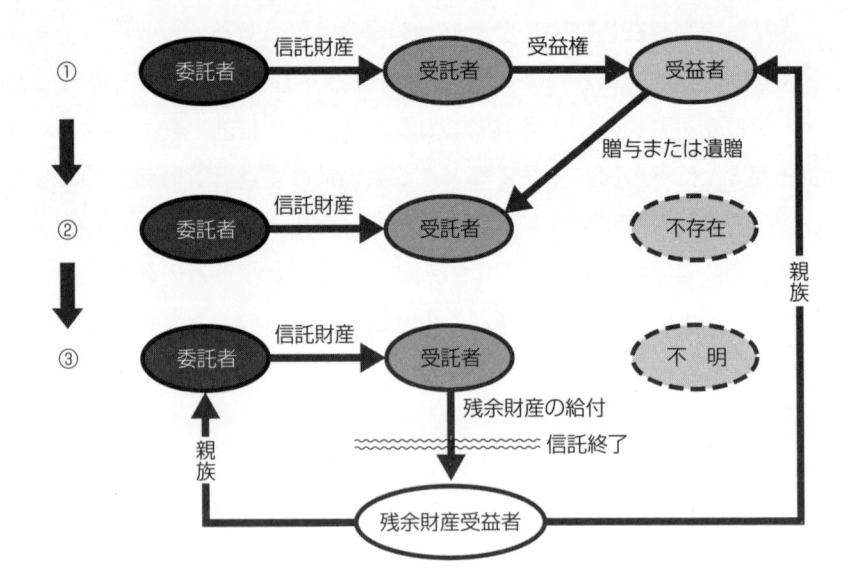

③ 受益者等が存しない信託に受益者等が存することになった時はどうする

受益者等が存しない信託について、その信託の契約締結時等において存しない者がその信託の受益者等となる場合において、その信託の受益者等となる者がその信託の契約締結時における委託者の親族等であるときは、その存在しない者がその信託の受益者等となる時において、その信託の受益者等となる者はその信託に関する権利を個人から贈与により取得したものとみなされます。（相法9の5）

【一口メモ】

契約締結時等において「存しない者」とは、契約締結時に出生していない者のほか、養子縁組前の者、受益者として指定されていない者などが含まれ、単に条件が成就していないため受益者としての地位を有していない者などは除かれます。

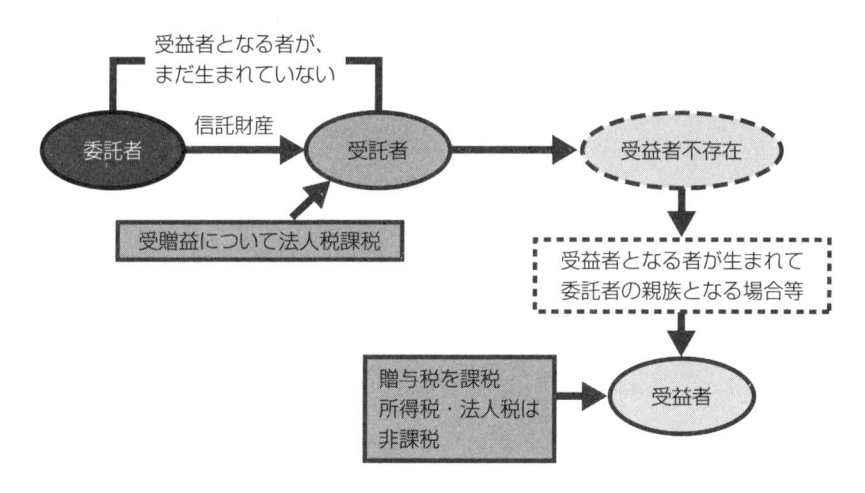

```
         受益者となる者が、
         まだ生まれていない
    ┌─────────────────┐
    │      信託財産      │
  委託者 ──────────→ 受託者 ─────→ 受益者不存在
                      ↑                 │
              受贈益について法人税課税        │
                                      ↓
                            受益者となる者が生まれて
                            委託者の親族となる場合等
                                      │
              贈与税を課税                 │
              所得税・法人税は  ────────→ 受益者
              非課税
```

例えば、未だ生まれていない孫を受益者とする信託を設定した場合等には、②で述べたとおり、受益者の存しない信託を設定した段階で、受託者に受贈益相当額の法人税課税が行われます。

通常の場合、未だ生まれていない孫へ財産を承継させるためには、少なくとも、その前に誰かにいったん財産を帰属させ、その後、生まれてきた孫に承継させることになります。このように未だ生まれていない孫に財産を承継させるには、少なくとも2回の相続等を経ることが必要となります。

ところが、信託を使えば、初めに信託を設定した段階での受託者課税だけで、孫への財産移転が可能になります。また、受益者指定権を有する者を定め、信託設定時に受託者に法人税課税された後で、親族等を指定するような場合についても、同様の問題が生じるので、このような措置が講じられたものと思われます。

なお、受益者不存在の信託として法人税課税信託となった時点において、先ほどの相続税または贈与税が課税された場合であっても、受益者等が特定された時点で、贈与税が課税される場合がありますので、注意すべきところです。

また、この贈与税課税において贈与する者を特定する必要性がないことから、個人からの贈与を規定していますが、この個人の住所は、その信託の委託者の住所にあるものとされています。(相令1の12②)

【一口メモ】
「契約締結時」とは、次に掲げる信託の区分に応じ、それぞれに定める時をいいます。(相令1の11)

①	契約による信託	委託者と受託者との間の信託契約締結の時
②	遺言による信託	遺言者の死亡の時
③	自己信託	イ　公正証書等によってされる場合は、その公正証書等の作成の時 ロ　公正証書等以外の書面または電磁的記録によってされる場合は、受益者となるべき者として指定された第三者（複数人いる場合は、その一人）に対する確定日付のある証書による内容の通知の時

④ 受益者等不存在の場合の受託者課税とは

イ　相続税等の納税義務

　受益者等不存在により受託者に贈与税または相続税が課税される場合に、受託者が個人以外の者（法人や人格なき社団等）である場合には、その受託者は、相続税法上は個人とみなすこととされました。(相法9の4③)

　このように「受託者」を「個人」とみなすことにより、個人以外の者（法人や人格なき社団等）も、相続税法上の納税義務者となります。

ロ　贈与により取得したものとみなされる場合の贈与税額の計算

(イ)　受託者が同一である信託の贈与税の計算

　信託の受託者として贈与により取得したものとみなされる財産とそれ以外の贈与により取得した財産を、それぞれ別の者とみなして贈与税額を計算します。(相令1の10①)

　また、信託が二以上ある場合で、その信託の受託者が同一である場合には、それぞれの信託ごとに別の者とみな贈与税額を計算することとさ

(ロ)　委託者が同一である信託の贈与税額の計算

委託者が同一で、贈与税の課税の適用を受ける信託が二以上あり、かつ、その受託者も二以上ある場合には、これらの受託者を一人の者とみなして贈与税額を計算した上で、それぞれの受託者の課税価格の割合に応じて贈与税額を按分計算して納付することになります。(相令1の10②ただし書、同③)

また、これらの信託の信託財産責任負担債務（信託法2⑨に規定する「信託財産責任負担債務」をいいます）の額も同様の額とされます。(相令1の10⑧)

ハ　遺贈により取得したものとみなされる場合の相続税額の計算

202ページの②の信託の受託者については、信託の委託者または次の受益者等となる者の前の受益者等（以下、「信託に係る被相続人」といいます）から遺贈（贈与者の死亡により効力を生じる贈与を含みます）により取得したものとみなされる信託に関する権利およびその信託に関する権利以外の信託に係る被相続人から相続または遺贈により取得した財産ごとに、それぞれ別の者とみなして、相続税額を計算します。(相令1の10④)

なお、受託者が複数いる場合も同様に計算します。また、信託の信託財産責任負担債務の額も同様の額とされます。(相令1の10⑩)

(5) 信託を活用した相続税対策の事例はこれだ

① アパートを信託する相続税対策とはどんな対策

▼ ケース①

Cは幅広く事業を展開しています。そこで比較的路線価の高い土地があり、アパート経営が成り立つ好立地なので、それを信託を使って活用しようと考えています。

所有する土地…相続税評価額1億円（借地権割合60％、借家権割合30％）

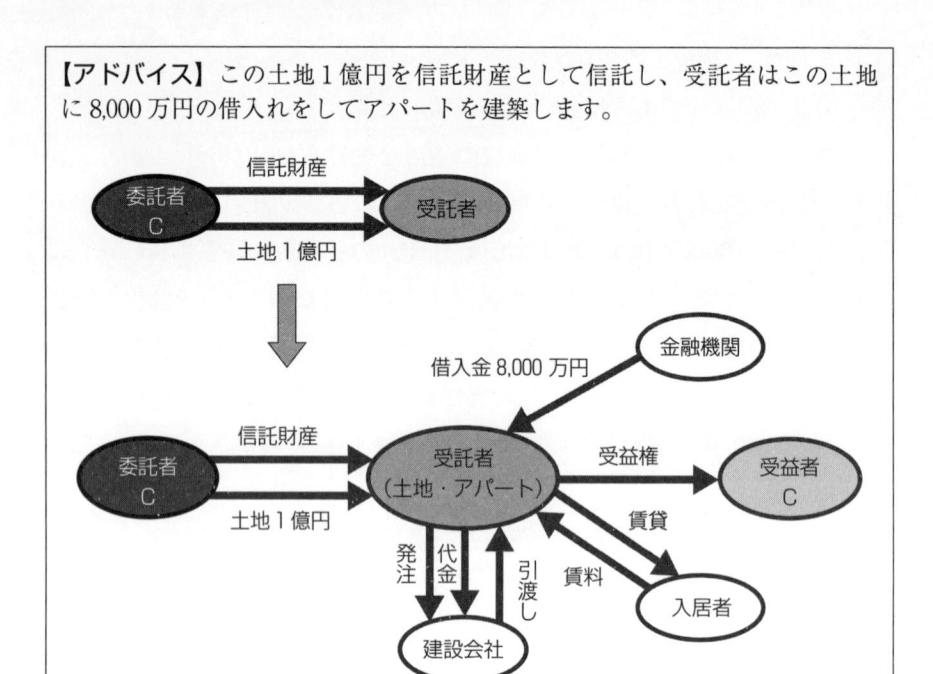

【アドバイス】この土地1億円を信託財産として信託し、受託者はこの土地に8,000万円の借入れをしてアパートを建築します。

このような場合、信託財産の評価は税務上どのようになるのでしょうか。受託者は1億円の土地に、金融機関から8,000万円借入れし、8,000万円のアパートを建て不動産業を行うことになります。

受託者が事業を行っていますが、パススルー課税なので、受益者（受託者と同じ）Cが自ら事業を行っていることになりますので、受益権の評価としては、土地は貸家建付地、建物は貸家の評価となります。

① 土地（貸家建付地）

　1億円　×　(1 － 60% × 30% × 100%) ＝ 8,200万円
　（土地の相続　　　　　　（借地権　（借家権　（賃貸　　　　（貸家建付地の
　　税評価額）　　　　　　　割合）　　割合）　　割合）　　　　相続税評価額）

② 建物（賃貸住宅）の相続税評価額

　8,000万円×60%＝4,800万円（固定資産税評価額）
　建築評価額

第1章 大増税後にも使える相続税対策

> ※建築評価額の60％を固定資産税評価額としました。（建物の相続税評価額は固定資産税評価額を基準としています。）
>
> 4,800万円 ×（ 1 － 30% × 100% ） = 3,360万円
> （固定資産税評価額）　　　　（借家権割合）　　　　　　（貸家の相続税評価額）
>
> 合計①＋②　8,200万円＋3,360万円－8,000万円＝3,560万円
> 　　　　　　（土地）　　（建物）　　（借入金）　（受益権の評価額）

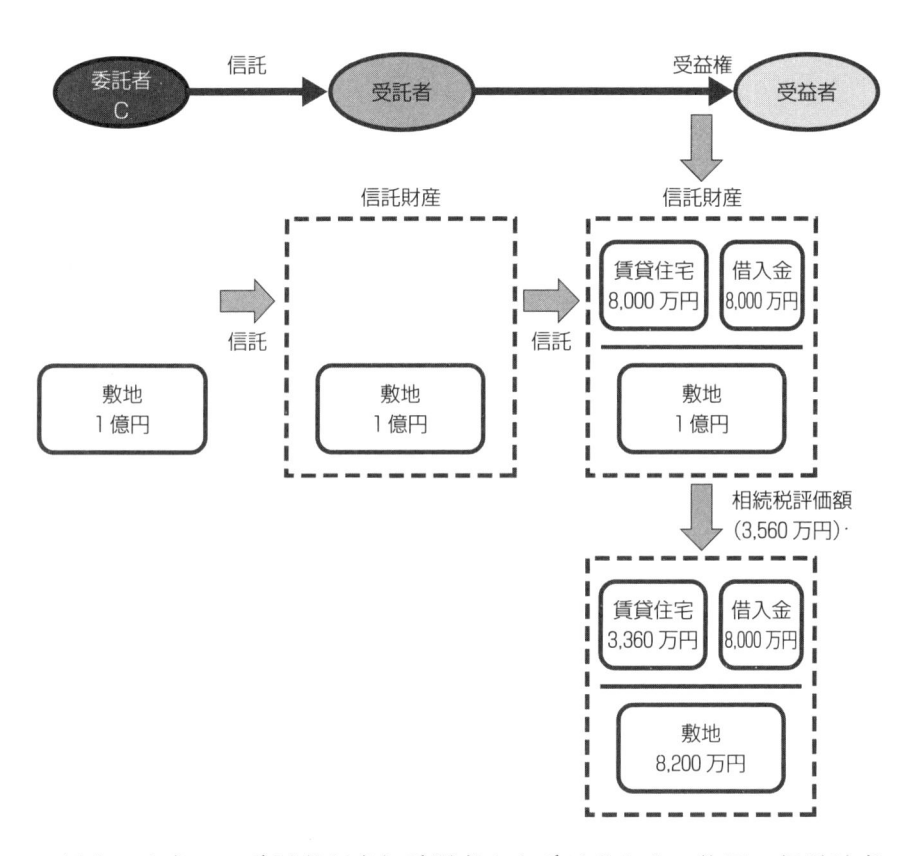

```
委託者  →信託→  受託者  →受益権→  受益者
  C                              ↓
              信託財産          信託財産
                            賃貸住宅  借入金
                            8,000万円 8,000万円
   信託          信託
                               敷地
  敷地          敷地           1億円
  1億円         1億円
                         相続税評価額
                         （3,560万円）
                         賃貸住宅  借入金
                         3,360万円 8,000万円
                            敷地
                           8,200万円
```

　以上のように、受託者が当初委託者から受け入れた1億円の信託財産に、受託者自ら金融機関から8,000万円を調達して賃貸住宅を建設し、賃貸事業を経営した場合には、受益権の相続税評価額は3,560万円となり、

Cの遺言によりその信託受益権を相続人が相続したとすれば大変な節税になるわけです。

ただし、相続税評価額が3,560万円になったからといって、生前にその受益権を贈与すると負担付贈与となって、土地も建物も時価で評価（土地1億円＋建物8,000万円－借入金8,000万円）されますから、元の1億円に対して贈与税がかかり、節税対策にはなりません。

生前に受益権を贈与するのであれば、負担付贈与にならないようにしなければなりません。つまり受託者が金融機関から借入れをおこさず、例では8,000万円を委託者が金融機関から借入れをおこすか、あるいは自前で調達して信託財産として信託するようにします。

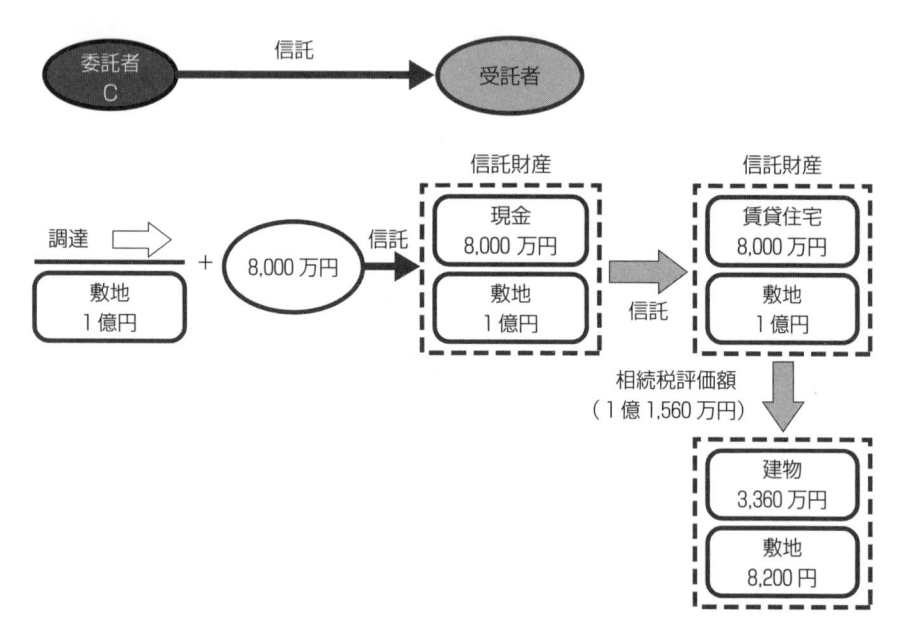

この方法では当初信託財産1億8,000万円が1億1,560万円になるスキームですが、生前贈与にも有効です。

（1億1,560万円 − 110万円）× 50％ − 225万円 ＝ 5,500万円

しかし、単純に受益権を贈与するとなると5,500万円もの贈与税がかか

ります。(平成27年以降は贈与税率が改正されます。253ページ参照)

そこで、親が65歳(平成27年以後は60歳)以上、子が20歳以上である場合には「相続時精算課税制度」を活用すればよいでしょう。

それでは、この場合に、相続時精算課税制度を使って生前贈与した場合はどのようになるのか計算してみましょう。

特別控除2,500万円、贈与税は一律20％です。

受益権の評価額は1億1,560万円
(1億1,560万円 − 2,500万円) × 20％ ＝ 1,812万円
　　　　　　　　　(特別控除額)　　(一律税率)　　　(納める贈与税額)

これだけの贈与税であれば、賃貸住宅からの収入で十分返済できるでしょう。また相続時精算課税制度における贈与税額は相続税の前払いですから、まったくムダにはなりません。

② 受益者連続型信託を使った相続税対策とはどんな対策

平成19年の改正信託法では受益者の死亡により、その受益者の有する受益権が消滅し、他の者が新たな受益権を取得する旨の定めがある信託が創設されました。いわゆる後継ぎ遺贈型の「受益者連続型信託」と呼ばれるもので、複数の受益者が連続して受益者となることができるようになりました。

例えば、私の死後は遺産を妻に、妻が亡くなれば長女にというように、委託者の遺言または信託契約によって受益者が連続して指定されるもので、各受益者の取得する受益権は委託者からの贈与または遺贈になりますが、平成19年度税制改正では、後継ぎ遺贈型の「受益者連続型信託」について次のように定められました。

①	設定時において受益者等に対して、委託者から受益権を遺贈または贈与により取得したものとみなして相続税、贈与税または所得税が課税されます。
②	次の受益者等以降の者に対しては、その直前の受益者等から遺贈または贈与により受益権を取得したものと、その直前の受益者等は受益権を遺贈または贈与したものと、それぞれみなして相続税、贈与税または所得税が課税されます。

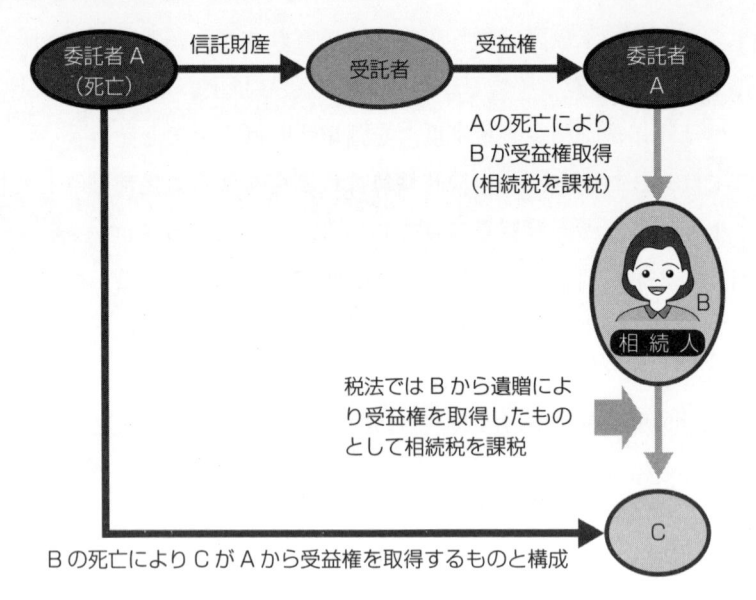

```
委託者A ──信託財産→ 受託者 ──受益権→ 委託者A
(死亡)                              
                                    Aの死亡により
                                    Bが受益権取得
                                    （相続税を課税）
                                          ↓
                                         B
                                       相続人
        税法ではBから遺贈に
        り受益権を取得したもの
        として相続税を課税
                                          ↓
   └──────────────────────────────→ C
        Bの死亡によりCがAから受益権を取得するものと構成
```

受益者連続型信託で、「Aの死亡後はBを受益者とし、Bの死亡後はCを受益者とする」旨の定めがある信託を設定した場合（上図）について以下に述べます。

この場合、受益者Bの死亡により、受益権は受益者Cに移転しますが、改正信託法上は委託者Aから受益者Cに移転したものと構成されます。しかし、委託者Aは既に死亡しており、改正前の相続税法では対応できないため、「受益者Cに対する課税については、受益者Bから遺贈により受益権を取得したものとみなして相続税等を課税」することになりました。

受益者連続型信託は、「受益者の死亡により他の者が新たに受益権を取得する旨の定めのある信託の特例」として改正信託法第91条に規定されています。

例えば、相続人が妻と先妻の子1人の場合では、遺言によって、自宅を信託財産として信託を設定し、その際、現在の妻が生きている間は、妻がそのまま住めるようにするため、妻を受益者（第一次受益者）とし、妻が

死亡した後は子が受益者（第二次受益者）となり、その子が死亡した後は孫を受益者（第三次受益者）とし、その時点で家を売却し、売却金を孫に帰属させるというような連続的な受益者を設定してゆく信託です。

　従来は、このような遺言、つまり、自分の死後も財産の帰属者を決めることは不可能でありましたが、改正信託法で可能となりました。これは遺言信託だけでなく遺言代用信託を利用しても同様の効果が得られます。

　受益者の死亡により、その受益者の有する受益権が消滅し、他の者が新たな受益権を取得してゆくという受益者連続型信託は、遺言信託だけではなく、遺言代用信託を利用しても同様の効果が得られます。

　また、信託が選定された時から30年を経過した時以後に、現に存する受益者が信託行為の定めにより受益権を取得した場合であって、その受益者が死亡するまで、またはその受益権が消滅するまでの間、その効力を有するものとされています。（信託法91）

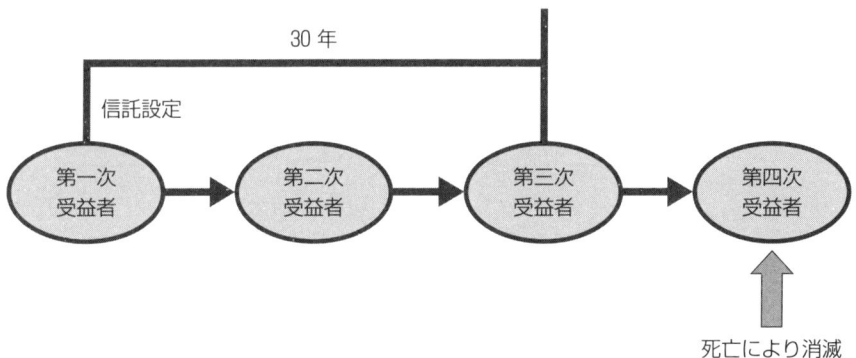

```
        ┌──────────── 30年 ────────────┐
信託設定 │                              │
   ┌────────┐  ┌────────┐  ┌────────┐  ┌────────┐
   │ 第一次 │→ │ 第二次 │→ │ 第三次 │→ │ 第四次 │
   │ 受益者 │  │ 受益者 │  │ 受益者 │  │ 受益者 │
   └────────┘  └────────┘  └────────┘  └────────┘
                                            ↑
                                        死亡により消滅
```

　信託設定後30年経過した時点での受益者の次の受益者で信託は終了することになります。受益者連続型信託で、例えば、委託者が自己を第一次受益者とする信託を設定し、第二次受益者を妻、第三次受益者を子、第四次受益者を孫とした場合に、委託者が信託を設定してから30年以上生きた場合、第二次受益者である妻の死亡か、またはその受益権が消滅するまでその信託は存続しますが、第三次受益者、第四次受益者を予定していて

も受益者にはなれません。

さらには、まだ出生していない子や孫を受益者として指定した場合には、信託設定後30年経過の時点で必ず出生し存在していなければなりません。

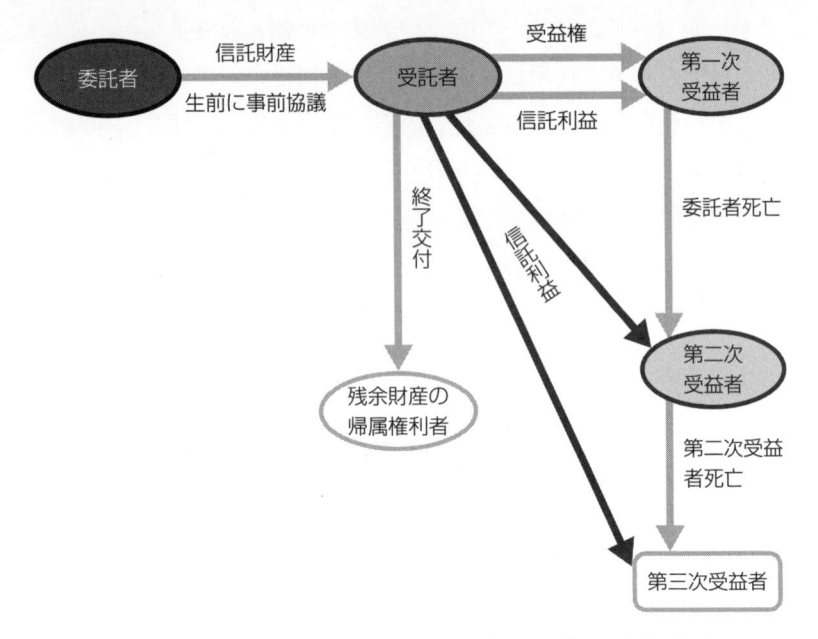

```
委託者 ──信託財産──▶ 受託者 ──受益権──▶ 第一次受益者
       生前に事前協議        信託利益
                            │            │委託者死亡
                       終了交付│ 信託利益   ▼
                            ▼            第二次受益者
                       残余財産の           │第二次受益
                       帰属権利者          │者死亡
                                         ▼
                                    第三次受益者
```

受益者連続型信託については、改正信託法では後継ぎ遺贈型に限られていますが、受益者連続には、受益者の死亡だけが原因ではないスキームも可能となります。

また、信託の終了時の残余財産を帰属させる者としての「帰属権利者」、または信託終了前から受益者としての権利義務を有する「残余財産受益者」を指定でき、帰属権利者は終了事由が発生する前は受益者としての権利義務は有さず、信託終了時後に受益者としての権利義務を有することになります。

■ 受益者連続型信託を活用したスキーム例

以下のようなスキームが考えられます。

①	妻との間に子供がいないが、自分の死後、妻が相続し、妻が亡くなると妻の兄弟に財産が渡るため、先祖からの不動産を自分の弟の子に相続させたいような場合（そのためには、第一次受益者を妻、第二次受益者を甥とします。）
②	愛人との間に子があるが、自分の死後、妻が第一次受益者となり、妻が亡くなれば愛人との間の子に第二次受益者として遺産の一部を残したいような場合
③	自社株を信託し配当を妻に与え、議決権行使を長男に、妻が亡くなれば配当収受権を長女に与え、長男が亡くなれば長男の子を自社株の帰属権利者にします。

■ 受益者連続型信託の具体例はこれだ！

▼ ケース

　A（80歳）は賃貸住宅（アパート棟）を所有していますが、遺言信託でAが亡くなれば、賃貸住宅そのものはAの長男Bに、賃貸住宅から生じる家賃等所得はAの妻Cに相続させる。妻Cが亡くなれば、家賃等所得は長男Bが相続（この時点で長男Bは賃貸住宅そのものと、そこから生じる家賃等も収受することになる）し、長男Bが亡くなれば、その財産をCの二女の子Dが取得するという信託契約を締結しました。

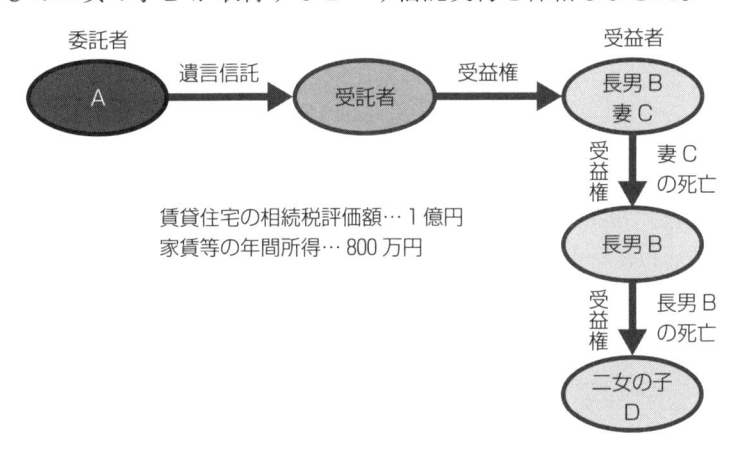

賃貸住宅の相続税評価額…1億円
家賃等の年間所得…800万円

これは、受益者連続型信託の一例ですが、ここで注意しなければならないのは、長男Bおよび二女の子Dは本来は委託者Aからの遺言に基づいて財産が移転しているにもかかわらず、BおよびDは前の受益者から遺贈により受益権を取得したとして相続税を課税されることです。

【アドバイス】この例を検証すると、まずAの死亡によって受益権を取得する者が二人います。この場合、家賃等を取得する権利をもつ受益権を収益受益権、不動産そのものだけ所有する権利を元本受益権といいます。妻Cは年間所得800万円の家賃等を受け取る収益受益権を取得し、長男Bは妻Cが死亡するまでは単に不動産を所有するだけの元本受益権を取得することになります。

　どちらもAの死亡に基因しての取得ですから相続税の対象になりますが、平成19年度改正税法からは、収益受益権を取得した者と元本受益権を取得した者が異なる場合には、収益受益権を取得した者がその受益権のすべてを取得したとして課税されることになりました。

　例では妻Cが賃貸住宅1億円を取得したとして相続税申告書に記入することになります。したがって長男Bは元本受益権を取得しただけなので、相続税対象の資産等は取得しなかったことになります。

　次に妻Cが死亡した時には、妻Cが所有していた収益受益権が長男Bに遺贈されたとみなされますから、長男Bが1億円相当額の課税対象資産を取得したとして相続税の申告をすることになります。

　そして長男Bの死亡により、その受益権をAの二女の子Dが遺贈でBから取得することになりますが、DはBの一親等の血族ではないため、その相続税額の20%相当額を加算されることになります。

　受益者連続型信託の場合、これらの点で大変注意が必要となります。

2 財団法人を設立しての相続税対策とはどんな対策？

　平成20年12月1日施行された新しい公益法人制度に対応し、税制面からも民間の公益活動を支援していく必要性があるため、公益目的事業を行うことを主たる目的とする公益社団法人・公益財団法人について、公益目的から生じる収益を非課税とするとともに、特定公益増進法人と位置づけ、寄附金優遇の対象とする等の措置を講じることとされました。

　そして、相続税・贈与税も一定の公益法人に対するものは非課税という措置がとられています。

　また、準則主義で設立可能（登記だけで法人格の取得が可能）となる一般社団法人・一般財団法人については、様々な態様の法人に対応する税制を整備し、課税の適正・公平を図ることとされました。

　固定資産税等については、公益社団法人・公益財団法人に対して旧民法34条法人と同様の非課税措置を講じるとともに、一般社団法人・一般財団法人に移行した法人が設置する既存の施設については、平成25年度まで、同様の措置を講じた上、その間にできるだけ速やかに検討を行い、適切な措置を講じるとされています。

(1) **新たな法人制度における社団法人・財団法人に対する課税**

　公益法人制度改革による新たな法人制度の創設に伴い、次のような公益法人関係税制の整備が行われることになりました。

公益法人制度改革とは？
① 公益法人制度改革で、何がどう変わったのか
　これまでの公益法人制度は、社団法人・財団法人ともに、主務官庁の許可を受けて認可されていました。また、公益性の判断についても、主務官庁の裁量に委ねられていました。これが、公益法人制度改革によって、平成20年12月1日からは、公益法人の設立と公益性の判断が分離され、登記のみで「一般社団法人・一般財団法人」を設立できることになりました。
　また、「一般社団法人・一般財団法人」のうち、第三者機関（公益認定等委員会または都道府県に設置される合議制機関）において公益性の認定を受

> けた法人は、公益目的事業を主体とした「公益社団法人・公益財団法人」として活動することになりました。
> 　その結果、公益法人制度は、このような2階建ての制度に改められました。
> ② 「社団法人・財団法人」は、どうなったのか
> 　「社団法人・財団法人」は平成20年12月1日以後、「特例民法法人」となりました。この場合でも、経過措置として、従来どおりの規定が適用され、「社団法人・財団法人」の名称も使えます。
> 　ただし、平成20年12月1日から5年以内（平成25年11月30日まで）に、「一般社団法人・一般財団法人」または「公益社団法人・公益財団法人」への移行申請をしなければなりません。この移行申請をしなかった場合には、解散したものとみなされます。

① 公益社団法人および公益財団法人

イ　各事業年度の所得の金額に対する課税の取扱いと法人税率

　公益目的事業を行うことを主たる目的とする公益社団法人・公益財団法人の、公益目的から生じる収益は非課税（改正前は、課税）とされますが、収益事業から生じた所得については、法人税が課税されます。

　この場合の法人税は、各事業年度の所得の金額に対して25.5％（所得の金額のうち年800万円以下の部分については、15％）の税率が適用されます。

　なお、収益事業の範囲から「公益目的事業に該当するもの」が除外されることになります。

ロ　みなし寄附金

　収益事業に属する資産のうちから自ら公益目的事業のために支出した金額は、その収益事業に係る寄附金の額とみなされます。

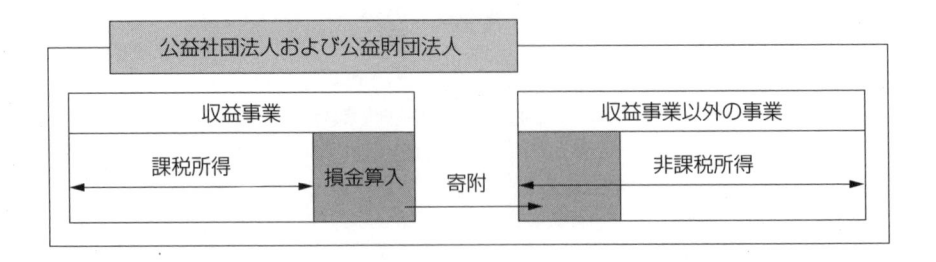

```
┌─────────────────────────────────────────────────┐
│      公益社団法人および公益財団法人                │
│  ┌──────────────────┐    ┌──────────────────┐  │
│  │     収益事業      │    │   収益事業以外の事業 │  │
│  │ 課税所得 │損金算入│ 寄附 │    │  非課税所得   │  │
│  └──────────────────┘    └──────────────────┘  │
└─────────────────────────────────────────────────┘
```

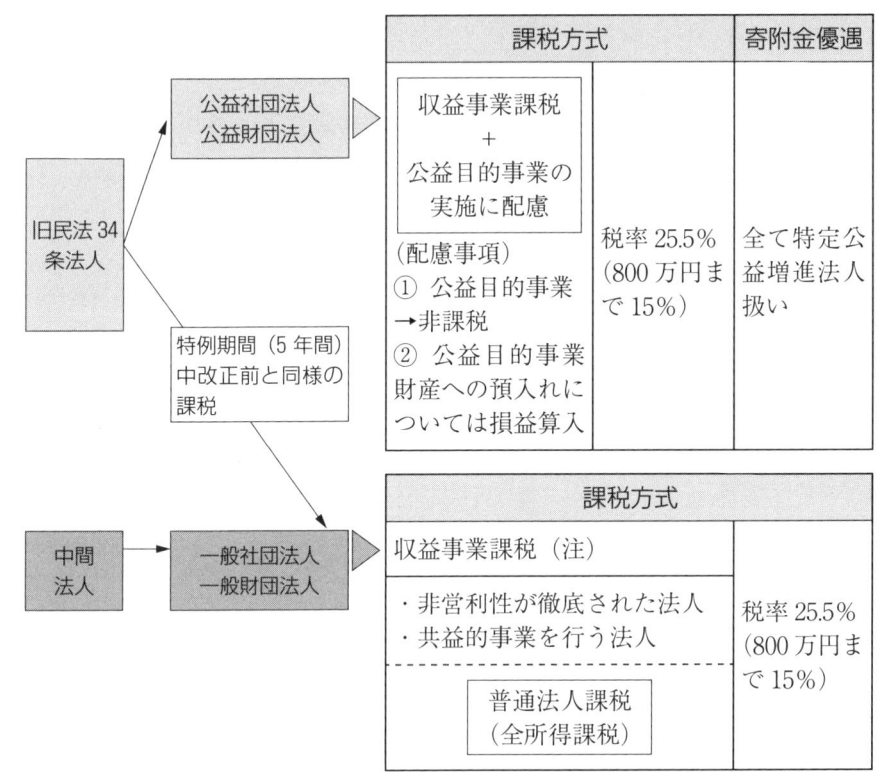

■ 公益法人制度改革に対応する税制上の措置

	課税方式		寄附金優遇
公益社団法人 公益財団法人	収益事業課税 ＋ 公益目的事業の実施に配慮 （配慮事項） ① 公益目的事業→非課税 ② 公益目的事業財産への預入れについては損益算入	税率25.5％ （800万円まで15％）	全て特定公益増進法人扱い

旧民法34条法人 → 公益社団法人・公益財団法人

中間法人 → 一般社団法人・一般財団法人

特例期間（5年間）中改正前と同様の課税

	課税方式	
一般社団法人 一般財団法人	収益事業課税（注） ・非営利性が徹底された法人 ・共益的事業を行う法人 -------- 普通法人課税 （全所得課税）	税率25.5％ （800万円まで15％）

(注) 医師会等が開設するオープン病院等が営む医療保険業等については、非課税が継続されます。

八　寄附金の損金算入限度額

　寄附金の損金算入限度額は、次の(イ)または(ロ)のうち、いずれか多い方の金額とされます。

> (イ) 所得の金額の50％相当額
> (ロ) 上記ロのうち公益目的事業のために充当または充当することが確実であると認められる金額

二　支払利子等に係る源泉所得税の取扱い

　公益社団法人および公益財団法人が支払いを受ける利子等に係る源泉所得税は非課税とされます。

② 収益事業課税が適用される非営利一般法人

公益認定を受けていない一般社団法人および一般財団法人のうち、次に掲げる法人（以下、「非営利一般法人」といいます）については、収益事業を営む場合に限り、法人税の納税義務が生じることとされます。

また、各事業年度の所得の金額に対しては、25.5％（所得の金額のうち年800万円以下の部分については、15％）の税率で課税されます。

(注) 1　行政庁は、公益認定をしたとき（特例民法法人にあっては、公益認定を受けて移行の登記をし、その旨の届出があったとき）には、その旨を公示することとされています（公益法人認定法10、整備法108）。この公示の際には公益認定を受けた法人に係る公益目的事業が記載されますので、この記載された公益目的事業が非課税となります。
　　 2　租税特別措置法の規定により、平成24年4月1日から平成27年3月31日までの間に開始する各事業年度については、年800万円以下の金額に対する法人税率が15％（法人税法では19％）に引き下げられています。
　　 3　原則として、平成24年4月1日から平成27年3月31日までの期間内に最初に開始する事業年度開始の日から同日以後3年を経過する日までの期間内の日の属する事業年度については、法人税の額の10％の復興特別法人税を法人税と同時期に申告・納付することとなります。

A	剰余金の分配を行わない旨が定款において定められていること等、次に掲げる要件のすべてに該当する一般社団法人または一般財団法人（法法2九の二イ、法令3①） (1) 剰余金の分配を行わない旨が定款において定められていること (2) 解散時の残余財産を国もしくは地方公共団体または次に掲げる法人に帰属させる旨が定款において定められていること ⅰ）公益社団法人または公益財団法人 ⅱ）公益社団法人および公益財団法人の認定等に関する法律5条17号イからトまでに掲げる次の法人 　イ　私立学校法3条に規定する学校法人 　ロ　社会福祉法22条に規定する社会福祉法人 　ハ　更生保護事業法2条6項に規定する更生保護法人 　ニ　独立行政法人通則法2条1項に規定する独立行政法人 　ホ　国立大学法人法2条1項に規定する国立大学法人または同条3項に規定する大学共同利用機関法人

	ヘ　地方独立行政法人法2条1項に規定する地方独立行政法人 ト　その他イからヘまでに掲げる法人に準ずるものとして政令で定める法人 (3)　理事及び親族等である理事の合計数が理事の総数の3分の1以下であること (4)　上記(1)または(2)の定款の定めに違反した行為を行ったことがないこと
B	**会員に共通する利益を図る活動を行うことを主たる目的としていること等、次に掲げる要件のすべてに該当する一般社団法人または一般財団法人（法法2九の二ロ、法令3②）** (1)　会員の相互の支援、交流、連絡その他会員に共通する利益を図る活動を行うことを主たる目的としていること (2)　会員が負担すべき金銭（会費）の額が定款もしくは定款に基づく会員約款等において定められていることまたはその金銭の額を社員総会もしくは評議委員会の決議により定めることが定款において定められていること (3)　特定の個人または団体に剰余金の分配を受ける権利を与える旨および残余財産を特定の個人または団体（国もしくは地方公共団体または次に掲げる法人を除きます）に帰属させる旨のいずれについても定款において定められていないこと ⅰ）公益社団法人または公益財団法人 ⅱ）公益社団法人および公益財団法人の認定等に関する法律5条17号イからトまでに掲げる法人（上記Aの(2)の表） (4)　理事および親族等である理事の合計数が理事の総数の3分の1以下であること (5)　主たる事業として収益事業を行っていないこと (6)　特定の個人又は団体に特別の利益を与えないこと

③ 全所得課税が適用される一般社団法人および一般財団法人

一般社団法人および一般財団法人のうち、上記①及び②のいずれにも該当しないものは、法人税法上、特定普通法人とされます。

④ 特例民法法人等

旧民法34条法人であった特例民法法人（移行法人への移行の認可の取消しを受けて特例民法法人とみなされた法人を除きます）については、従

前どおり、所得税法上の公共法人等（同法・別表第一）および法人税法上の公益法人等（同法・別表第二）とされます。

なお、特例民法法人および特例無限責任中間法人については、従前どおりの扱いとされています。

(2) 課税所得の範囲の変更に伴う所要の調整

課税所得の範囲の変更に伴い、次の調整措置が設けられています。

①	公益社団法人もしくは公益財団法人、非営利一般法人または特例民法法人が普通法人となった場合には、原則として、簿価純資産価額から利益積立金額を控除した金額を益金の額に算入することになります。 簿価純資産価額 － 利益積立金額 ＝ 益金の額 (注) 公益社団法人または公益財団法人が普通法人に移行した場合には、課税対象額から公益目的取得財産額を、非営利一般法人（移行法人に限ります）または特例民法法人が普通法人に移行した場合には、課税対象額から公益目的取得財産残額を、それぞれ控除できます。
②	普通法人である一般社団法人または一般財団法人が、公益社団法人もしくは公益財団法人または非営利一般法人となった場合には、解散および設立があったものとして取扱うことになります。

(3) 寄附金税制の整備

公益法人制度改革に伴う寄附金に関する課税関係は、次の表のようになりました。

■ 寄附金に関する課税関係の概要

寄付金の区分	国・地方公共団体に対する寄附金	指定寄附金	特定公益増進法人に対する寄附金	認定NPO法人に対する寄附金
寄附をしたものの税制上の取扱い	・公立高校 ・公立図書館 など	・国宝の修復 ・オリンピックの開催 ・赤い羽根の募金 ・私立学校の教育研究等 ・国立大学法人の教育研究等 など	・独立行政法人 ・地方独立行政法人 ・日本赤十字社などの特殊法人 ・公益法人のうち科学技術の試験研究や学生に対する学資の支給を行うもの ・学校法人 ・社会福祉法人 など	特定非営利活動を行う法人（NPO法人）のうち一定の要件を満たすものとして国税庁長官の認定を受けたもの
所得税	イ「寄附金（所得金額の40％限度）－2千円」を所得控除 ロ「（寄附金（※）－2千円）×40％」を税額控除（イとの選択適用） ※総所得の40％相当額が限度（控除額は所得税額の25％が限度）			
法人税	全額損金算入		一般の寄附金（注1）とは別に、次の算式で計算した金額を限度として損金算入 （資本金等の額の0.375％＋所得金額の6.25％）×1／2	
相続税	国、一定の公益法人、認定NPO法人等に寄附した相続財産は、原則として非課税			

（注1）一般の寄附金とは、法人の支出する寄附金のうち、国等に対する寄附金、指定寄附金、特定公益増進法人および認定NPO法人に対する寄附金以外のもので「（資本金等の額の0.375％＋所得金額の6.25％）×1／2」を限度として損金算入されます。

(注2) 被相続人が遺言により公益法人、NPO法人に寄附した財産については、原則として相続税は課税されません。

(4) 公益法人関係税制の整備

公益法人関係税制については、次のとおり所要の整備が行われました。

① 特定公益増進法人および相続財産を贈与した場合に相続税が非課税とされる法人の範囲の拡充

寄附金税制について、特定公益増進法人および相続財産を贈与した場合に相続税が非課税とされる法人の範囲に、公益社団法人および公益財団法人を加えるほか、特例民法法人に係る所要の経過措置が講じられました。

② 公益法人に対して財産を寄附した場合の譲渡所得等の非課税の特例

公益法人等に対して財産を寄附した場合の譲渡所得等の非課税の特例について、次の措置が講じられました。

> ① 非課税特例の対象となる法人（以下「対象法人」といいます）に公益社団法人および公益財団法人ならびに特定の一般社団法人および一般財団法人（(1)の②のA）が加えられました。
> ② 寄附を受けた財産（以下「寄附財産」といいます）が公益事業の用に供されなくなったこと等一定の事由により非課税承認が取り消された場合には、対象法人に対して、寄附時の譲渡所得を承認取消年分の所得として所得税が課税されます。
> ③ 対象法人が、寄附財産を2年以上直接公益事業の用に供した後に譲渡し、その譲渡後1年以内に代替資産を取得した場合には、一定の要件の下で、非課税特例を継続適用できることになりました。

③ 持分の定めのない法人を通じた租税回避策の防止《贈与税》

公益法人等に対して贈与等が行われた場合の贈与税の課税について、適用対象を「持分の定めのない法人」とし、併せて「持分の定めのない法人等」に対して贈与等があった場合、受贈益が法人税法の規定によってその法人等の益金に算入される場合であっても、その法人等に対して贈与税が課税されることになりました。

ただし、贈与税が課税された場合には、法人税等の額は、その贈与税等

の額から控除されることになっています。

■ 国等に対して財産を寄附した場合の譲渡所得等の非課税制度の概要

> ● 個人が国または地方公共団体に対して財産の寄附をした場合には、その譲渡所得等に係る所得税は、非課税とされます。
>   ただし、個人が法人に対して財産の寄附をした場合には、その時の価額により譲渡があったものとして、その譲渡益に対して所得税が課税されます。
> ● 個人が旧民法34条法人その他の公益を目的とする法人に対して財産の寄附をした場合において、一定の要件を満たし国税庁長官の承認を受けたときは、その譲渡所得等に係る所得税は、非課税とされます。
> 【承認要件】
> ・寄附が、教育または科学の振興、文化の向上、社会福祉への貢献その他公益の増進に著しく寄与すること
> ・寄附財産が、その寄附の日から2年以内に寄附を受けた法人の公益を目的とする事業の用に供されること
> ・寄附により、寄附者およびその親族等の所得税・相続税等の負担が不当に減少しないこと

④ 登録免許税

公益社団法人および公益財団法人に係る役員の変更登記または公益認定の際の変更登記について登録免許税を非課税とするほか、一般社団法人および一般財団法人の設立登記等について1件につき6万円等の登録免許税を課税する等の措置が講じられました。

⑤ 消費税

一般社団法人および一般財団法人が「消費税法別表第三」に加えられました。

⑥ 固定資産税

公益社団法人および公益財団法人が設置する一定の施設について、旧民法34条法人と同様の非課税措置を講じるとともに、一般社団法人および一般財団法人に移行した法人が設置する既存の施設について、非課税措置を平成25年度まで継続することとされました。

公益認定基準（公益認定法5）	
号	要件
1	公益目的事業を行うことを主たる目的とするものであること。
2	公益目的事業を行うのに必要な経理的基礎および技術的能力を有するものであること。
3	その事業を行うに当たり、社員、評議員、理事、監事、使用人その他の当該法人の関係者に対し、特別の利益を与えないものであること。
4	その事業を行うに当たり、株式会社その他営利事業を営む者または特定の個人もしくは団体の利益を図る活動を行う者に対し、寄附その他の特別の利益を与える行為を行わないものであること。ただし、公益法人に対し、当該公益法人が行う公益目的事業のために寄附その他の特別の利益を与える行為を行う場合は、この限りではない。
5	投機的な取引、高利の融資その他の事業であって、公益法人の社会的信用を維持する上でふさわしくないものまたは公の秩序もしくは善良の風俗を害するおそれのある事業を行わないものであること。
6	その行う公益目的事業について、当該公益目的事業に係る収入がその実施に要する適正な費用を償う額を超えないと見込まれるものであること。
7	収益事業等を行う場合には、収益事業等を行うことによって公益目的事業の実施に支障を及ぼすおそれがないものであること。
8	その事業活動を行うに当たり、公益目的事業比率が100分の50以上となると見込まれるものであること。
9	その事業活動を行うに当たり、遊休財産額が制限を超えないと見込まれるものであること。
10	各理事について、当該理事およびその配偶者または三親等内の親族等である理事の合計数が理事の総数の3分の1を超えないものであること。監事についても同様とする。
11	他の同一の団体（公益法人またはこれに準ずるものとして政令で定めるものを除く。）の理事または使用人である者その他これに準ずる相互に密接な関係にある者である理事の合計数が理事の総数の3分の1を超えないものであること。監事についても同様とする。
12	会計監査人を置いているものであること。ただし、一定の規模に達しない法人を除く。

13	その理事、監事および評議員に対する報酬等が、民間事業者の役員の報酬等および従業員の給与、当該法人の経理の状況その他の事情を考慮して、不当に高額なものとならないような支給の基準を定めているものであること。
14	一般社団法人にあっては、次のいずれにも該当する者であること。 イ　社員の資格の得喪に関して、当該法人の目的に照らし、不当に差別的な取扱いをする条件その他の不当な条件を付していないものであること。 ロ　社員総会において行使できる議決権の数、議決権を行使することができる事項、議決権の行使の条件その他の社員の議決権に関する定款の定めがある場合には、その定めが次のいずれにも該当するものであること。 　(1)　社員の議決権に関して、当該法人の目的に照らし、不当に差別的な取扱いをしないものであること。 　(2)　社員の議決権に関して、社員が当該法人に対して提供した金銭その他の財産の価額に応じて異なる取扱いを行わないものであること。 ハ　理事会を置いているものであること。
15	他の団体の意思決定に関与することができる株式その他の内閣府令で定める財産を保有していないものであること。ただし、実質的に支配するおそれがない場合を除く。
16	公益目的事業を行うために不可欠な特定の財産があるときは、その旨ならびにその維持および処分の制限について、必要な事項を定款で定めているものであること。
17	公益認定の取消しの処分を受けた場合または合併により法人が消滅する場合（その権利義務を承継する法人が公益法人であるときを除く。）において、公益目的取得財産残額があるときは、これに相当する額の財産を当該公益認定の取消しの日または当該合併の日から一箇月以内に類似の事業を目的とする他の公益法人その他一定の法人（222ページのAのイ～ト参照）または国もしくは地方公共団体に贈与する旨を定款で定めているものであること。
18	清算をする場合において残余財産を類似の事業を目的とする他の公益法人その他一定の法人（222ページのAのイ～ト参照）または国もしくは地方公共団体に帰属させる旨を定款で定めているものであること。

法人の機関構成等				
機関等	一般社団法人	公益社団法人	一般財団法人	公益財団法人
社員	2人以上	2人以上	—	—
社員総会	必置	必置	—	—
評議員	—	—	必置	必置
評議員会	—	—	必置	必置
理事	必置	必置 （3人以上）	必置	必置
理事会	任意 （理事は3人以上）	必置	必置	必置
代表理事	任意 （理事会設置の場合、必置）	必置	必置	必置
監事	任意 （理事会設置または会計監査人設置の場合、必置）	必置	必置	必置
会計監査人	（※1）	（※2）	（※1）	（※2）
純資産	—	—	設立時および存立中300万円以上	設立時および存立中300万円以上

※1　負債額の総額が200億円以上の場合は、必置
※2　次のいずれかの全額以上の場合は、必置
① 損益計算書の収益の部に計上した金額の合計額　1,000億円
② 損益計算書の費用および損失の部に計上した金額の合計額　1,000億円
③ 貸借対照表の負債の部に計上した金額の合計額　500億円

公益社団法人・財団法人の主なメリット・デメリット	
メリット	デメリット
①「公益」という名称独占（公益認定法9⑤）	① 事業の制限 ・公益目的事業比率（※1）が50％以上（公益認定法5一・八、15） ・収支相償（※2）であること（公益認定法5六、14）
② 税制の優遇措置（法法4①但書、法法37⑤）	② 財産保有の制限 ・遊休財産額が原則として公益目的の実施に要した費用額の1年分以下（公益認定法5九、16）
	③ 行政庁への報告義務・監督 ・毎年度、公益認定基準を満たすこと（公益認定法22、27～29）
※1　公益目的事業比率 　　　　　　　　　　　公益目的実施費用額 　　公益目的実施費用額＋収益事業等実施費用額＋管理運営費用額 ※2　収支相償 　その公益目的事業を行うに当たり、当該公益目的事業の実施に要する適正な費用を償う額を超える収入を得てはならないこと。	

3 生命保険を活用した相続税対策とはどんな対策？

(1) 従来からの生命保険金を使った手法

　生命保険金は、相続税法上の相続財産とみなされますが、民法上の相続財産ではないので、相続人の死後、遺産分割協議を成立させる必要もなく、被相続人の生前の意思で事由に受取人を特定することができます。したがって、他の金融資産のように死後にもめる種にはなりません。生命保険には、このように、節税ではないが、残したい人に確実に現金を残すことができ、納税資金や生活資金に当てることができるメリットがあります。

　また、事業承継対策としての生命保険は、まず一生涯保障の続く終身保

険をベースにして加入することが重要で、定期付終身保険のように、若いときには大きな保障で、年をとると小さな保障額になるというのは不利です。

　被相続人の死亡により各相続人が取得した生命保険については、次の①または②の区分に応じ、それぞれに相当する部分の金額が非課税となります（相法12①五）。ただし、この場合に非課税枠の適用を受けられるのは相続人についてのみであり、相続を放棄した人や相続人ではない第三者が遺贈により受け取った生命保険金等については、非課税枠の適用はありません（相基通12－8）。

① すべての相続人が取得した保険金の合計額が、保険金の非課税限度額以下である場合は各相続人の取得した保険金の全額が非課税とされます。

　なお、相続の放棄があった場合における法定相続人の数は、その放棄がなかったものとして計算した人数によります。

> 保険金の非課税限度額 ＝ 500万円 × 法定相続人の数

② すべての相続人が取得した保険金の合計額が、保険金の非課税限度額を超える場合、次の算式で計算した金額までが非課税とされます。

> その相続人の非課税枠の金額 ＝
> 保険金の非課税限度額 × その相続人が取得した保険金合計額 / 各相続人が取得した保険金の合計額

■ 死亡金の課税関係

		契約者	被保険者	受取人	課税関係
イ		本人	本人	相続人	相続税
		父	父	妻又は子	
ロ	a	妻又は子	本人	妻又は子	贈与税・一時所得
		妻	父	子	贈与税
	b	子	父	子	一時所得

イの場合（契約者と被保険者が同一の場合）

死亡保険金はすべて、相続財産として相続税の課税対象となります。この場合、死亡保険金は生命保険金の非課税枠（500万円×法定相続人数）の適用を受けます。

ロの場合（契約者と被保険者が異なる場合）

aは契約者と被保険者と受取人がそれぞれ異なっている場合です。この場合、保険金の受取人は、その保険契約にかかる保険料を負担していないので、死亡保険金については、契約者からの贈与があったものとして贈与税の対象となります。

bは契約者と受取人が同一人ですので、被保険者の死亡により受け取った死亡保険金は、受取人の一時所得として取り扱われます。

(2) 生命保険金を相続ではなく一時所得となるように対策する

相続税の最高税率は55％です。例えば、親が亡くなって死亡保険金2億円を受け取っても最終手取りが1億円程度ということもありえるわけで、しかも、親がその掛金を1億円以上払っているとしたらキャッシュフローでは採算に合いません。普通、相続税より一時所得の方が税率が低く抑えられることができます。それは相続税の最高税率は55％（改正前50％）ですが、所得税の最高税率は45％（改正前40％）です。その上、50万円の特別控除や基礎控除など所得控除の適用を受けることができるからです。（住民税は別途10％あり）

前表で「契約者＝受取人」の場合は一時所得となります。一時所得の課税は、

（受取保険金 − 払込保険料 − 50万円）×1／2 ＝ 一時所得

(3) 死亡保険金に充てるための生命保険金の活用術

オーナー経営者などの死亡や退職によって多額の退職金を支給しなければならない時などに備えて、生命保険会社と契約を締結する場合がよくあります。理由の一つには、退職金支払いというキャッシュアウトが会社の

経営状況に大きな影響を及ぼすためで、できるだけ以前から掛金を毎年積んで準備をしておこうというものです。

オーナー個人側からすると

① 相続税の納税資金の確保

② 退職金の税優遇措置の享受

となります。

■ 死亡退職金等の税の優遇措置

(1) 弔慰金の非課税規定

・被相続人の死亡が業務上の死亡の時…普通給与の3年分まで非課税

・被相続人の死亡が業務上の死亡でない時…普通給与の6か月分まで非課税

(2) 退職手当等

相続人が受けた退職手当金のうち次の算式によって計算した金額までの部分は、被相続人の死亡後の相続人の生活保障のために非課税とされています。(相法12①六)

退職手当金の非課税限度額＝500万円 × 法定相続人の数

また、上記の金額を超える退職金の支給があった場合の非課税限度額は、次の算式で計算した金額までは、非課税とされています。

$$(500万円 \times 法定相続人数) \times \frac{その相続人が支給を受けた退職手当金等の合計額}{相続人全員が支給を受けた退職手当金等の合計額}$$

生命保険会社との契約により、オーナー等役員が加入しておけば、退職金の支払時の財務に影響を与えなくて済みます。一般的には養老保険タイプが多く、保険期間の満了時に保険金が支払われる他、それまでの万が一の死亡時にも支払われます。税務的には死亡保険金の受取人を会社にするか遺族にするか、満期保険金等（中途解約を含みます。）の受取人を会社にするのかしないのかによって取扱いが異なります。

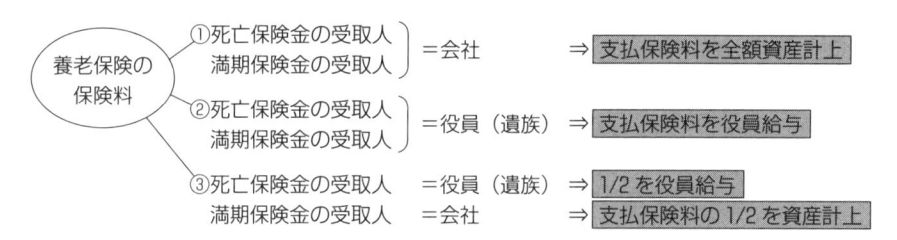

```
                    ①死亡保険金の受取人  ┐
                      満期保険金の受取人  ┘=会社      ⇒ 支払保険料を全額資産計上
  養老保険の
    保険料      ②死亡保険金の受取人  ┐
                      満期保険金の受取人  ┘=役員（遺族） ⇒ 支払保険料を役員給与

                    ③死亡保険金の受取人    =役員（遺族） ⇒ 1/2を役員給与
                      満期保険金の受取人    =会社       ⇒ 支払保険料の1/2を資産計上
```

　会社が受取人の養老保険は、受け取った保険金を役員または遺族に退職金として支給することになります。このように養老保険を会社が契約した場合には税務上の注意が必要になります。

　また、定期保険は、契約した期間内に被保険者が死亡したときにだけ死亡保険金が支払われるものです。支払保険料は掛捨てになり、当然、会社の資産を構成することはありません。定期保険契約で会社が受取人の場合には、支払保険料は福利厚生費となり、役員の遺族である場合は、その役員に対する給与となります。

(4) アメリカの生命保険会社とは

　日本の保険業法によりますと、生命保険会社は「生命保険会社」と「外国生命保険会社等」に2分され、「外国生命保険会社等」は、さらに「日本に支店等を設ける外国保険業者」と「日本に支店等を設けない外国保険業者」とに区分されています。この「日本に支店等を設けない外国保険業者」の範疇に米国生命保険会社があります。

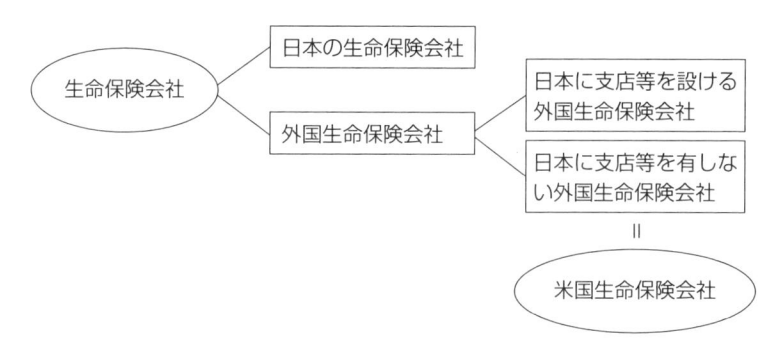

```
                     ┌─ 日本の生命保険会社
                     │                         ┌─ 日本に支店等を設ける
  生命保険会社 ─┤                         │   外国生命保険会社
                     └─ 外国生命保険会社 ─┤
                                              └─ 日本に支店等を有しな
                                                 い外国生命保険会社
                                                         ‖
                                                  米国生命保険会社
```

① 米国生命保険の税務上の扱い

　被相続人が保険料を支払い、被保険者である被相続人の死亡に伴い、相続人が取得した死亡保険金はみなし相続財産とされ、相続税の課税対象となります。

　ただし、相続税が課される生命保険契約とは「保険業法第2条第3項に規定する生命保険会社または同条第8項に規定する外国生命保険会社と締結した生命保険契約」とされています。つまり、日本の生命保険会社か、日本に支店を置く外国生命保険会社との契約に係る生命保険金を取得した場合に限られます。

　外国の保険業法により規制を受ける外国にある生命保険会社との契約により取得する生命保険金には相続税が課されないことになります。これらの生命保険金は、受取人の一時所得として課税されることになっていましたが、平成18年からは日本の死亡保険金と同様にみなし相続財産として相続税が課税されるようになりました。

② アメリカの生命保険によるメリット・リスク

[メリット]

(1) 保険料が日本に比べて割安である

　米国生命保険会社のダブルA以上は、日本の生命保険会社に比べて運用利回りが高いため、少ない掛金で多額の保険金が受け取れます。従って中途解約でも掛金が損をしないで戻ってくるケースが多々あります。

(2) 高額生命保険金額の契約が可能である

　日本の生命保険会社では、加入できる保険金額の限度が通常3億〜5億ですが、米国生命保険会社では1億ドルの保険契約も可能です。

(3) 保険加入年齢の制限が緩やかである

　米国生命保険会社の生命保険には、80歳でも加入できる保険や糖尿病の疑いのある人でも保険に加入できるものもあります。

[リスク]

(1) 為替リスク

米国生命保険は、運用が米ドルで行われるため、将来円高になった場合、円資産に換算すると予定どおりの金額にならない可能性があります。(同様に円安に振れた場合は、予想を上回るリターンがあります。)

(2) わざわざアメリカに行かなくてはならない

わざわざアメリカに行ってメディカルチェックを受けなければなりません。(なお、ハワイやロサンゼルス、ニューヨークなどでは、日本人専用の健康診断医を置いている保険会社も、かなりの数存在しています。)

■ なぜアメリカまで行かないとだめなのか … 保険業法の問題がある

なぜ、わざわざアメリカに行かなくてはならないのか、原則として日本に住んでいる日本人は米国の生命保険を購入することはできません。保険業法186条2項によれば、日本に支店などを設けない外国保険業者に対して、日本に住所もしくは居所を有する人が保険契約の申し込みをしようとする場合は、当該申し込みを行う時までに財務大臣の許可を受けなければならない、とされています。

(5) **アメリカの生命保険とは**

アメリカの生命保険は基本的には次の4種類があります。

① Term Life Insurance

定期保険のことで、日本と同じく一定期間の生命保険を付保します。

② Whole Life Insurance

終身保険で一定の期間、一定の保険料を支払うもので、通常100歳で解約返戻金と死亡保険金が同一になるように設計されています。

③ Universal Life Insurance

一種の条件付終身保険(終身は110歳から120歳を示します。)。最低利回りが保証されているものの現行の利回りが最低利回りと同一になった場合、保険者は終身のカバーでなくなること、また、保険料の支払いは自由

に変更できる一方、十分な積み立てではなくなると、ある一定の期間で保険がきれてしまうことがあります。

④ Variable Life Insurance

変額保険で、保険料はミューチュアルファンドに運用され、解約返戻金額も株価に連動しています。株価が上昇しているときは解約返戻金も増加し、下降時には解約返戻金も減少します。

■ よくある米国保険契約のスキームはこうなっている

① アメリカに現地法人（ペーパーカンパニー）を作る
② ペーパーカンパニーは、親を被保険者、ペーパーカンパニーを受取人とする生命保険契約を締結する
③ 保険料は親からペーパーカンパニーの銀行口座を介して生命保険会社へ支払う（支払いはペーパーカンパニーではオフバランス）
④ 保険金受取人を相続人に変更する
⑤ 親が死亡した場合には、死亡保険金は相続人に直接入金される

第2章 海外を活用した相続税対策とは

1 海を渡った相続税対策

　かってから、日本と外国の相続・贈与税制の違いを利用して、海外に居住する子らに生前贈与する資産家が多くいます。そこで、平成12年度の税制改正において相続税法が改正され、日本国籍を有する海外居住者が相続または贈与により国外財産を取得した場合には、原則として相続税または贈与税が課税されることになりました。

(1) 日本と外国の相続・贈与税制の違いはどうなっている

　日本の相続税や贈与税の最高税率は先進国の中でも抜きんでています。アメリカは最高税率で約50％ですが、基礎控除や非課税資産の多さでは日本と比較になりません。その他の国も、もっと低い税率であったり、全く相続税や贈与税が存在しない国もあります。

　さらに、根本的に異なるのは納税義務者です。欧米諸国のほとんどが、相続税・贈与税は財産をあげた人にかかる「贈与者課税」であるのに対して、日本は財産をもらった人にかかる「受贈者課税」システムです。

　例えば、親が持っている4億円の財産を子に贈与すると約2億円弱の贈与税が課税されます。この贈与税の納税義務者は財産をもらった子供です。（次ページの図参照）

　そこで、子どもがアメリカの居住者になったとして、親がアメリカに行き、そこで子に4億円の贈与をしたならどうなるのでしょうか。アメリカでは財産をあげた人に贈与税がかかりますが、親はアメリカの非居住者ですから贈与税を課すことはできません。したがって、アメリカでは課税関係は発生しません。

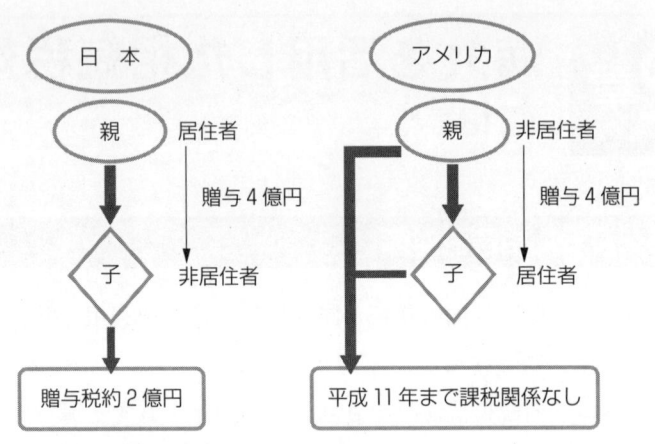

```
    日本                        アメリカ
     ↓                           ↓
    親  居住者                   親  非居住者
     │        贈与4億円          ├──────┐ 贈与4億円
     ↓        ──────→           ↓      │ ──────→
     子  非居住者                子  居住者
     │                          │
     ↓                          ↓
  贈与税約2億円            平成11年まで課税関係なし
```

一方、日本では受贈者課税が原則ですから、日本の居住者である親には贈与税はかかりません。受贈者である子は非居住者（アメリカの居住者）ですので、ここでも贈与税の課税は発生しないことになります。

上記のような例を見るまでもなく、最近の海外進出、海外旅行、あるいは海外留学などをきっかけに海外居住者の数も多くなり、容易に金融資産の海外移転も可能になったことから、資産家のなかには海外を使った相続税・贈与税対策をする人が増加してきていました。

このようなことから平成12年の税制改正で、日本国籍を有する者については、仮に海外に居住し、海外へ財産を贈与されても、一定の場合を除き、日本の相続税や贈与税を課すことにしたのです。

① 平成11年以前の相続税

平成11年以前の相続税法では、相続税の納税義務者をイ．無制限納税義務者とロ．制限納税義務者に区分し、イ．について国内・国外を問わず全ての相続・贈与財産について課税し、ロ．については国内財産についてのみ課税されていました。

		財産等取得時の居住地	国内財産	国外財産
イ	無制限納税義務者	日本国内	課税対象	課税対象
ロ	制限納税義務者	日本国外	課税対象	**課税対象外**

② 平成 12 年以降の相続税

　平成 12 年度税制改正で、相続または贈与税の納税義務者をイ．無制限納税義務者、ロ．制限納税義務者に加えて、新たにハ．特例納税義務者が創設されました（相法 1 の 3、1 の 4）。

　このハ．の特例納税義務者とは次の 4 要件をすべて満たす者をいいます。

(イ)	相続または遺贈もしくは贈与により相続税法上の施行地外（いわゆる海外）にある財産を取得した個人であること
(ロ)	その国外財産を取得した時において日本国内に住所を有しない者であること
(ハ)	日本国籍を有する者であること
(ニ)	その者またはその被相続人もしくは贈与者がその相続の開始前または贈与前 5 年以内において日本国内に住所を有したことがあること

　つまり、平成 12 年以降は、日本国籍を有する国外居住者が国外財産を取得した場合には、その者またはその被相続人もしくは贈与者のうちいずれかが相続開始前または贈与前 5 年以内に日本国内に居住していたことがあれば、相続税または贈与税が課税されることになったのです。

(2) **相続税の納税義務者は誰か**

　日本では相続税の納税義務者は相続または遺贈により財産を取得した個人ですが、次表のように相続発生時（課税時期）に、その者の住所が日本国内にあるかどうかによって日本での相続税の納税義務の範囲が異なります。また日本国籍を有するかどうかによって「無制限納税義務者」と「制限納税義務者」とに区別されます。

① **無制限納税義務者**

　無制限納税義務者とは、日本国内に住所がある者をいいます。無制限納税義務者は取得した財産が国内外どこにあるかに関係なく、全世界にある全ての財産が相続税の課税対象となります。

② 制限納税義務者

　制限納税義務者とは、日本国内に住所を有していない者をいいます。制限納税義務者（③の非居住無制限納税義務者に該当する者を除きます。）は、国内にある取得財産についてのみ相続税が課税されます。

③ 非居住無制限納税義務者

　②の制限納税義務者は、取得した財産が日本国内にあるものについてだけ日本の相続税の課税対象となり、日本国外の財産をいくら取得しても日本の相続税の課税対象にはなりません。したがって、前述したような租税回避行為が見られるようになったため、平成12年度税制改正では、新たに次の者が「非居住無制限納税義務者」として加えられたのです。

> 「相続により財産を取得した者が日本国籍を有する個人で、相続財産取得の時において日本国内に住所を有していないものが、その者もしくは被相続人のどちらかが相続開始前5年以内のいずれかの時において日本国内に住所を有していたことがある場合」

　これに該当する相続人は非居住無制限納税義務者となり相続取得した財産が国内にあるか国外にあるかを問わず全世界にある相続財産について課税されますから①の無制限納税義務者と同様となりました。

　〔住所〕とは、・・・各人の生活の本拠をいい、生活の本拠がどこであるかは客観的事実によって判定するものとされています。この場合において、同一人について同時に日本国内に2か所以上の住所はあり得ません。

　なお、次に掲げる者の住所は、日本国内にあるものとして取り扱われます。

> ① 学術、技芸の習得のため留学している者で国内にいる者の扶養親族となっている者
> ② 国外において勤務その他の人的役務の提供する者で国外におけるその人的役務の提供が短期間（1年以内）であると見込まれる者（配偶者その他生計を一にする親族でその者と同居している者を含みます。）

(3) 平成25年度税制改正による相続税の納税義務者

ところが、相続税や贈与税を回避する事例（172ページ参照）が相次いだことから、平成25年4月1日から、例え日本の非居住者であって日本国籍を有しない者であっても、日本居住者から国外財産を相続や贈与により取得した場合も課税対象になることとされました。

平成25年4月1日以降の納税義務者

平成25年度税制改正で、日本国内に住所を有しないものが、日本国内に住所を有する者から相続若しくは遺贈または贈与により取得した国外財産を相続税または贈与税の課税対象に加えることになり、平成25年4月1日以後に相続や贈与により取得する国外財産から課税対象になりました。（相法1の3、1の4）

相続人等が国外に居住している場合であっても、相続人等が日本国籍を有している時は、国外財産にも課税される一方で日本国籍を有しないときは課税されないこともあって、最近ではかなりの数の子や孫に外国籍を取得させることにより、国外財産への課税を免れるような租税回避行為事例が生じていることが、今回の改正の大きな要因となりました。

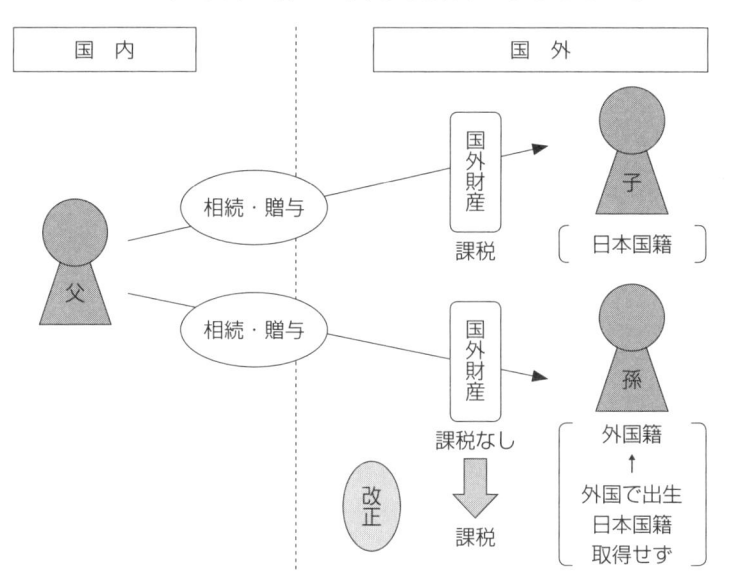

㊟　この改正は、平成25年4月1日以後に相続もしくは遺贈または贈与により取得する国外財産に係る相続税または贈与税について適用されます。（平25改所法等附11）

2　どこの国の法に従って相続するのか（国際私法）

　例えば、アメリカ人の女性と日本人の男性が結婚して、イギリスに住み、イギリスとアメリカと日本に不動産や預金があります。そして子二人は、日本と中国にそれぞれ住んでいます。そして相続が発生すると、どの国の法に従って相続するのでしょうか？

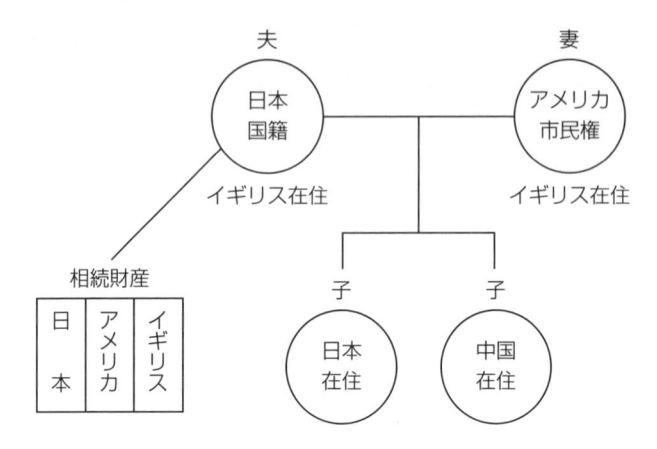

```
          夫                    妻
       日本国籍              アメリカ市民権
     イギリス在住           イギリス在住

   相続財産                子        子
  ┌──┬────┬────┐      日本       中国
  │日本│アメリカ│イギリス│     在住       在住
  └──┴────┴────┘
```

　日本の「法の適用に関する通則法」（以下本章において「通則法」といいます）36条は「相続は、被相続人の本国法による」とあるので、日本国籍のある者は、その財産が日本にあるのはもちろん、アメリカ、イギリス、中国と世界中どこにあろうとも日本の法に準拠しなければなりません。

　財産の種類も所有地も問わず、すべて同一のスタンダードで相続関係を律する国を《相続統一主義》といいます。

　一方、アメリカなどは、動産は被相続人の本国法を準拠法とするが、不動産についてはその所在地国の法を準拠法とする《相続分割主義》です。これには、イギリスやフランスも相続分割主義を採っていいます。

この例の場合、被相続人は日本人なので、相続財産の種類や所在地に関係なく、全世界にある彼の財産について日本の法が適用されます。ところが、被相続人はイギリスやアメリカにも不動産を所有していますから、アメリカ、イギリスは自国の法を準拠法として相続関係を律するように求めます。

　このような問題を解決するのが国際私法ですが、国際私法も各国バラバラであり、各国の独自色が強すぎて国際的にコンセンサスを持つに至っていません。

　先ほどの例で仮に、被相続人がアメリカ人で日本に不動産を所有していた場合は、通則法36条で「相続は、被相続人の本国法による」とある通り、アメリカの法で相続することになりますが、アメリカの法では不動産は所在地国の法によるとありますから、日本に所在するアメリカ人所有不動産は、日本、アメリカとも本国法の外にあることになりますが、通則法41条に「当事者の本国法によるべき場合においてその国の法に従えば日本法によるべきときは、日本法による」と規定していますので、この例の宙に浮いたような不動産は日本の準拠法により相続が決まることになります。

　いずれにしても、国際的に統一された相続の基準が存在しないことから、日本人としては日本の通則法に従って処理するだけです。

(1)　各国の相続税制

　相続税は人の死に基因して税をかけますが、その課税方式は大きく分けて三通りあります。まず税を全く課さない相続税・贈与税のない国があります。主な国としては、カナダ、オーストラリア、中国、香港、シンガポール等です。ただ、カナダは相続税に代わるものとして、キャピタルゲイン課税があります。

　日本に代表される相続税の課税方式で民法では、人が亡くなった瞬間に法定相続人にその被相続人が持っていた財産上の権利義務のうち、一切の

ものを受け継ぐことになります《包括継承主義》。つまり被相続人の財産・債務は法定相続人の共有となります。したがって、共有ではその後不都合なので、共有をそれぞれの相続人個々に分散するのを「遺産分割」と呼んでいます。このような包括継承主義を採っているのは、ドイツ、フランス、スイスなどです。

あるいは、人が亡くなった瞬間にその被相続人の相続人の共有財産にならずに、遺産管理人や遺産財団のものになり、その後、遺産にかかる税、債券・債務を整理した後に、相続人に被相続人の遺産分配手続が行われる《管理清算主義》方式は、イギリスやアメリカが採用しています。

したがって、課税方式もそれに合せて「遺産取得課税方式」と「遺産課税方式」とがあります。「遺産取得課税方式」は遺産額よりも各相続人が遺産を取得した額によって相続税を課税する方式で、包括継承主義を採用している日本、ドイツ、フランス、スイスなどがこの方式に該当します。

一方、「遺産課税方式」は相続人の誰がどれだけ遺産を取得したかではなく、被相続人が残した遺産額そのものに課税する方式です。管理清算主義を採用しているアメリカやイギリスはこの方式によっています。

(2) 日本国籍を捨てた相続税対策

中央出版事件（平成20年（行ウ）114号）

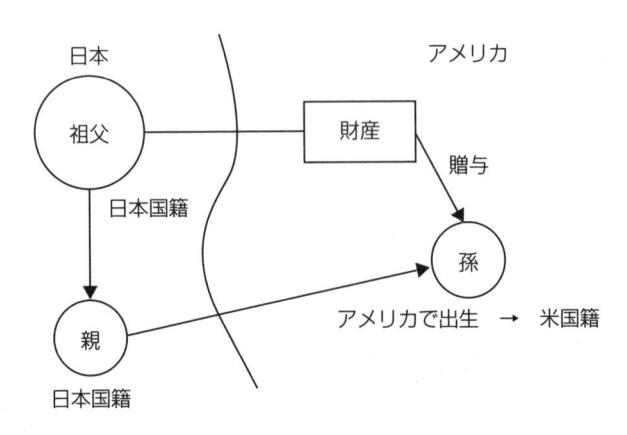

○ 日本国籍を持たない者に、日本国外に所在する財産を贈与しても日本の贈与税がかからない。

　この事件は、長男夫妻を出産のため渡米、米国で出産、その孫に米国市民権を取得させ（日本国籍を留保しない）て、祖父所有の海外資産である米国債（約5億5千万円）を、生後間もない孫に贈与した事例（172ページ参照）です。

■ 国籍とは何か、国籍を離脱するとどうなるのか

　相続税法上、日本国籍を有する個人は例え国外に居住していても、日本の相続税・贈与税の課税対象者になりますが、そもそも国籍とは国籍法に定められ、子は次の①～③の場合には日本国籍を取得するとあります。

① 出生の時において父または母が日本国民であるとき
② 出生前に死亡した父が死亡の時に日本国民であったとき
③ 日本で生まれた場合において、父母がともに知れないときまたは国籍を有しないとき

　以上のように日本は親が日本国籍であれば、どこで生まれようとも日本国籍を取得するという血統主義ですが、アメリカなどでは親の国籍はどこであっても、子が生まれたときの国がアメリカであればアメリカ国籍、つまり市民権を獲得します。例えば、そのためメキシコあたりから不法移民が流入しますが、不法移民であってもアメリカ国内で出産すれば子は米国籍となりますから、不法移民は複雑化します。アメリカはこのように、国籍は生地主義をとっていますから、米国駐在員の子は両親が日本国籍であっても、アメリカで生まれているので米国籍を自動的に取得することになります。

　そこで、国籍法12条では「出生により外国の国籍を取得した日本国民で国外で生まれたものは、日本の国籍を留保する意思を表示しなければ、その出生の時にさかのぼって日本の国籍を失う」としています。つまり、生まれて日本領事館や日本大使館などに届け出なければ、日本国籍がなく

なってしまいます。親が日本国籍として届ければ、すなわち二重国籍となりますが、国籍法14条に「二重国籍を有することとなった時が20歳に達する以前であるときは22歳に達するまでに、二重国籍になったのが20歳以後であるならば、その時から2年以内に、いずれかの国籍を選択しなければならない」とあります。

しからば、この事件のように両親が乳児の日本国籍を留保せず、つまり日本国籍を失いアメリカ国籍のみを取得させた場合、この乳児は将来とも日本国民にはなれないのでしょうか。

国籍法17条に「12条の規定で日本国籍を失った者で20歳未満のものは、日本に住所を有するときは、法務大臣に届け出ることによって、日本の国籍を取得することができる」とあり、アメリカで出生してから日本国籍を取得するまでなら、アメリカ国籍だけで日本の税法が取り扱われます。

3 オーストラリアに移住する方法とは

(1) オーストラリアの相続税

オーストラリアでは1979年に相続税は廃止されました。

したがって、被相続人、相続人ともオーストラリア居住者で相続財産がオーストラリア国内の所在であれば、相続税はまったくかかりません。日本国籍を有する者がオーストラリアに移り住んで、日本の相続税がかからないようにするためには、次の3要件を満たさなければなりません。

① 相続または遺贈により相続税法上の施行地外（つまり国外）にある財産（オーストラリアを含む）を取得した個人であること

② その国外財産を取得した時において日本国内に住所を有しない者であること

③ その者またはその被相続人がその相続の開始前5年以内において日本国内に住所を有したことがない

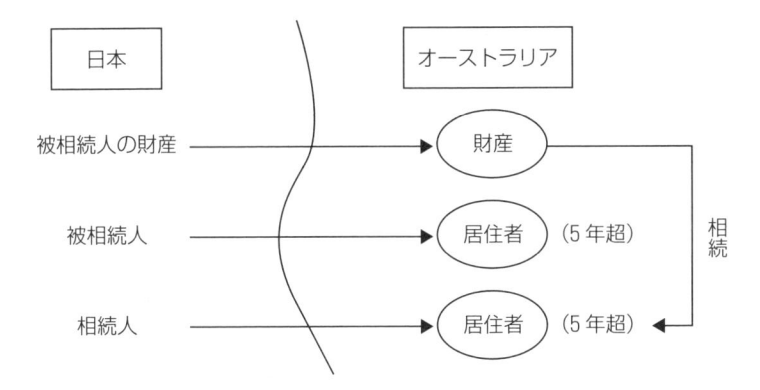

```
   日本    |   オーストラリア
被相続人の財産 ──→  財産  ──┐
                         │相
被相続人  ──→ 居住者 (5年超) │続
                         │
相続人   ──→ 居住者 (5年超)←┘
```

　以上のように被相続人と相続人が共に日本を出て5年を過ぎなければ、この方法は成り立ちません。

① **オーストラリア居住者とは**

　日本と同じく、オーストラリアの居住者とはオーストラリアに住所がある者とされます。オーストラリアの居住者となるためには、以下の要件を満たさなければなりません。

① オーストラリアに住所（domicileというが、実際そこに住んでいるかの実態とは異なる）がある者だが、実際にはオーストラリア以外の国に恒久的住所（permanent place of abode）があると税務当局が認めた場合を除く。

② オーストラリアにその年度中、半年以上滞在している者（滞在が途中で中断されたかを問わず）。しかしその者の常用住所（usual place of abode）がオーストラリア以外の国にあり、オーストラリアに居住する意思がないと税務当局が認めた場合を除く。

　オーストラリアに6か月以上通常の生活を営む目的で滞在した者は、到着日から税務上、居住者として扱われます。

② **相続人がオーストラリアの非居住者の場合**

　今までの例は被相続人、相続人ともオーストラリアに居住者の場合でありましたが、相続人がオーストラリア非居住者で、相続財産がオーストラ

リアに所在しない（オーストラリアにおける国外）財産のときは、次に述べるキャピタルゲイン税が課されます。

(2) キャピタルゲイン課税

キャピタルゲイン税はそれ自体独立した税ではなく、オーストラリアの所得税の一部です。

この税は原則として、実現した値上り益（Capital gain）と値下がり損（Capital loss）を相殺した後、プラスであればその値上り益に対して課税するものですが、実務上、売買があった場合にのみCGT（Capital gain tax）が発生します。

しかし1985年9月20日以降取得の一定の財産に対しては、その財産の所有権移転などが生じた場合には、その時点でキャピタルゲイン課税が発生することになります。

相続の場合も所有権移転を伴いますが、例外として1985年9月20日以降取得の財産にそのような移転があっても、被相続人、相続人がオーストラリア居住者で、相続財産がオーストラリア国内財産であれば、キャピタルゲイン課税はありません。しかし相続人がオーストラリア非居住者であったとき、あるいは相続財産がオーストラリア国外財産であったときは、キャピタルゲイン課税の対象となります。

このような場合、相続税の納税義務者は相続人ではなく被相続人です。1985年9月20日以降に取得したオーストラリア国外財産について、被相続人のその財産の取得価額と被相続人の死亡日の時価との差額にキャピタルゲイン課税となり、納税義務者被相続人の納税義務を相続人は承継しますが、被相続人の課税年度の開始日から死亡日までの申告ということになります。オーストラリアではDeath Return、日本では準確定申告ということになります。

■ キャピタルゲイン課税の対象となる財産

キャピタルゲイン課税の対象となる財産は、土地、建物、株式や信託の

受益権などの財産や自動車やヨット、その他家具など、財産と呼ばれるものです。収集品といわれる、宝石類、アンティーク、切手、コインなどの資産は、その取得価額が500ドル超にのみキャピタルゲイン税の適用対象となります。これらの収集品の資産のキャピタルゲインは通常に課税されますが、キャピタルロスが発生しても収集品のキャピタルゲインとのみ通算され、収集品のキャピタルロスが多ければ、それは所得の計算において切り捨てられます。

　土地建物であっても居住用財産である場合には、それを譲渡してもキャピタルゲイン課税の対象とはなりません。ただし、唯一または主要な住居として使用されていた期間が所有期間の一部であった場合には、非課税額も比例減少することになります。

附録1　相続税の速算表

【相続税の速算表】

平成26年12月31日まで			平成27年1月1日〜		
法定相続人に応ずる取得金額	税率(%)	控除額(万円)	法定相続人に応ずる取得金額	税率(%)	控除額(万円)
1,000万円以下	10	—	1,000万円以下	10	—
3,000万円以下	15	50	3,000万円以下	15	50
5,000万円以下	20	200	5,000万円以下	20	200
10,000万円以下	30	700	10,000万円以下	30	700
30,000万円以下	40	1,700	20,000万円以下	40	1,700
30,000万円超	50	4,700	30,000万円以下	45	2,700
			60,000万円以下	50	4,200
			60,000万円超	55	7,200

適用期日　この表の改正は、平成27年1月1日以後の相続または遺贈により取得する財産に係る相続税について適用されます。（平25改所法等附10）

【相続税の基礎控除】

平成26年12月31日まで	平成27年1月1日〜
（定額控除）（法定相続人比例控除） 5,000万円＋1,000万円×法定相続人の数	（定額控除）（法定相続人比例控除） 3,000万円＋600万円×法定相続人の数

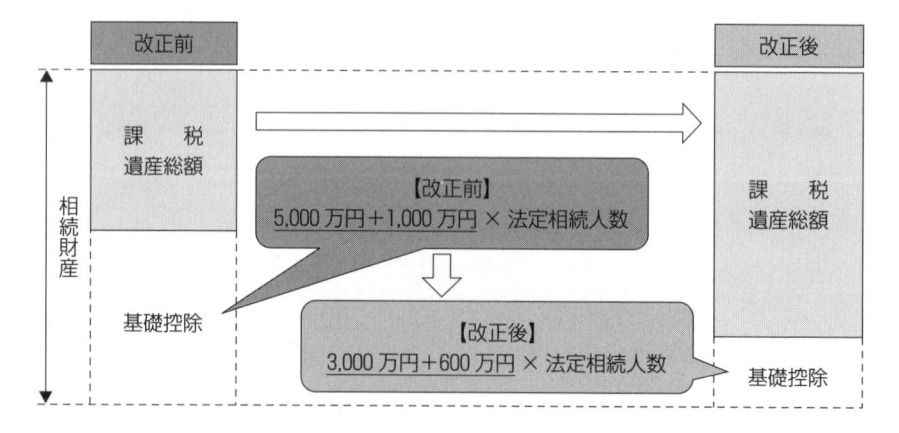

【改正前】
5,000万円＋1,000万円×法定相続人数

【改正後】
3,000万円＋600万円×法定相続人数

【贈与税の速算表】

① 20歳以上の者が直系尊属から贈与を受けた場合の贈与税の速算表

平成26年12月31日まで			平成27年1月1日〜		
基礎控除および配偶者控除後の課税価格	税率（％）	控除額（万円）	基礎控除および配偶者控除後の課税価格	税率（％）	控除額（万円）
200万円以下	10	—	200万円以下	10	—
300万円以下	15	10	400万円以下	15	10
400万円以下	20	25	600万円以下	20	30
600万円以下	30	65	1,000万円以下	30	90
1,000万円以下	40	125	1,500万円以下	40	190
1,000万円超	50	225	3,000万円以下	45	265
			4,500万円以下	50	415
			4,500万円超	55	640

② 上記①以外の一般の贈与税の速算表

平成26年12月31日まで			平成27年1月1日〜		
基礎控除および配偶者控除後の課税価格	税率（％）	控除額（万円）	基礎控除および配偶者控除後の課税価格	税率（％）	控除額（万円）
200万円以下	10	—	200万円以下	10	—
300万円以下	15	10	300万円以下	15	10
400万円以下	20	25	400万円以下	20	25
600万円以下	30	65	600万円以下	30	65
1,000万円以下	40	125	1,000万円以下	40	125
1,000万円超	50	225	1,500万円以下	45	175
			3,000万円以下	50	250
			3,000万円超	55	400

適用期日 これらの表の改正は、原則として平成27年1月1日以後の贈与により取得する財産に係る贈与税について適用されます。（平25改所法等附10）

【所得税の速算表】

　改正後は、改正前の所得税の税率構造に加えて、課税所得5,000万円超について45%の税率が設けられます。（実務上は、以下の表の税率以外に一律10%の住民税率が加算されます。）

■ 改正前の所得税速算表（平成26年分まで適用）

課税所得金額		税率	控除額
―	195万円以下	5%	―
195万円超	330万円以下	10%	9万7,500円
330万円超	695万円以下	20%	42万7,500円
695万円超	900万円以下	23%	63万6,000円
900万円超	1,800万円以下	33%	153万6,000円
1,800万円超	―	40%	279万6,000円

■ 改正後の所得税速算表（平成27年分以後適用）

課税所得金額		税率	控除額
―	195万円以下	5%	―
195万円超	330万円以下	10%	9万7,500円
330万円超	695万円以下	20%	42万7,500円
695万円超	900万円以下	23%	63万6,000円
900万円超	1,800万円以下	33%	153万6,000円
1,800万円超	4,000万円以下	40%	279万6,000円
4,000万円超	―	45%	479万6,000円

適用期日 この表の改正は、平成27年分以後の所得税から適用されます。（平25改所法等附5）

〔著者紹介〕

奥村　眞吾（税理士）
　現在、㈱奥村企画事務所代表取締役、奥村税務会計事務所所長、OKUMURA HOLDING INC（米国）代表。
　上場会社をはじめ医療法人、公益法人、海外法人など多数の企業の税務や相続税対策のコンサルタントとして活躍するかたわら、日本経済新聞社やNHK文化センター講師などもつとめ、東京、大阪、海外などでも講演活動を行っている。

〈主な著書〉
『お金持ちに捨てられる日本―超増税社会を生き抜く知恵』(PHP研究所)
『グローバル化時代の相続税対策』(清文社)
『新時代の相続税対策の徹底検証』(清文社)
『これならわかる新信託法と税務』(清文社)
『詳解信託法の活用と税務』(清文社)
『東日本大震災をめぐる税制特例』(清文社)
『新会社法の実務ポイント』(実務出版)
『新しい事業承継対策と税務』(新日本法規出版)
『住宅・土地税制がわかる本』(PHP研究所)
『住宅ローン控除の徹底活用と申告のしかた』(清文社)
『企業再編税制の実務』(清文社)
『事業承継マニュアル』(PHP研究所)
『税金を1ヶ月分取り戻す本』(ダイヤモンド社)
『新土地・住宅税制活用法と申告の実務』(清文社)

『5％消費税の実務と申告のしかた』(清文社)
『5％消費税 改正点と実務対策のすべて』(日本実業出版社)
『災害をめぐる法律と税務』(共著・新日本規出版)
『阪神大震災に伴う税金の救済措置』(清文社)
『税金が安くなる本』(PHP研究所)
『よくわかる定期借地権の税務』(清文社)
『ガラ空き時代の貸ビル・マンション経営』(かんき出版)
『アメリカにおける非課税法人の設立手続と税務』(翻訳・ダイヤモンド社)
『不動産と税金がよくわかる本』(PHP研究所)
『都市型農地の税金戦略』(清文社)
『土地有効活用と相続税対策』(ダイヤモンド社)
〈DVD〉
『富裕層に向けた相続税対策の実践』(清文社)
『海を渡った相続税対策―その狙いと効果』(清文社)

【連絡先】
㈱奥村企画事務所　http://www.okumura.ne.jp
　〒103-0023　東京都中央区日本橋本町2-3-15　新本町共同ビル3F
　FAX　03-3246-2593
奥村税務会計事務所
　〒541-0056　大阪市中央区久太郎町3-5-26　谷口悦第二ビル7F
　FAX　06-6251-6614

〈平成25年度大改正〉
相続税・贈与税改正の実務ポイント

2013年6月14日　初版発行

著　者　　奥村　眞吾　ⓒ

発行者　　小泉　定裕

発行所　　株式会社　清文社

東京都千代田区内神田1-6-6（MIFビル）
〒101-0047　電話 03(6273)7946　FAX 03(3518)0299
大阪市北区天神橋2丁目北2-6（大和南森町ビル）
〒530-0041　電話 06(6135)4050　FAX 06(6135)4059
URL http://www.skattsei.co.jp/

印刷：㈱太洋社

■著作権法により無断複写複製は禁止されています。落丁本・乱丁本はお取り替えします。
■本書の内容に関するお問い合わせは編集部までFAX(06-6135-4056)でお願いします。
＊本書の追録情報等は、当社ホームページ(http://www.skattsei.co.jp)をご覧ください。

ISBN978-4-433-52613-9

グローバル化時代の相続税対策

税理士 奥村眞吾 著

相続税大増税がやって来た！
あなたはどうする？

相続税実務の第一人者である著者が国際化時代に打つべき
最前線の対策を徹底解明した実務家必携書！

経済・金融がボーダレス化する中で、どのような相続対策が必要かつ有効かを、日本及び海外の税法等のさまざまな規制等を踏まえて提案。平成25年度税制改正内容を織り込み、過去の判例や海外税制の情勢なども交えながら徹底解説。

主要目次
第Ⅰ部 海外の税をめぐる動きと話題
 1 オバマ大統領と富裕層増税
 2 グローバル化時代の相続税の税務調査
 3 海外を利用した脱税事件簿 他
第Ⅱ部 最近の海外節税に対する当局の課税強化
 1 国外財産調書制度の創設(5,000万円超の海外資産所有者)
 2 日米同時査察調査実施取決めの合意(2012年7月)
 3 日本とアメリカの「税」情報把握共有化
第Ⅲ部 グローバル化時代の相続税対策
第Ⅳ部 今後活用すべき日本の相続税対策
 1 改正される非上場株式等の相続税納税猶予の特例
 2 改正される非上場株式の贈与税納税猶予の特例
 3 納税猶予の特例の利用は平成27年1月1日以降が断然有利！ 他
第Ⅴ部 これからの日本の税制の動向と相続・贈与税

■A5判368頁/定価 2,730円(税込)